绿色公路建设技术指南

交通运输部公路局

交通运输部规划研究院

人民交通出版社股份有限公司

北京

内 容 提 要

本指南系在现行技术标准和规范的基础上,总结吸收国内绿色公路建设工程案例和技术措施以及相关研究成果编写而成,涵盖公路设计和施工两个阶段,聚焦绿色公路建设的理念思路、建设内容、技术应用和方法措施等,重点提供技术指引和经验借鉴,以期启发创作,指导绿色公路设计和施工。

本指南适用于新建公路和既有公路升级改造,主要为公路建设、设计、施工、管理等人员提供参考。

图书在版编目(CIP)数据

绿色公路建设技术指南 / 交通运输部公路局,交通运输部规划研究院组织编写. — 北京：人民交通出版社股份有限公司,2019.12
 ISBN 978-7-114-16029-5

Ⅰ. ①绿… Ⅱ. ①交… ②交… Ⅲ. ①道路工程—道路建设—指南 Ⅳ. ①U41-62

中国版本图书馆 CIP 数据核字(2019)第 255101 号

Lüse Gonglu Jianshe Jishu Zhinan
书　　名：绿色公路建设技术指南
著 作 者：交通运输部公路局
　　　　　交通运输部规划研究院
责任编辑：吴有铭　刘永超　黎小东
责任校对：刘　芹
责任印制：张　凯
出版发行：人民交通出版社股份有限公司
地　　址：(100011)北京市朝阳区安定门外外馆斜街 3 号
网　　址：http://www.ccpress.com.cn
销售电话：(010)59757973
总 经 销：人民交通出版社股份有限公司发行部
经　　销：各地新华书店
印　　刷：北京市密东印刷有限公司
开　　本：880×1230　1/16
印　　张：23
字　　数：450 千
版　　次：2019 年 12 月　第 1 版
印　　次：2019 年 12 月　第 1 次印刷
书　　号：ISBN 978-7-114-16029-5
定　　价：120.00 元

(有印刷、装订质量问题的图书,由本公司负责调换)

《绿色公路建设技术指南》

审定委员会

主 任 委 员：周　伟
副主任委员：吴德金　王　太
委　　　员：张竹彬　王松波　王潮海　楼晓寅　王恒斌　陈　飙
　　　　　　王国清　冯文生　黄学文　张　鸿　赵宗智　康　明
　　　　　　胡彦杰　朱光仪　邓卫东　庄卫林　马　骉　蔡志洲
　　　　　　孟　强

编写委员会

主　　　编：陈胜营　关昌余
副 主 编：吴明先　石良清
参编人员：王安惠　徐洪磊　刘　杰　张冬青　龚巍巍　杨文奇
　　　　　王　璜　杨　星　邵社刚　孔亚平　宾　帆　吴梦军
　　　　　李会驰　葛书芳　曾　蔚　岳福青　王　琛　梅晓亮
　　　　　李　涛　庄稼丰　张明波　朱高儒　路　杨　王玉文
　　　　　田巨锋　王振龙　赵君黎　胡学兵　李　刚　简　丽
　　　　　李齐丽　王　丹　秦永春　吴　睿　张鑫敏　赵立廷
　　　　　杨铁山　范瀑媚　崔　锴　程逸楠　高嘉蔚　黄晓明
　　　　　褚志锋　张国红　王招贤　王萌萌　王身高　王贵山
　　　　　蒋宗岑　李智武　余　顺　王　鹏　陈亚振　梁天闻
　　　　　王玉滴　余顺新　王　超　许新权　张晓峰　路　为

序

新中国成立以来，特别是改革开放以来，在党中央、国务院的坚强领导下，我国公路基础设施建设实现了跨越式发展，全国公路总里程近500万公里，高速公路里程近15万公里，路网结构不断优化，为国民经济和社会发展提供了重要支撑。

党的十八大以来，以习近平同志为核心的党中央高度重视交通运输工作，习近平总书记对交通运输作出系列重要论述，为交通运输事业发展指明了方向。2019年9月，中共中央、国务院印发《交通强国建设纲要》，要求推动交通发展由追求速度规模向更加注重质量效益转变，由依靠传统要素驱动向更加注重创新驱动转变，构建安全、便捷、高效、绿色、经济的现代化综合交通体系。《纲要》强调发展绿色交通，提出到2035年绿色交通发展水平明显提高，到本世纪中叶交通绿色化水平位居世界前列，人民享有美好交通服务的发展目标。

实施绿色公路建设，是交通运输行业贯彻创新、协调、绿色、开放、共享的发展理念，支撑交通强国建设，实现行业转型升级的重要举措。2016年，部在进一步总结"六个坚持、六个树立"的勘察设计理念、深入开展现代工程管理和施工标准化活动的基础上，印发了《关于实施绿色公路建设的指导意见》，启动了一批绿色公路试点工程建设，要求结合项目特点因地制宜确定实施方案，统筹公路建设全过程、全方位、全要素绿色发展要求，不断总结提高设计、施工和管理水平，加强新技术、新材料、新工艺、新产品研发与应用，注重以人为本和资源节约、环境友好，取得了显著成效。

此次出版的《绿色公路建设技术指南》，系统总结了绿色公路的理念内涵，聚焦设计和施工的相关专业领域，阐释绿色公路建设的技术方案，突出绿色和智慧发展理念，是部《关于实施绿色公路建设的指导意见》的细化落实，进一步完善了绿色公路建设的技术支撑体系。《指南》的出版，将为绿色公路建设提供理念指引、技术借鉴和工程示范。

道阻且长，行则将至。希望广大公路建设者不断深化绿色公路建设，不断总结实践经验，因地制宜，开拓创新，推动公路建设和管理水平进一步提升，助力交通运输行业高质量发展，为建设"人民满意、保障有力、世界前列"的交通强国提供支撑，为建设"天蓝、山绿、水清"的美丽中国作出新的贡献。

交通运输部公路局
2019年12月30日

前 言

党的十八大提出将生态文明建设与经济建设、政治建设、文化建设、社会建设一道，共同构筑中国特色社会主义事业"五位一体"总体布局，提出建设美丽中国。党的十九大将"坚持人与自然和谐共生"列为习近平新时代中国特色社会主义思想的基本方略之一。2018年全国生态环境保护大会确立了习近平生态文明思想，强调了生态文明建设是关系中华民族永续发展的根本大计。生态环境是人类生存和社会持续发展的基础，绿水青山就是金山银山。

2019年9月，中共中央、国务院印发《交通强国建设纲要》，要求"坚持新发展理念，坚持推动高质量发展，坚持以供给侧结构性改革为主线，坚持以人民为中心的发展思想"四个坚持，构建"安全、便捷、高效、绿色、经济"的现代化综合交通体系，打造一流设施、一流技术、一流管理、一流服务，建成人民满意、保障有力、世界前列的交通强国，为全面建成社会主义现代化强国、实现中华民族伟大复兴的中国梦提供坚强支撑。

绿色公路建设是践行生态文明思想、深化绿色发展理念、助力美丽中国建设的必然要求，也是支撑交通强国建设、实现行业转型升级的关键举措，具有十分重要的意义。

早在2003年，交通部即按照"安全、舒适、环保、示范"方针组织实施了川(主寺)九(寨沟)路示范工程。在全面总结川九路等项目建设经验的基础上，2004年南京全国公路勘察设计工作会议上，系统地提出了"六个坚持，六个树立"的公路勘察设计新理念。2007年全国公路建设座谈会就贯彻落实科学发展观进行部署，2010年全国公路建设座谈会提出了现代工程管理"五化"要求，2011年启动了高速公路施工标准化活动，不断在公路建设领域实践和推进绿色转型发展。2016年，交通运输部印发了《关于实施绿色公路建设的指导意见》，并在全国启动了三批33个绿色公路典型示范工程建设，开展工程实践探索。

为更好地推动绿色公路建设，交通运输部公路局启动编写《绿色公路建设技术指南》(以下简称《指南》)，编写组由交通运输部规划研究院牵头，广东省交通运输厅、陕西省交通运输厅、交通运输部科学研究院、交通运输部公路科学研究院、中交公路规划设计院有限公司、中交第一公路勘察设计研究院有限公司、中交第二公路勘察设计研究院有限公司、招商局重庆交通科研设计院有限公司、北京交科公路勘察设计研究院有限公司等单位参加。编写组通过广泛调研、收集资料,分工协作、集中讨论,几易其稿并征求意见。2019年5月,绿色公路示范项目技术交流会及绿色公路政策研讨会在北京召开,编写组结合示范项目技术成果及研讨意见,进一步统一思路,补充完善相关内容,并再次征求省级交通运输主管部门意见,经修改完善和专家审定后成稿。

《指南》分概述和设计篇、施工篇。概述部分重点阐述绿色公路建设的意义、发展历程、内涵和基本要求。设计篇分总体设计、路线、路基、路面、桥梁涵洞、隧道、交通工程设施、服务设施、景观与环境保护和旅游功能拓展等10个专业,分别阐述绿色公路设计的总体要求和技术措施。施工篇分总则、路基施工、路面施工、桥梁涵洞施工以及隧道施工等5个方面,介绍绿色公路施工技术。

《指南》聚焦绿色公路建设的理念思路、建设内容、技术应用、方法措施等,重点提供技术指引和经验借鉴,以启发创作,指导设计和施工。《指南》并非是新的技术标准和规范,而是在遵守现行技术标准和规范的前提下,围绕绿色公路建设,就如何合理选择设计标准、灵活运用技术指标、科学确定技术方案及处置措施等给出解决的思路和方法,是对标准规范的补充,如有内容冲突则以现行规范为准。《指南》力求从规范的条文编写风格中跳出来,用通俗语言表述,用案例进行说明,以达到易理解、易操作的目的。绿色公路建设技术本身就不是唯一的,同样的问题可以采用不同办法或技术措施处理,需要因地制宜。虽然编写组力争搜集最好、最全的案例和技术措施,但是鉴于我国地域辽阔,南北东西差异较大,很难通过一本指南涵盖所有的问题和技术,因此,鼓励各地根据实际情况,探索、研究适合本地区特点的绿色公路技术,可以补充编制适用于本地区的指南。

《指南》适用于新建公路和既有公路升级改造,主要为公路建设、设计、施工、管理等人员提供参考。

编 者

2019年12月

目 录

概述 ·· 1
  1 公路建设绿色发展历程 ·· 1
  2 绿色公路内涵 ·· 3
  3 绿色公路建设的基本要求 ·· 4

设 计 篇

第1章 总体设计 ·· 11
1.1 总体要求 ·· 11
1.2 技术标准论证 ·· 11
1.3 走廊带选择 ·· 15
1.4 总体统筹 ·· 18

第2章 路线设计 ·· 24
2.1 总体要求 ·· 24
2.2 平面线形设计 ·· 24
2.3 纵断面线形设计 ··· 27
2.4 线形组合设计 ·· 28

第3章 路基设计 ·· 31
3.1 总体要求 ·· 31
3.2 合理确定路基断面 ·· 31
3.3 路基防护支挡工程融入自然 ·· 45
3.4 高效环保的特殊路基处治方案 ··· 56
3.5 路基土石方综合利用 ··· 65
3.6 排水系统设计 ·· 68
3.7 改扩建路基设计 ··· 77

第4章 路面设计 83
4.1 总体要求 83
4.2 路面材料选用 83
4.3 特殊路面结构组合 85
4.4 改扩建工程路面设计 87
4.5 路面再生与再利用技术 89
4.6 节能环保技术应用 93

第5章 桥梁涵洞设计 96
5.1 总体要求 96
5.2 桥位与桥型的选取 96
5.3 桥梁的美学设计 100
5.4 结构和设施的布设 108
5.5 改扩建桥梁的设计 121
5.6 桥涵的耐久性设计 128
5.7 桥梁的排水设计 129
5.8 数字信息技术的应用 130

第6章 隧道设计 132
6.1 总体要求 132
6.2 洞口及洞门 132
6.3 洞身结构 148
6.4 防水与排水 151
6.5 隧道通风 153
6.6 隧道照明 156
6.7 标志标线设置 161

第7章 交通工程设施设计 163
7.1 总体要求 163
7.2 形式选择 163
7.3 主动引导设施设置 167
7.4 被动防护 170
7.5 其他交通安全设施 172
7.6 机电设施 176
7.7 改扩建工程中既有安全设施的利用 176

第8章　服务设施设计 ········· 179
8.1　总体要求 ········· 179
8.2　类型及选址 ········· 179
8.3　功能设计 ········· 180

第9章　景观与环境保护设计 ········· 201
9.1　总体要求 ········· 201
9.2　公路景观设计 ········· 201
9.3　植被保护与恢复 ········· 218
9.4　注重敏感路段环保工程设计 ········· 230

第10章　旅游功能拓展设计 ········· 260
10.1　总体要求 ········· 260
10.2　公路旅游价值评价 ········· 260
10.3　做好项目前期策划 ········· 263
10.4　合理设置慢行系统 ········· 267
10.5　灵活布设服务设施 ········· 275
10.6　做好特色标识及智慧信息系统 ········· 291

施 工 篇

第1章　总则 ········· 305
1.1　总体要求 ········· 305
1.2　做好设计核查 ········· 305
1.3　加强动态设计 ········· 307
1.4　注重永临结合 ········· 307
1.5　集约布设施工场地 ········· 307
1.6　加强施工期环境保护 ········· 308

第2章　路基施工 ········· 314
2.1　总体要求 ········· 314
2.2　淤泥原位固化利用 ········· 314
2.3　深路堑"四同步"施工 ········· 315
2.4　石方静态爆破 ········· 317
2.5　超大粒径石料填筑高填方路基 ········· 318

2.6　绿色碟形边沟 ……………………………………………………………… 319
　　2.7　小型构件集中预制装配施工 ……………………………………………… 320
　　2.8　建筑垃圾利用 ……………………………………………………………… 321

第 3 章　路面施工 ……………………………………………………………… 325
　　3.1　总体要求 …………………………………………………………………… 325
　　3.2　严格控制集料加工与运输方法 …………………………………………… 325
　　3.3　重视水泥稳定碎石基层施工节能 ………………………………………… 326
　　3.4　积极推广沥青混合料节能拌和设备 ……………………………………… 327
　　3.5　优化沥青混合料摊铺、碾压工艺 ………………………………………… 328
　　3.6　沥青路面再生施工技术 …………………………………………………… 328
　　3.7　水泥混凝土路面再生施工技术 …………………………………………… 331

第 4 章　桥梁涵洞施工 ………………………………………………………… 333
　　4.1　总体要求 …………………………………………………………………… 333
　　4.2　优化模板与支架选择 ……………………………………………………… 333
　　4.3　加强混凝土环保施工 ……………………………………………………… 336
　　4.4　强化桥梁基础施工环保 …………………………………………………… 337
　　4.5　推进机械化拼装 …………………………………………………………… 340
　　4.6　推广信息化管理 …………………………………………………………… 341
　　4.7　做好旧桥回收利用 ………………………………………………………… 342

第 5 章　隧道施工 ……………………………………………………………… 344
　　5.1　总体要求 …………………………………………………………………… 344
　　5.2　洞口开挖及生态修复 ……………………………………………………… 344
　　5.3　洞身水压聚能爆破 ………………………………………………………… 345
　　5.4　湿喷初期支护 ……………………………………………………………… 346
　　5.5　施工机械化作业 …………………………………………………………… 347
　　5.6　施工智能化、信息化应用 ………………………………………………… 348
　　5.7　隧道涌水综合治理 ………………………………………………………… 350
　　5.8　洞渣统一调配，综合利用 ………………………………………………… 352

参考文献 ………………………………………………………………………… 353

概　述

党的十九大作出了建设交通强国的战略部署。2019年9月，中共中央、国务院印发《交通强国建设纲要》，提出要"坚持新发展理念，坚持推动高质量发展……推动交通发展由追求速度规模向更加注重质量效益转变……构建安全、便捷、高效、绿色、经济的现代化综合交通体系，打造一流设施、一流技术、一流管理、一流服务，建成人民满意、保障有力、世界前列的交通强国。"

《交通强国建设纲要》突出了绿色发展的要求。在分阶段目标中，提出到2035年，智能、平安、绿色、共享交通发展水平明显提高；到本世纪中叶，基础设施绿色化水平位居世界前列。《纲要》提出了促进资源节约集约利用、强化节能减排和污染防治、强化交通生态环境保护修复三大任务，并要求深化交通运输与旅游融合发展，完善交通设施旅游服务功能；要求大力发展智慧交通，推进数据资源赋能交通发展，加速交通基础设施网与信息网络融合发展，构建泛在先进的交通信息基础设施。

公路建设投入大，与土地、环境等资源要素息息相关。推进绿色公路建设，要求不仅注重公路本身经济合理性、技术可行性，还要更加注重安全、耐久、节约、环保、可持续发展的多目标最优和多系统的统筹协调，更加注重资源节约、环境友好，更加注重公路质量效率和需求引领下的服务提升。

深化绿色公路建设，要求大力推动理念创新、技术创新、管理创新和制度创新，将绿色发展理念贯穿到公路规划、设计、建设、管理、养护、运营全过程，提升公路建造品质、安全耐久性和通行效率，推动资源集约节约利用、清洁和可再生能源利用、生态保护修复、水气污染防治、信息化智能化标准化等研究与应用，促进公路各专业领域的技术革新与工程品质升级，为交通强国建设提供重要支撑。

1　公路建设绿色发展历程

多年来，随着经济社会的快速发展，公路建设在实践过程中，不断探索和总结新的发展理念，坚持试点先行，示范引领，加强新技术、新材料、新工艺、新产品研发与应用，建设理念不断提升，技术水平不断提高，建造能力不断进步，在不同的历史时期先后建成了一批代表性的工程，为深化绿色公路建设奠定了坚实基础。

第一阶段，起步阶段。2003年9月，交通部与四川省联合组织实施了川(主寺)九(寨沟)公路示范工程建设，为我国公路勘察设计借鉴国外先进经验，转变设计理念，实现公路建设与自然环境、人文环境的和谐统一，进行了积极探索和有益尝试，成为我国环保公路建设的开端标志。2004年，全国公路勘察设计工作会议提出了"六个坚持、六个树立"的公路勘察设计新理念，即"坚持以人为本、树立安全至上的理念，坚持人与自然相和谐、树立尊重自然、保护环境的理念，坚持可持续发展、树立节约资源的理念，坚持质量第一、树立让公众满意的理念，坚持合理选用技术指标、树立设计创作的理念，坚持系统论的思想、树立全寿命周期成本的理念"，成为公路建设科学发展的有力抓手。2005年以后，在全国先后选定了52个示范项目，编辑出版了《新理念公路设计指南》(2005年版)和《降低造价公路设计指南》(2005年版)，组织修订了《公路工程基本建设项目设计文件编制办法》及《公路工程基本建设项目设计文件图表示例》，将勘察设计新理念拓展、固化为设计管理制度，公路设计理念全面提升，设计水平上了一个台阶。云南思茅至小勐养高速公路、湖北恩施至利川高速公路、景婺黄高速公路、宝鸡至天水高速公路、苏通长江大桥、杭州湾跨海大桥等项目的建设，即体现了新理念的成果。

第二阶段，发展阶段。2007年，交通部相继在山区高速公路建设、生态环境保护和交通安全等领域组织实施了14项以生态建设和环境保护为重点的科技示范工程，有力地推动了新技术、新材料、新工艺的推广和应用，并有效促进了工程建设理念、质量和技术水平的提升。2010年，全国公路建设座谈会提出了发展理念人本化、项目管理专业化、工程施工标准化、管理手段信息化、日常管理精细化的"五化"要求，加快推行现代工程管理，组织开展了高速公路施工标准化活动，编制《高速公路施工标准化技术指南》丛书，推行"三集中、两准入"(钢筋集中加工、混凝土集中拌和、构件集中预制及模板、台车准入制)，大大提升了工程关键指标合格率和项目管理水平。启动三批共30个绿色循环低碳公路主题性项目，里程累计达到4300km，主要以节约资源、提高能效、控制排放为目标，验证低碳循环融入公路规划、建设、管理、养护和运营各方面的技术和管理措施。印发了《创建畅安舒美示范公路实施方案》和《普通国道"畅安舒美"示范公路创建实施标准》。公路发展理念不断迈上新台阶。泉州湾跨海大桥、共和至玉树高速公路、汉中至陕川界高速公路、京港澳高速公路河北段改扩建工程、神农架至宜昌公路等项目，体现了这一时期的发展理念。

第三阶段，深化阶段。2014年，全国交通运输工作会议提出加快发展综合交通、智慧交通、绿色交通和平安交通的"四个交通"。其中综合交通是核心，智慧交通是关键，绿色交通是引领，平安交通是基础，四个交通相互关联，相辅相成，共同构成了推进交通运输现代化发展的有机体系。同年，国务院《关于促进旅游业改革发展的若干意见》中，提出要完善旅游交通服务功能,推进旅游交通设施的建设,对我国交通服务和公路转型发展提出了新要求。2016年,交通运输部印发《关于实施绿色公路建设的指导意见》《关于推进钢结构桥梁建设的指导意见》《关于推进公路水运工程BIM技术应用的指导意见》,提出以安全高效、结构耐久、资源节约、生态环保、节能减排、服务提升为主要特征的绿色公路理念,明确要求编制《绿色公路建设技术指南》,并启动若干试点示范项目,以绿色公路为载体,深化供给侧改革,推动公路建设转型和高质量发展。2017年3月,交通运输部、国家旅游局、国家铁路局等联合发布《关于促进交通运输与旅游融合发展的若干意见》,要求完善旅游交通基础设施网络体系,健全交通设施旅游服务功能,推进旅游交通产品创新,提升服务质量,强化交旅融合发展的保障措施。港珠澳大桥、虎门二桥、云南小勐养至磨憨高速公路、北京新机场高速公路及延崇高速公路等项目,是这一时期的发展成果。

本指南在总结行业内多年实践经验和最新发展成果的基础上,按照新时期的新任务和新要求,提出绿色公路建设技术思路和方法,希望进一步推动深化绿色公路建设。

2 绿色公路内涵

初期,绿色公路概念局限在传统环保景观等范畴,仅指对公路沿线进行生态恢复和绿化美化,是简单追求美化绿化的绿色。许多学者曾经给出了不同的理解和定义:

——绿色公路是以保证生态系统的良性循环为基本原则,以生态学规律为指导,在公路设计、建设和运营阶段尽量减少景观破坏和环境污染,尽量保护自然生态系统,形成人、车、路与景观协调且生态优良的公路交通系统。

——绿色公路是满足基本功能前提下,环境优美的一类公路的统称。

——绿色公路是在低碳理念的指导下,以碳平衡为基本原则,综合运用各种绿色技术与环保措施,在公路决策、设计、施工、运营、管理整个生命周期里都能达到经济效益和环境效益可持续发展。

——绿色公路就是以节能减排、资源集约与循环利用和生态环境保护为核心价值理念,强化创新驱动,积极研究探索新能源、新材料、新设备和新工艺,大力推广应用先进适用技术和产品,实现公路在规划、设计、施工、养护、运营、管理等全寿命周期的能源消耗和碳排放显著降低、环境效益明显改善的一种公路发展模式,实现过程和产出的绿色效益。

——绿色公路应该从规划、设计、建设和运营维护全生命周期内,最大限度地利用各项资源,减少能耗和污染,与环境友好及协调。将对人的安全和健康影响降到最低,同时确保运营安全、行车舒适、公路维护成本低,各种灾害的影响低,行车通畅和舒适,对生态无害或危害极小。

随着研究的深入和试点工程的实践，对绿色发展理念的认识不断深化，对绿色公路建设的认识也更加系统，可以概括为：绿色公路建设是按照绿色发展和高质量发展的要求，采用系统论方法，在公路全寿命期内，统筹公路规划、设计、施工、运营全过程，统筹公路建设品质、资源利用、环境影响和运行效率之间的关系，通过理念提升、技术进步和科学管理，因地制宜优选工程方案，精细设计、精心实施，提升工程品质，完善服务功能，提高运行效率，最大限度减少资源能源耗用和环境影响，实现耐久性好、适用性强、景观协调、环境友好、资源节约、运行安全、服务提升等综合目标最优。主要内涵可归纳为"全寿命、全要素、全方位""低消耗、低排放、低污染""高效能、高效率、高效益"。

全寿命周期要求坚持系统论的思想，将绿色发展理念贯穿规划、设计、建设、运营、养护等整个寿命周期的各个阶段；全环境要素要求综合考虑各方面要素，贯彻"安全、耐久、节约、高效、环保、健康"等要求；全方位协同要求除公路主体工程外，还要在附属设施建设及公路运营等方面践行绿色发展理念。

低消耗即节约资源、降低能耗，在确保安全、耐久的前提下，公路建设优先采用可再生材料、可降解材料，促进材料循环利用，通过提升材料品质不断提升工程耐久性，体现节约资源的要求；低排放要求建设过程中有效收集处理废水、废气，最大限度减少污染物排放；低污染要求注重环境平衡，尽量避免对环境造成污染，保护沿线环境、资源和生物多样性。

高效能即整个生命周期通过提升技术水平、综合运用各种措施，达到整体运行效率和服务能力的最大化；高效率要求最有效地使用自然、社会及经济资源，达到资源配置效率最优；高效益要求以最小的环境和资源代价获得可持续发展的最大利益，实现经济效益、社会效益和环境效益的有机统一。

绿色公路在内涵上，贯彻高质量发展的要求，落实《交通强国建设纲要》，实现新的发展：一是在延续公路的功能因素、强调经济效益的传统建设思想的基础上，增加了整体考虑区域经济、环境、社会综合系统的可持续发展思想；二是不仅注重公路经济合理性、技术可行性，还综合考虑经济、节能、环保、景观、可持续发展等多目标；三是不仅重视当前利益，关注代内公平，还注重保护生态环境、降低能源成本、促进材料循环利用，关注长远利益，统筹代际、代内公平。

3 绿色公路建设的基本要求

绿色公路建设要贯彻落实五大发展理念，以《交通强国建设纲要》为引领，多措并举促进公路基础设施高质量发展。一是继续深化现代工程管理和施工标准化，探索推进工业化建造,并注重与品质工程建设相结合,共同提高工程品质;二是推广钢结构桥梁和BIM技术应用,与智慧公路建设相结合,深化供给侧改革,鼓励技术创新,推动公路发展的"质变";三是完善公路旅游服务功能,促进交旅融合,充分考虑旅游公路和旅游风景道建设要求;四是坚持因地制宜,准确把握区域环境、建设条件和工程特点,明确项目定位、特色、措施和重点任务,不求大而全,不提倡统一标准,不过于追求景观绿化尤其是人造景观,不盲目加大投入、增加投资;五是注重完善制度,落实十九届四中全会关于推进国家治理体系和治理能力现代化的战略部署,将绿色公路建设和公路高质量发展的相关要求制度化,加大推进落实的力度,形成长效机制。

在绿色公路建设的具体实践中,注重把握以下要求,并可结合实际情况,加以丰富和发展。

3.1 保护自然环境

大自然是包括人类在内的一切生物的摇篮,不但支撑着人类物质生活,也丰富和充实着人类精神生活。因此,在公路建设过程中,一定要尊重自然规律,建立和维护人与自然和谐的关系,倍加爱护和保护自然,树立"不破坏是最大的保护"思想,坚持最大限度地保护、最小程度地破坏、最强力度地恢复,使工程建设顺应自然、融入自然;要把设计作为改善环境的促进因素,避免先破坏、后恢复,实现环境保护与公路建设并举、公路发展与环境条件相和谐。公路建设要尽可能保护自然生态,尽可能保持自然景观的完整性,尽可能避免切割损害,尽可能降低对原始地形、地貌的自然性和稳定性的影响,尽可能减小对原生生态环境的破坏。

3.2 坚持以人为本

把不断满足人民群众对美好生活的需要、建设人民满意交通,作为绿色公路建设的根本出发点和落脚点,树立"以人为本,以车为本"的服务观,树立"预防、容错、纠错"的设计理念,树立"生命至上"的安全观,以更好服务群众出行需求为导向,提高公路基础设施安全保障水平。转变公路发展方式,不断拓宽服务内涵,扩展服务渠道,丰富服务内容,提升服务品质,使公路发展成果普惠共享。

3.3 集约节约利用资源

资源是人类生存发展的物质基础,也是可持续发展的重要保证。我国人口众多,人均资源相对贫乏,随着社会经济发展,我国人均资源相对不足的矛盾将更加突出。可持续发展的核心和前提是发展,公路交通发展是社会可持续发展的重要内容,也是国民经济和社会发展的重要支撑。在公路建设中坚持可持续发展、建立节约型社会,就是要正确处理好节约资源和公路发展的关系。从全局和长远来考虑,并非不能利用和开发资源,而是应该更加合理和有效地利用资源。集约节约要坚持提高资源能源利用效率,减少资源能源消耗总量和废物产生量,推进循环再生利用。通过合理高效的资源利用,获得更多的功能、更好的服务、更美的风景、更高品质的工程,是绿色公路建设的追求。

3.4 精心创作设计

环境个性赋予公路个性。设计过程不但是赋予公路功能的工程,也是赋予公路个性的"艺术创作"过程。公路创作设计过程是一个以设计人员对工程所处环境条件的理解和对项目功能要求的认识为基础,以对公路专业、美学、生态学、建筑学、社会学、人类文化学、历史学、心理学、地域学和风俗学等学科的综合运用能力为手段,对公路所处的自然和环境进行再造(新建)、再融合(改扩建)的过程。

树立精心设计创作的理念,变设计工作为设计创作,把设计产品变为设计作品、精品,以"更安全、更环保、更经济"为目标,在"精、细、美"上多下功夫。加强总体设计工作,充分考虑地区之间、不同地理条件之间的发展差别,坚持针对工程项目所处的自然、地理、地质等条件,尊重每一个区域、每一个路段、每一座桥梁隧道的特殊性和差异性,在满足安全性、功能性条件下,通过对工程方案进行精心细致的设计和比选,科学确定技术标准,合理运用技术指标,精准选择建设方案。

3.5 灵活选用技术指标

充分掌握技术标准、规范的使用条件,在确保安全与功能的同时,通过合理选用技术标准,灵活运用技术指标,最大限度协调公路建设与沿线自然、人文环境要求。标准规范中的指标有主次之分,主要指标指对安全、功能有重大影响的指标,如最小圆曲线半径、最大纵坡、视距等;次要指标指在满足安全的前提下,主要影响美学或舒适性的指标,如曲线间直线长度等。主要指标在设计中应确保不突破限制、力求较高值;对于次要指标,当对环境不构成影响时可采用较高值,当对环境存在影响时应采用较低值,当对环境和生态影响巨大时,为了保护环境,考虑适当控制目标需求。

3.6 全寿命周期成本最小

从项目使用寿命周期过程看待成本,把公路放到环境和社会的大系统中去考量其成本,不但应注重项目初期建设成本,还要注重后期维修和养护成本;不但应看到项目自身成本,还要看到社会成本和环境成本。遵循建管养一体化设计理念,注重建设质量和工程耐久性。高等级公路强调长使用寿命,低等级公路强调当地普通材料利用,以达到最佳技术经济效益。统筹公路规划、设计、施工、运营、管理、服务全过程和资源、能源、生态、环境等各方面,从源头上做到工程建设选择合适的工艺、材料和技术。

3.7 传承历史文化

交通发展是人类文明发展史的缩影,交通文化是社会文化的有机组成部分。公路文化是公路人在公路建设、养护、管理的实践活动中所创造的物质财富和精神财富的总和,是公路人思想活动、心理状态、精神风貌、工作作风、工作目标、行业形象等因素的重要体现,是公路行业健康可持续发展的重要源泉。在公路建设中,应宣传公路发展历程,普及行业知识,扩展公路文化,传承公路历史,弘扬公路精神,顺应新时代文化建设要求。建设环境友好、运行安全、结构耐久、舒适高效的高品质公路,体现先进的建养管理理念、地域历史文化特征、生态、文明和人文理念等。

3.8 景观绿化适度

公路绿化景观的提升要与周围环境相适应,与经济相协调,不提倡过度绿化或人造景观,不提倡与周围环境不协调的景观提升,不提倡不计经济、环境代价的"绿色"。

过度绿化表现形式很多,如戈壁荒滩、缺水地区强行栽树,高原草甸地区路侧栽树,郊外路段采用园林手法绿化,周围原本就没有植被的稳定裸露岩石挂网绿化,整齐排列且等距栽植非当地树种,等等。

路侧植树要"适树、适地、适量",与环境相协调。荒漠戈壁没有植物,保持原生态就好,强行栽树既不经济,也会造成与周围环境不协调。位于城区路段,适当采用园林技术对路侧进行绿化美化可以,但是远离城区路段植被绿化越自然越好,如采用园林手法常常显得突兀。因此,景观提升要适度,要追求景观绿化与周围环境的协调、工程建设与经济性的协调。

设 计 篇

第1章 总体设计

1.1 总体要求

绿色公路总体设计应坚持"以人为本、安全至上,自然和谐、生态环保,因地制宜、节约资源,技术合理、服务提升"的总目标;科学论证技术标准,合理确定建设方案及规模;系统把握路线、路基、桥涵、隧道、路线交叉、交通工程及沿线设施等专业之间的关系,使建设方案与自然资源节约、生态环境保护的相关要求相协调,实现公路建设健康可持续发展。总体设计应进一步强化以下工作:

(1)全面准确把握建设方案影响因素。
(2)集约利用通道资源。
(3)合理选择技术标准。
(4)灵活运用技术指标。
(5)精心比选工程方案。
(6)加强特殊路段安全设计。
(7)注重环境保护与景观提升。
(8)积极应用数字化和信息化技术。

1.2 技术标准论证

1.2.1 公路功能与技术标准

公路功能主要体现在服务群众出行、服务车物流动、服务社会经济发展、服务国家安全等方面。公路技术标准主要包括公路等级、设计速度、车道数、路基横断面布置等方面。技术标准应根据公路功能,即公路在路网中的作用(干线、集散、支线),并考虑交通量、建设条件,衡量安全、环境及资源承载力等因素后论证确定。

标准的确定可适当超前,但应避免过度超前。当项目位于高寒高海拔、地质灾害频发、山岭重丘、用地受限等建设条件复杂区域时,提倡分段选择技术标准,灵活运用技术指标,如采用规范规定的技术指标最小值或极限值;在保证安全的前提下,可论证降低部分功能目标和次要指标。

加强改扩建公路项目的技术标准论证,尤其是低等级公路的升级改造工程,应重点对如何充分利用老路、如何灵活运用技术指标、在保证安全的前提下降低对环境的影响和工程造价等进行研究。

1.2.2 设计速度与运行速度

设计速度是指在行车条件良好的情况下,一般驾驶员在路段上能保持安全、舒适行驶的最大车速,即汽车运行只受公路本身条件影响时,中等驾驶技术的驾驶员能保持安全舒适行驶的最大行驶速度。运行速度是指在特定路段上车辆实际行驶的速度,一般采用行驶速度累计分布曲线上对应于85%分位值的速度。

设计速度对特定路段而言是一固定值,但实际的行驶速度总是随公路线形、车辆动力性能及驾驶员特性等各种条件的改变而变化,条件允许时,驾驶员总会有采用较高车速行驶的倾向。因此,为使车辆行驶顺畅、安全,应进行运行速度检验,以保证相邻路段运行速度的协调性和一致性。应重点对设计速度变化路段、技术指标突变路段、爬坡车道和超高设置路段等进行运行速度检验,并根据检验结果,通过完善技术指标或采取必要的交通安全技术与管理措施提高安全性。

新建公路项目,可根据技术等级、沿线地形地质条件分段选取不同的设计速度。高速公路和一级公路同一设计速度的分段长度不宜过短,设计速度变化不宜频繁;二级、三级和四级公路的设计速度可结合地形地质条件,论证采用较短的分段长度。设计速度分段时,相邻路段的设计速度差不得大于20km/h,并需做好不同设计速度路段之间的衔接与过渡。

地形平坦路段,采用较高设计速度的公路线形如图1.2-1所示。

图1.2-1 采用较高设计速度的公路线形

公路改扩建,对于原设计指标偏低的路段,特别是因新增互通技术指标不满足现行规范要求的路段,其设计速度可考虑单独选取,以适应既有公路指标,减少废弃工程和对周边环境的影响。

设计速度小于或等于 80km/h 的公路,均应按照《公路项目安全性评价规范》(JTG B05—2015)给出的运行速度计算方法,对路线平纵面线形指标和线形组合设计进行分析,检验运行速度的协调性与一致性。根据分析结果,改善相邻路段平纵指标组合,通过"降大增小"来减小运行速度差,提高线形均衡性,消除安全隐患。

安全的公路线形设计,不在于全线(或局部)平纵指标的高低,而在于整体线形的连续性及相邻路段的运行速度差控制。需不止一次对运行速度进行检验,直到全线运行速度连续、均衡。

1.2.3　路基横断面

车道数和车道宽度应根据公路技术等级、设计交通量、地形条件、服务功能和服务水平等综合确定。特殊项目可根据季节交通量或高峰交通量,分段、分方向确定车道数;应灵活布置路基横断面与选择各组成部分的宽度,合理降低路堤高度和路堑深度,减少对沿线生态环境的影响,使公路与周边环境融为一体。

路基横断面宜结合沿线地表横坡、自然条件、工程地质条件等进行重点设计。自然地表横坡较缓时,一般采用整体式横断面;地表横坡陡、地形起伏大、工程地质复杂时,四车道及四车道以上公路可因地制宜采用分离式横断面。分离式横断面公路效果如图 1.2-2 所示。

图 1.2-2　分离式横断面公路

双车道的普通公路在地形地质条件特别复杂时,也可结合地形设置单行单车道的分离式横断面,但应做好分流、合流处的标志标线设计,避免误行,保障安全;同时利用地形合理增设小客车超车道,提升服务水平。双车道分离式横断面公路效果如图 1.2-3 所示。

图 1.2-3　双车道分离式横断面公路

对于城镇化路段,路基横断面可以参照城市道路横断面布设标准,设置行人和非机动车道,并兼顾公共设施布设要求。

中间带宽度应结合行车安全、占地规模和管线布设等因素确定。用地受限或地形复杂区域,在保证安全的前提下,可采用较窄的中间带,以减少占地,保护环境;地广人稀的戈壁、沙漠、草原区域,可采用较宽的不设护栏的中间带,以更好地与沿线自然环境相协调,如图 1.2-4 所示。

图 1.2-4　中间带不设护栏的分离式路基

公路路肩宽度一般综合考虑交通安全、交通组成、路段通行能力、对周边环境影响等因素确定,城镇和乡村路段还需要根据非机动车辆和行人的通行需求,结合慢车道布置,选择合适的宽度。

公路改扩建项目中的深挖路堑和被交路设桥上跨主线段,在保证安全的前提下,可考虑对硬路肩、路缘带、碎落台等宽度适当缩减,减少对既有边坡和桥梁的拆除,最大限度地利用既有公路资源。

1.3 走廊带选择

1.3.1 促进经济社会发展

在符合路网规划功能的前提下,新建公路走廊带选择重点要考虑促进项目区域经济社会协同发展,兼顾经济和社会效益。走廊带选择应辐射带动相关城镇节点、方便相对多数群众出行、更好地吸引交通流、最大限度发挥区域路网效益,同时还要兼顾经济欠发达地区扶贫开发需求、体现社会效益。

旅游资源丰富地区,走廊带选择应在不影响生态环境的前提下,尽量靠近特色旅游与特色产业发展区,促进交通与旅游、交通与产业的共同发展。公路促进沿线旅游经济发展的效果如图1.3-1所示。

 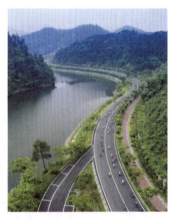

图 1.3-1 公路与旅游的融合

1.3.2 尽量减少资源占用

减少资源占用,集约节约利用资源是走廊带选择的重要考虑因素。公路建设应最大限度地节约土地资源,减少占用耕地、林地和草地等优质土地资源;过江通道资源紧张的地区,可考虑高速公路与地方道路、公路与铁路等共用通道,合建过江桥梁;改扩建项目要最大限度地利用既有工程,对扩建方式进行多方案比选,因地制宜采用平面扩建或立体扩建,减少新增建设用地,减少拆迁。为减少占用耕地,沿坡脚布线的路线设计如图1.3-2所示。

公路与公路、铁路、防洪堤等平行布设时,应按照"统筹规划、合理布局、集约高效"的原则,统筹利用通道资源,合理利用空间,避免土地资源分割与浪费。公路与铁路共用走廊如图1.3-3所示。

图 1.3-2　为减少占用耕地而沿坡脚布线的公路

图 1.3-3　公路与铁路共用走廊

1.3.3　建设运营风险可控

坚持安全选线,高度重视工程安全和运营安全。走廊方案比选应加强地质、工程、运营安全风险识别与评估,将降低安全风险作为确定路线走廊带的重要原则和依据。

应尽量选择地质条件良好的走廊,绕避大型滑坡、岩溶、泥石流等区域,避免地质灾害对公路建设、运营形成安全隐患。

积雪冰冻地区,尽量选择阳坡布线,避免路线布设于陡峻山坡的坡脚;风吹雪(沙)地区,路线宜布设在地形开阔、地势较高、起伏较小、气流顺畅、输雪量小、山坡迎风坡脚等有利于风雪(沙)流通的区域。

为确保公路运营安全,路线方案选择和路线布设时应尽量避免出现长大纵坡。如果地形条件太复杂、相对高差太大,路线需布设于长大纵坡路段时,若有条件可充分利用地形集中解决高差问题,在地势高差较大路段可采用回头或螺旋展线克服高差,以减缓长下坡路段的纵坡,并应加强交通安全设施设置,提高运行安全性,如图 1.3-4 所示。

图 1.3-4　螺旋展线路段公路

1.3.4　降低生态环境影响

坚持生态环保选线,贯彻"不破坏就是最大的保护"的生态文明理念。尽量避免出现高填深挖路段,保护原始地形地貌;尽可能绕避区域内各种自然保护区、风景名胜区、世界文化和自然遗产地、饮用水水源保护区、森林公园、地质公园、重要湿地等环境敏感区。减少环境影响的路线布设方案如图 1.3-5 所示。

图 1.3-5　沿山坡坡脚和沿河岸布线的高速公路

合理确定路线与沿线树林、村庄、河流、微丘、高山等原始地貌的关系,重视公路与原始地貌的融合,不能因路废景,最大限度地减少路域环境破坏。

1.3.5　方便群众生产生活

普通国省干线公路走廊带选择应充分考虑沿线城镇居民出行方式和生产生活需要,坚持"近而不进"的原则。承担干线功能的公路应尽量顺捷,承担集散功能的公路应提高通达水平,为沿线居民生产生活和交通出行提供便利。具有干线功能的一级公路通过作为路线控制点的城镇时,应与城市发展规划相协调,宜与城市环线连接或另建连接线;新建的二级、三级公路应与城镇规划相协调,不宜穿越城镇。某村镇过境公路走向如图1.3-6所示。

图1.3-6　路线穿越沿线村镇的公路

1.3.6　注重路景协调融合

具有旅游功能的公路应做好景观选线。路线走廊应注重串联区域内水库、湿地、冰川、峡谷、森林、孤山等景点,使公路和路侧自然景观融为一体,成为一道靓丽的风景线,达到"路侧有景、景中有路"的效果,如图1.3-7所示。

图1.3-7　路侧有景,景中有路

1.4　总体统筹

1.4.1　路基方案选择

总体设计应统筹考虑工程安全、占地、环境影响、工程造价等因素,加强对高填深挖路段路基方案的比选。与桥隧方案相比,若路基方案增加占地不多、环境影响小且全寿命周期成本具有优势,应优先采用路基方案。

(1)深挖路段。当挖方高度大于20m时,应进行深挖路堑和隧道方案综合比选。边坡稳定性差时,不宜选择路基方案,宜考虑"以隧代路"或棚洞方案,如图1.4-1所示。

图1.4-1 "以隧代路"效果

(2)高填路段。应进行高填路基和桥梁方案综合比选,当地形地质条件有利于路基稳定且弃方量较大时,可选择路基方案,但应做好高填路基压实设计;如路基方案占用耕地较多,宜同时采用收缩坡脚的方案,减少占地。当占地和征地拆迁成为影响实施可行性的主要控制因素时,宜采用"以桥代路"方案,如图1.4-2所示。

图1.4-2 尽量少占耕地的高速公路

(3)湖区、滨海软土地区、高原冻土地区公路,当特殊岩土性质差、厚度大,处理难度大且后期路基变形难以控制时,应尽量避免选择路基方案,考虑"以桥代路"。降雨量大、易受山洪影响的山涧谷地路段,应避免选择路基方案。

(4)旧路加宽扩建时,应对其使用状况、扩宽改造的建设条件、既有设施和资源的可利用程度、拼接加宽结构的安全性以及改扩建实施后的运营安全等做出全面分析和评估,并在此基础上深化路基加宽方式,如单侧整体加宽、单侧分离加宽,两侧整体加宽、两侧分离加宽等的比选。

图1.4-3为新建半幅公路进行老路升级改造的实例。

图1.4-3　新建半幅进行老路升级改造

(5)分离式横断面左右幅宜独立进行平纵面设计,中间带宽度和左右幅高差可随地形、地势灵活掌握,如图1.4-4所示。傍山路段,上、下行分离且高程不同的分离式路基,一般能更好地与地形吻合。

图1.4-4　分离式路基(不等宽中间带)的公路景观

1.4.2　桥位隧址选择

一般桥梁和隧道选址应服从路线总体走向和几何线形设计要求。特殊结构桥梁、特长隧道是线位设计的主要控制因素,应综合考虑地形、地貌、地质、水文、施工条件等因素,科学确定桥位隧址。

对于通航桥梁,桥梁轴线与河道交叉关系应满足通航和防洪要求;对于跨越沟谷的桥梁,桥台岸坡稳定性是桥位选择的主要控制因素,应强化相关地质勘察和稳定性评估工作;桥梁线形应与桥址周围环境相融合,在不过多增加规模和施工难度的前提下,应考虑采用均衡协调的平纵面线形,提高桥梁的整体美观效果,如图1.4-5所示。

特长隧道应尽量避免穿越复杂的工程地质和水文地质不良地段;必须通过时,应有切实可行的工程措施;隧址方案比选应考虑通风口和出渣口位置,方便施工和运营;隧道洞口应避免设置在滑坡、崩塌、岩堆、危岩落石、泥石流等不良地质及排水困难的沟谷低洼处或不稳定的悬崖陡壁处;避免在隧道洞口形成高边坡和高仰坡。

图 1.4-5　平纵顺适的桥梁线形

1.4.3　路线交叉方案布设

应根据交通需求、地形条件,统筹考虑占地、环境影响、资源节约、远期扩容等因素,合理选择交叉方案。

互通式立体交叉应优先选择在山坡地、荒地等土地利用价值相对较低的位置。随着收费方式更加灵活便捷,互通立交可灵活选择出入口位置,使布局更紧凑,减少占地。当地形地质条件特别复杂时,可以采用组合半互通实现全互通的功能。图 1.4-6 为占地较少的菱形互通方案。对于占地较多的互通,可对互通立交区内的土地进行综合利用,如图 1.4-7 所示。

图 1.4-6　兼顾功能与占地的菱形互通立交

图 1.4-7 因地制宜布设的互通立交

分离交叉方案应统筹考虑占地和土方平衡与调运等因素,合理选择上跨或下穿方案;转向交通量大的平面交叉,应进行渠化设计,设置专用转向车道。

1.4.4 服务设施布设

应根据交通的流量、流向,结合驾乘需求,考虑项目影响区域内已建服务设施的位置与功能,合理确定拟建项目服务设施布局方案。服务设施具体位置和形式的选择,需统筹考虑占地、环境影响、地形条件、工程规模、运营安全等因素。

应根据地形条件灵活选择服务设施布局形式,可因地制宜采用双侧分离式或单侧集中式。采用双侧分离式时,可对称布设或非对称布设。地形困难路段,服务设施可与主线分离布设。在满足安全的前提下,服务区、停车区可与互通立交合并设置。地形起伏较大的服务区、停车区广场,为节省占地、减少填挖,可布设为台阶式或双层布设,如图 1.4-8 所示。

图 1.4-8 错落有致的高速公路服务区广场

对于旅游资源丰富、沿线自然风光秀美的公路,服务设施的位置和数量应与驾乘人员的旅游观光需求相匹配。为更好地与地方经济社会发展相融合,服务区可采用开放式。

1.4.5 综合排水系统设置

综合排水系统是指由公路项目系统内各排水设施形成的一套系统的、呈网状的自成体系而又不影响路外水系、水源的排水系统。其主要功能包括雨水和地下水的收集、疏导、汇集和处理等,同时还要满足地表径流安全快速横穿公路的需求。

综合排水系统设置需要统筹考虑气象水文、工程安全、生态环境、地形地质等因素,做好相关因素的调查研究,加强水文水力计算,统筹路基、路面、桥梁、隧道、互通区、服务区的排水设施设计,使排水涵洞、边沟、排水沟、截水沟、水处理池、排水出口等设施互联互通,成为一个整体,如图1.4-9所示。

图1.4-9　公路综合排水系统

第 2 章 路线设计

2.1 总体要求

平纵面线形及其组合设计是路线设计的重要内容。高速公路、一级公路应特别注意线形的视觉诱导和连续性,以及同沿线环境的协调性,以增进驾驶的舒适性和安全感。应切实加强建设条件的调查,在此基础上确定路线主要平纵面技术指标,加强各种技术指标的组合设计。具体需要做好以下几项主要工作:

(1)新建项目深化技术指标论证。
(2)改扩建项目合理选择技术标准、指标。
(3)加强长大纵坡路段路线方案研究。
(4)优化隧道洞口段线形设计。
(5)合理控制路基填挖高度。
(6)用好运行速度检验。

2.2 平面线形设计

2.2.1 顺应地势、吻合地形

顺应地势、吻合地形需要灵活运用平面指标,使路线适应地形起伏,与地形、地物、环境和景观相协调,并与纵面线形和横断面相互配合,保持线形的连续性与均衡性。

(1)对于山体外形规则、坡面顺滑舒展、分布错落有致的丘陵地形,应充分利用各类曲线要素组合搭配布线。根据山体的自然条件,可采用曲线定线手法,选择整体式、分离式或高低错落式路基等,使路线适应地形变化,与自然相融合。山坡布线如图 2.2-1 所示。

(2)对于宽浅河川式丘陵地形,宜选择沿河堤布线,路堤兼作防洪堤,减少通道设置数量;为避免占用、分割农田,可沿山脚布线,也可在山腰布线,减少拆迁。沿海岸线和宽浅河川式丘陵地形布线的效果如图 2.2-2 所示。

图 2.2-1　位于山坡的公路线形

图 2.2-2　蜿蜒于山坡坡脚下的公路

(3) 对于地势平坦的平原地形，路线宜短捷、顺直，转角控制得当，曲线长度搭配均匀。当线形指标变化较大时，应注意线形的渐变过渡；避免采用长直线或小偏角大半径平曲线。路线应尽可能采用较高的平纵面技术指标，在满足路基最小填土高度、桥涵构造物净空要求的情况下，适应地形起伏，尽量降低路基高度。地势平坦的平原地形路线设计效果如图 2.2-3 所示。

图 2.2-3　顺地表而行的公路

（4）地形起伏较大的山岭区,可采用较低的设计指标,充分利用地形展线,尽量避免高填深挖。保持平纵指标均衡连续,有利于行车安全,单个曲线或独立路段不应追求高指标。强拉直线或采用大半径曲线,硬切山梁、横跨山谷的平面设计,不仅不能给驾乘人员提供舒适性的行车体验,反而造成环境破坏。顺山势沿湖岸布线的公路效果如图 2.2-4 所示。

图 2.2-4　顺山势沿湖岸布线的公路

2.2.2　巧用曲线,提升驾驶灵动感

通过增加平曲线数量,提高曲线占比,选择合适的平曲线半径,使线形符合驾驶员的视觉和心理需求,避免长直线或单个长大平曲线给驾驶员带来的驾驶疲劳和视觉疲劳,如图 2.2-5 所示。

图 2.2-5　加大曲线占比后不同等级的公路线形

对于高速公路,曲线占比超过70%时,行驶舒适性较好。但受地形、地质、生态等自然条件限制,山区高速公路难以选用较大曲线半径,通常满足行驶安全、舒适的平曲线半径以不小于3倍极限半径或2倍一般最小半径为宜,超高可控制在3%~4%左右。前后线形均衡、交通安全设施完善的特殊困难路段,经运行速度验算,采用极限最小半径值一般也能满足行车安全。线形连续的较小平曲线半径路段,只要平纵配合适当,线形与环境协调性较好,也能保证行车舒适性。

圆曲线半径大、不设置超高时,直线与圆曲线衔接也应考虑增设缓和曲线。对于老路改扩建项目,在充分利用老路的前提下,可通过增加缓和曲线等方式使前后曲线相接,从而提高驾驶舒适性。

2.2.3 精细取值,主动控制速度

对于地形地质条件较好的路段,可结合运行速度检验结果,通过对平曲线半径进行精细取值,主动影响和控制驾驶员行车速度,使运行速度平稳连续。如图2.2-6所示,虽地形条件好,但没有采用大半径平曲线,从而有效地影响驾驶员的加速行为,达到主动控制行驶速度的目的。

图 2.2-6　通过平曲线半径大小主动控制运行速度

2.3　纵断面线形设计

2.3.1　线形合理,低填浅挖

为减少对环境的影响,纵面设计应尽量灵活选择指标,适当增加变坡点,使平纵线形吻合地形,实现低填浅挖,如图2.3-1所示。

图 2.3-1　低填浅挖公路

2.3.2　分段优化,平衡土石方

山岭重丘区公路建设项目土石方量一般较大。土石方即使能达到全线平衡,也并不能完全避免局部路段的不平衡。考虑到分标段施工土方调配困难及运输条件等影响,要实现"零弃方、少借方"的建设目标,难度较大。

对于山岭重丘区项目,既要注重土石方的整体平衡,也要加强分段土石方的平衡。为达到土石方平衡目标,有效的办法是反复调整优化平纵指标。

越岭线隧道进出口路段,可结合地形地质条件,适当提高洞口高程,增加隧道连接线填方数量,消化隧道弃方;对于平原、丘陵和山岭区之间的地形变化段,增加路线纵坡长度和坡度,更有利于适应地形和运行速度变化,减少填挖数量。

2.4　线形组合设计

2.4.1　避免拐点重合,保持视线连续

拐点重合是指纵断面中点(顶点或低点)与平曲线的起、终点(直缓点或缓直点)重合。拐点重合容易造成线形不连续、视线不良,不能使驾驶员准确判断前方路线的走向,特别是小半径平纵曲线尤为严重。

为避免拐点重合,应加强平纵面线形组合设计。平纵面线形指标应相互匹配,避免不利组合,并通过视距检查,提高行车安全性。图 2.4-1 为视线连续的路线设计效果。

2.4.2　科学设置路面坡度,保持排水通畅

位于缓和曲线中的超高过渡段,会出现路面横坡较小或为零情况,如果该路段的纵坡也较小,则合成坡度将不足以满足路面排水需要,易造成路面排水不畅或积水,影响行

车安全。应对上述路段平纵面线形进行局部优化,可通过调整缓和曲线位置、竖曲线顶点位置或加大纵坡等措施,增大合成坡度。

图 2.4-1　视线连续的路线设计

2.4.3　放宽组合限制、减少路基填挖

平纵面线形组合设计一般要求平纵面线形相互对应,尽量做到"平包竖"。当平曲线和竖曲线半径均较小时,宜保持两者的对应关系;当平曲线和竖曲线半径均较大时,可适当放宽两者的对应限制。

平原区的平曲线半径和长度一般较大,在满足视距要求和保证纵面视线连续的前提下,可以做到一个平曲线内包含多个竖曲线,同时这也是降低路基填土高度的有效措施之一。

对于新建项目,平纵线形组合要求相对严格;但对于改扩建项目,可以根据实际情况,有条件地放宽组合限制,如图 2.4-2 所示。

图 2.4-2　长直线上纵面连续起伏的公路

2.4.4 协调平纵横,提高行车安全性

注重平曲线半径、纵坡坡长和横断面超高三项指标的协调性。结合运行速度验算结果,合理确定弯道超高采用值,提高行车安全性。

由于在直线和曲线之间转换过程中,缓和曲线最符合车辆的行驶轨迹,因此,当曲线半径大于不设超高最小半径值的一定范围内时,也可以增设缓和曲线及超高(采用正常路拱坡度的超高值),以改善弯道的行车安全性及舒适性。如设计速度为 80km/h、平曲线半径 R 在 2500～4000m 区间时,或设计速度为 100km/h、平曲线半径 R 在 4000～5500m 区间时,亦或设计速度为 120km/h、平曲线半径 R 在 5500～6500m 区间时,均可布设正常路拱值的超高。也可以不增设超高,仅增设缓和曲线。从提高舒适性角度,在遵守现行规范和保证行车安全的前提下,鼓励各种尝试。

应加强长大纵坡路段路线方案研究,以"上坡行车通畅、下坡行车安全"为目标控制平均纵坡,合理运用最大纵坡与最大坡长。根据交通量构成,结合车型动力和制动性能特征,以及驾驶员的习惯和期望,合理分布平均纵坡(常见的长大纵坡分布方式包括"台阶式"连续长大纵坡,"上陡下缓"或"下陡上缓"式长大纵坡),分段克服高差。

第 3 章　路 基 设 计

3.1　总体要求

(1) 加强工程勘察和现场调查,避免设计与实际脱节。
(2) 采用灵活性设计,合理确定路基断面。
(3) 加强生态恢复,避免过度防护,减轻人工痕迹。
(4) 完善各项排水设施的衔接,采用生态型边沟提升排水设施景观效果。
(5) 优先选择柔性结构,推广集中预制、装配化施工的防护、排水结构形式。
(6) 追根溯源、因地制宜,选择高效环保的特殊路基方案。
(7) 加强土石方的纵向调配和综合利用,尽量做到"零弃方、少借方"。
(8) 加强施工控制,保障路基质量。

3.2　合理确定路基断面

3.2.1　路侧净区宽度

路侧净区是指公路车行道边缘外无障碍物、车辆驶出车行道后可以停车或驶回公路的带状区域。

美国 AASHTO《路侧设计指南》(1996 版)指出,美国低速乡村集散公路和乡村地方公路最小侧向净宽为 3m(10 英尺)。AASHTO《路侧设计指南》(2002 版)指出,高速公路行车道边缘以外不少于 9m 的宽度可使 80% 的失控车辆得到恢复。我国按照填方段不少于 9m、挖方段不少于 5m 的宽度来设置无障碍区,如图 3.2-1 所示。

在我国,平原和丘陵只占陆地面积的 22%。陆地面积以山区为主,且平原和丘陵地区往往人口密集、土地资源紧张,因此要设置足够的路侧净区(无障碍区)宽度往往难以实现,特别是构造物设置较多、全封闭的高速公路,但一些普通公路却有条件实现。路基断面形式选择、填土高度拟定、边坡坡率及防护、排水等方案设计都宜考虑路侧净区宽度的需要。

沙漠、戈壁及草原等地区的公路,应结合地形尽量设置低路堤、浅路堑,有条件时应采用缓于 1∶4 的坡率,为失控车辆的恢复和自救提供更大的机会,如图 3.2-2 所示。挖方路段避免采用敞口式边沟,以扩大路侧净区有效宽度。

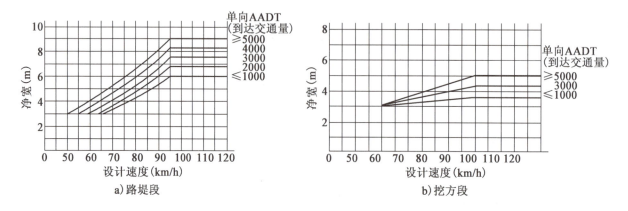

图 3.2-1　直线段计算净区宽度

图 3.2-2　低路堤、浅路堑、缓边坡便于失控车辆的恢复和自救

3.2.2　路基断面形式的选用

路基横断面形式有整体式路基、横向分离式路基和纵向分离式路基(高低路基)。其中,整体式路基是最常用的路基断面形式,具有节约用地、便于互通等构造物及沿线设施布设等优点,但设计缺少灵活性,往往导致填方、挖方工程量大,边坡高度高,对环境破坏严重等问题。

在荒漠、戈壁及草原等地区,地广人稀且构造物少,设置平面分离式路基使左右幅路基边缘之间距离满足路侧净区宽度要求,可增强公路行车安全性,景观效果也较好,如图 3.2-3、图 3.2-4 所示。

在山区自然横坡较陡(陡于 1∶3)时,纵面分离式路基可避免设置高填方、高挡墙,降低挖方边坡高度,减少土石方数量,如图 3.2-5 所示。纵向分离式高低路基顺应地形,可以减少对山体的开挖,降低对环境的影响和破坏,如图 3.2-6 所示。

图 3.2-3　某荒漠公路分离式路基

图 3.2-4　微丘区分离式路段

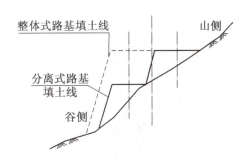
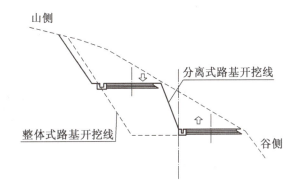

图 3.2-5　整体式路基与高低路基设置方案比较

图 3.2-6　纵向分离高低路基实景

3.2.3　碎落台、护坡道取值

1) 碎落台

容易产生碎落的风化破碎岩石、软质岩石、砾(碎石)类土等地段的挖方边坡,经常有剥蚀碎落的岩屑或土石,为防止堵塞边沟,设计时在边沟外侧设置碎落台。碎落台的宽度一般不小于 1.0m。

不少公路路堑已进行防护,特别是高等级公路,边坡碎落很少发生,加之边沟设置盖板(图3.2-7)后,可及时清理落在边沟上部的碎落物。路侧设置宽浅边沟(图3.2-8)时,边沟已兼具碎落台功能。因此,无须统一设置碎落台,特别是在工程艰巨的路段,碎落台宽度压缩1.0m节约的土石方及边坡防护数量往往也是可观的。当有条件时,路肩边缘外侧可设置足够的侧向净区宽度,使失控车辆不致产生恶性事故,挖方边坡的碎落台同时也是无障碍的路侧救险区。图3.2-9将碎落台设置成凸起式花坛,片面追求美化效果,浪费了路侧净宽,本末倒置。

图3.2-7 盖板边沟(不再设置碎落台)

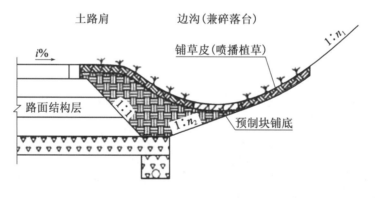

图3.2-8 宽浅边沟(包含碎落台宽度)

2)护坡道

护坡道是指当路堤较高时,为保证边坡的稳定,在路堤边坡坡脚外沿地面纵向保留的一定宽度的平台。一般填方路基路侧取土且路基边缘与取土坑底的高差大于2m时,设置1~2m的护坡道;高速公路、一级公路的护坡道宽度一般不小于3m。事实上,过宽的护坡道对于路堤的稳定性影响很小,为减少占地且便于边坡及路堤边沟的养护,可设置0.5~1.0m宽的护坡道,路堤边坡缓于1:2或路堤边沟为宽浅式时,可不设置护坡道。

图 3.2-9 碎落台设置成凸起式花坛,不利于行车安全

3.2.4 边坡分级、平台及坡率选择

1) 填方路基边坡坡率

国内外经验表明,填方边坡坡率采用 1:4~1:6 的缓边坡时,可为失控车辆提供回转机会,降低危险,但将占用大量土地,在沙漠、戈壁、草原等地广人稀的地区可采用。互通立交匝道内区域填方也应采用缓边坡,并做成流线型,山岭区往往可消化路基弃方,还可与周围环境融合,如图 3.2-10 所示。

图 3.2-10 互通立交匝道内圈缓边坡

2) 挖方边坡坡率

边坡高度不大于 20m 的土质挖方边坡、边坡高度不大于 30m 且无外倾软弱结构面的岩石挖方边坡,一般按照规范推荐值选取边坡分级高度及坡率值。事实上,边坡设计需根据地质和水文条件、气候、地形地貌、自然环境景观及岩土体抗冲刷性能等因素,通过稳定性分析,再结合当地自然边坡、人工边坡的稳定状况,选择合适的边坡坡率和边坡防护形式。在地形允许的情况下,应尽量采用较缓坡率,为边坡植被恢复创造条件。

对于土质挖方,当挖方高度不大时,宜优先采用缓边坡。通过草灌混植,草、树、花相结合的边坡防护措施,结合宽浅边沟或盖板边沟,可达到环境优美并尽可能降低对失控车辆造成伤害的目的,如图3.2-11所示。相反,如果机械地选择1∶0.75~1∶1的挖方边坡,不仅减少的土方量有限,而且对行车安全不利,与环境协调性不佳。

图3.2-11 采用缓边坡的浅挖方

对于岩质边坡,则应根据岩性、地质构造、岩石的风化破碎程度、岩层节理面产状及其与边坡面组合关系、边坡高度、地下水及地面水等因素综合分析确定。

按照规范要求,岩质边坡宜设置成台阶型,每8~10m左右一级。硬质岩边坡台阶往往施工困难,尤其设置规则的台阶边坡费时费力。许多低等级公路路侧硬质岩边坡直立、一坡到顶,边坡稳定而自然,公路也不失为"绿色"的。

耐风化的层状石灰岩等硬质岩,岩体层理面近水平或者反倾,设置成1∶0.3~1∶0.5一坡到顶的直线形或者折线形陡边坡(图3.2-12),在岩体风化界面处变换坡率,边坡稳定性好、挖方数量少,且边坡高度大幅较低。

图3.2-12 硬质岩边坡采用陡边坡效果良好

一处挖方往往两端覆盖层、风化层较厚,地质条件相对边坡中部差,而设计时边坡两端及中部采用统一的坡率是不合适的。应根据现场调查及地勘资料放缓两侧端部边坡,然后逐渐过渡到该路段中部边坡坡率,把过渡区的转折点做成宽展的弧形,形成纵向的连续弧形坡面(图3.2-13)。另外,边坡端部若与自然坡面平缓过渡,改变"一刀切"的做法,可打造柔美自然流畅的曲面,减少人工痕迹(图3.2-14)。此外,在设计中往往一级边坡采用统一的防护形式,与边坡地质条件未充分结合,特别是采用了锚杆框架、锚索框架的边坡,边坡的两侧端部采用植草类防护或者骨架结合植草的"轻(圬工)防护"更为合理。

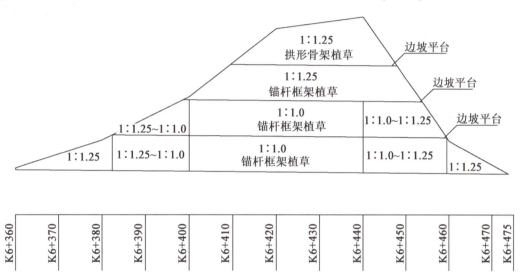

图 3.2-13　边坡两端坡率应进行过渡

图 3.2-14　边坡端部圆弧形过渡

岩石边坡的稳定性与开挖工艺关系密切。边坡开挖采用大爆破时,爆破松动圈内岩体强度及整体性将产生较大幅度的下降,后期在暴雨、地震等作用下容易产生掉块甚至失稳。因此,为尽量利用岩体自身强度,对于软石和强风化岩石,能采用机械开挖的尽量采用机械开挖,不能采用机械直接开挖的石方采用爆破作业开挖。爆破作业宜采用光面爆破(图3.2-15、图3.2-16)、预裂爆破及液压破裂等施工方法,特别是靠近设计边坡面

$2 \sim 3m$ 厚度范围内,以减轻对岩体的扰动。

图 3.2-15　光面爆破开挖边坡表面

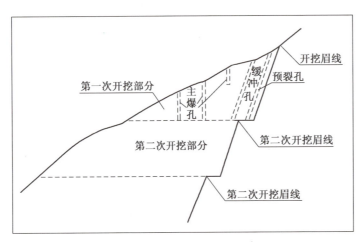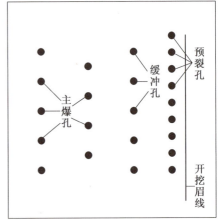

图 3.2-16　光面爆破孔布置图

3)临时排水、及时防护

路基施工期间应做好施工期临时排水,临时排水设施应与永久性排水设施综合考虑,并与工程影响范围内的自然排水系统相协调。如图 3.2-17 所示的挖方路堑开挖后

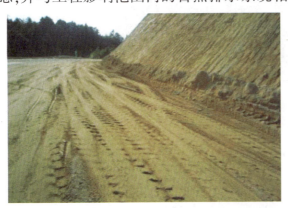

图 3.2-17　挖方路堑施工无临时排水设施

未施作临时边沟,场地未平整导致积水。如图 3.2-18 所示的路堑开挖多级,未及时防护,产生滑塌。如图 3.2-19 所示的坡面急流槽衔接不顺畅、坡面防护不及时引发边坡平台及坡面塌落。

图 3.2-18 边坡未及时防护产生滑塌　　　　图 3.2-19 坡面排水不畅、防护不及时引发病害

临时排水设施可确保路基不受水浸泡和冲刷破坏。路堤每填筑一层,表面均应设 2%~4% 的排水横坡,在路堤的路肩处,应设置纵向临时挡水土埂,每隔一定距离设出水口和排水槽(图 3.2-20)。挖方路基施工时应及时开挖截水沟、临时边沟、平台排水沟及急流槽,拦截坡面水,并尽快进行铺砌(图 3.2-21、图 3.2-22),避免雨水下渗边坡,降低土体强度进而引发边坡滑塌等破坏。此外,每挖一层均应设置纵横排水坡度,确保排水通畅。

 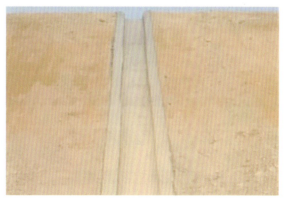

图 3.2-20 路基边缘设置拦水土埂

路基防护工程宜与路基挖方工程紧密、合理衔接,开挖一级边坡防护一级,及时养护。采用特殊处理、地质条件复杂的边坡,应控制好边坡的临界自稳高度和纵向长度,及时封闭、及时防护,防止边坡稳定性恶化进而导致失稳。

临时排水、及时防护对路基稳定至关重要。根据边坡岩土体的性质,采用合理、少扰动的边坡开挖方式,可充分利用岩土体自身强度,设置较陡的挖方边坡,减少路基土石方数量。及时设置防护工程,往往不需要过多的圬工和工程防护,只要避免边坡岩土体受水冲刷、强度下降,采用植草、带有导水槽的骨架+植草就能保持边坡稳定,从而降低防护工程规模。相反,填筑、开挖后路基临时排水不完善、边坡开挖后长时间裸露,边坡风化碎落、在雨水作用下产生滑塌等破坏后,往往需要布设挡土墙、锚索框架、抗滑桩等大型工程防护,造成较大的工程浪费。

图 3.2-21　临时边沟

图 3.2-22　坡面急流槽及平台排水沟及时铺砌

3.2.5　路基填挖高度控制

1) 平原微丘区宜采用低路堤

平原微丘区采用低路堤是最合理的选择,可宽容失控车辆,节省边坡防护工程及路侧安全设施(图 3.2-23)。另外,对软弱土,可大大降低地基处理的难度和工程造价。路基填土高度一般遵循下列原则:

(1) 综合考虑地表水、地下水、毛细水、盐分、温度等对路基性能的影响,遵循满足路基长期性能要求和节约土地的原则,低路堤高度不宜小于路基处于中湿状态的临界高度。

(2)季节性冻土地区,路堤高度不宜小于当地路基冻深。

(3)低路堤方案需处理好沿线构造物、地方道路、水利设施等设置问题,可通过调整路网规划,适当归并乡村道路,合理布设分离式立交、通道和天桥等方式解决。

图 3.2-23　平原微丘区低路堤

事实上,当路堤高度不满足最小填土高度时,可开挖原地面后回填压实,地基土满足填料要求时,不需要另外借土,分层回填满足路床压实度要求即可。当原地面含水率较高时,可翻挖晾晒、设置盲沟引排地下水。当路基防冻不满足要求时,可设置粒料垫层等措施,降低路堤临界填土高度。

荒漠、戈壁及草原地区一般地下水位低、地质条件好、构造物少且降雨量小,设置低路堤也是非常合适的。

2)高填方

路基设计宜避免高填深挖,当路基中心填方高度超过 20m、中心挖方深度超过 30m 时,一般宜结合路线方案与桥梁、隧道等构造物或分离式路基做方案比选。

如图 3.2-24 所示,自然景观优美的路段以桥梁代替路基,减少了占地和植被破坏,桥梁与自然地形融为一体,保证了动物、大气、水流通道的完整性。

图 3.2-24　以桥梁代替路基

在一些深沟路段,地基条件好甚至是基岩基底,地形平缓,不是高产良田,前后路段挖方数量多时,设置中心填土高度大于20m、边坡高度大于30m的高路堤未必不是合理的选择(图3.2-25)。一方面,可处理和消化弃方,避免远运挖方设置弃土场;另一方面,与桥梁方案比较可降低工程造价。此外,如果能采用加筋路堤方案,填方边坡可取1:0.75~1:1的较陡坡率值,边坡高度得以降低,既能消化弃方又能减少占地,路堤表面植物绿化后的景观效果也不错,相比桥梁加弃土方案,对环境的综合影响并不会明显加大。

 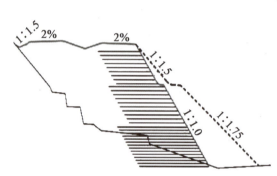

图3.2-25　前后路段挖方数量多时可采用高路堤方案

3)深挖路堑

路基中心挖方深度不应超过30m,若挖方深度超过30m时,原则上采用隧道。路基挖方边坡高度超过40m或大于1.6倍路基宽度时,需要结合路线方案优化,采用隧道、半路半隧或纵向分离式路基。周边环境优美的路段,以隧道代替挖方路堑,减少对自然环境的扰动和破坏,如图3.2-26所示。短隧道不需要设置通风系统,后期运营养护费用低,其设计无疑是"绿色"的。

图3.2-26　隧道代替深挖路堑

完整砂岩、灰岩、花岗岩等硬质岩地区,低等级公路路基边坡往往直立甚至是反坡,路基边坡仍稳定。如图3.2-27所示,设置陡边坡时,挖方数量少,边坡可不防护、局部岩体破碎时挂设主动防护网,景观要求高、降雨丰富的地区坡面可采用植物护坡。因此,路线顺坡向布设、前后路段需借方或者弃方数量较少时,设置深挖路堑也不失为合理的方案,边坡高度40～50m通常也是可以接受的。而这些路段如设置为隧道,往往存在隧道偏压,需要设置通风及照明等系统,运营费用和全寿命周期成本都较高。挖方砂岩、灰岩、花岗岩等岩体也是良好的筑路材料,设置深挖路堑可扩大石方取用量,减少线外筑路材料料场的需求。

图3.2-27 自然裸露的高边坡

在一些自然边坡较陡、边坡有落石等危害时,采用半明洞(棚洞)半路基,可避免设置路堑高边坡以及不稳定的落石对行车的影响,保证路基稳定和公路行车安全,如图3.2-28所示。

图3.2-28 半明洞(棚洞)、明洞(棚洞)路基

3.2.6 边坡设计方案比选

初步设计阶段应加强各项工程方案的比选,特别是高填、深挖路基和特殊路基。边坡设计方案比选,大体上可就强支挡少开挖方案和弱防护缓边坡方案进行比选,择优采用。强支挡少开挖方案(图3.2-29)边坡挖方数量少,边坡防护面积小,当前后路段弃方

数量较大时,可减少弃方数量和弃方占地,对环境影响小。当自然边坡缓于1:1时,桩板墙桩后岩土体推力小、桩体断面小,相比于弱防护缓边坡方案造价也相对较低。但强支挡方案路侧视野相对狭窄,行车较为压抑。对于旧路改扩建,当既有公路边坡稳定、防护排水工程使用状况良好时,可采用强支挡少开挖方案,最大程度减少旧路拆除工程数量,最大限度利用旧路资源,经济优势和环境优势均较为明显。

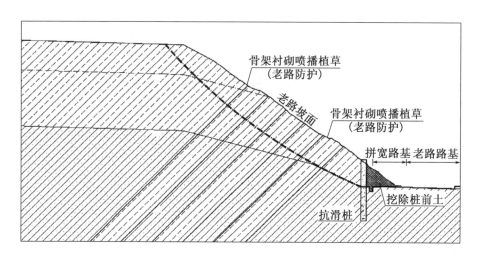

图 3.2-29 强支挡少开挖方案

弱防护缓边坡方案(图 3.2-30)边坡挖方数量较大,防护面积大,当前后路段需要借方时,挖方土石方可移挖作填。缓边坡路侧视野相对开阔,行车舒适性相对较好,边坡采用植物防护时,景观效果也较佳。当自然边坡陡于1:1时,相比于强支挡少开挖方案,往往造价低,施工较为简单。

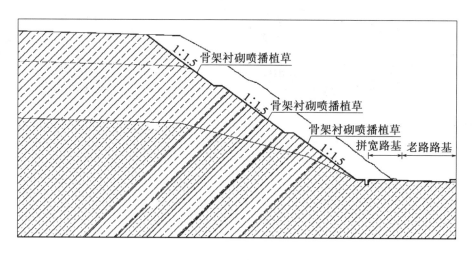

图 3.2-30 弱防护缓边坡方案

因此,采用强支挡少开挖方案还是"弱防护缓边坡方案",应根据边坡地质条件、岩土体性质,结合路段的构造物设置、土石方平衡情况及新改建等条件综合比选后确定。

3.3 路基防护支挡工程融入自然

3.3.1 生态修复、公路景观和防护工程的协调设计

路基防护工程应考虑其生态修复功能,尽量采用植物防护或植物与工程防护相结合的防护形式;避免大面积采用实体护面墙、大量采用预应力锚索、圬工挡土墙等工程防护措施。

植物防护主要有喷播植草、三维网植草、椰丝毯植草、客土喷播等,因其价格低廉、施工简单、绿化效果较好,是边坡防护的优选方案。植物防护具有一定的防冲刷功能,在降低圬工使用量的同时具有较好的生态修复效果,减少灰色圬工污染;如图 3.3-1 所示,结合项目区植被情况,采用乔、灌、草混植的方式,进一步提高绿化效果,同时能更快地融入周边自然环境中。但对于降雨量较小、植被生长困难的地区,绿化设计应考虑自然条件下人工种植草灌的长期生存情况。

图 3.3-1 边坡乔、灌草、混植与原地面植被融为一体

如图 3.3-2 所示,植被脆弱的路段,边坡面开挖后自然修复较为困难,往往需要进行人工干预,采用合适的边坡坡率及防护形式,将适合当地的草种、树种混合在营养土中,养护得当,可在较短的时间内使坡面植被及区域生态得到恢复。

图 3.3-2

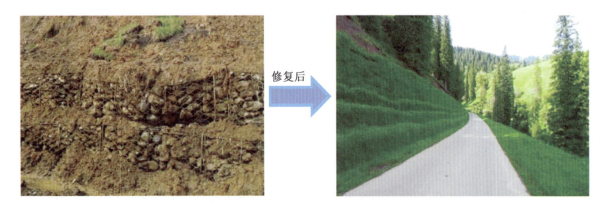

图 3.3-2 坡面植被和区域生态修复

地质条件好及植被稀少路段,边坡裸露不防护(图3.3-3),也不失为另一种"绿色"。当边坡整体稳定,可能产生局部掉块或小型楔形体破坏时,坡面挂设柔性网防护,也能产生良好的效果(图3.3-4)。

图 3.3-3 边坡基岩裸露

图 3.3-4 柔性防护网

落石危险性较大时,可改进防护网形式,提高防护能级,减少二次灾害。新型易维护主动防护网(图3.3-5)采用锚杆和支撑绳固定方式,将柔性金属网覆盖在斜坡上,网片形成独立单元,可限制落石运动范围,便于更换部件。高性能被动防护网(图3.3-6)通过优化系统传力途径,分散冲击力,大大提高防护能级。考虑落石堆积清理的需要,可采用易清理的帘式网(图3.3-7),引导落石进入预定收集区,减少维护费用,适用于山体较高、坡面较陡、落石清理困难等边坡。在隧道洞口及桥隧相连处,可采用柔性棚洞(图3.3-8)防范落石。

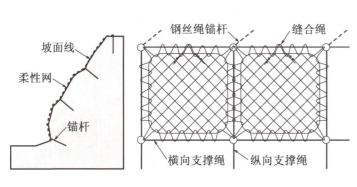

图3.3-5　新型易维护主动防护网

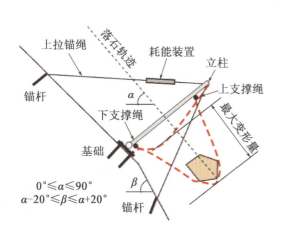

图3.3-6　高性能被动防护网

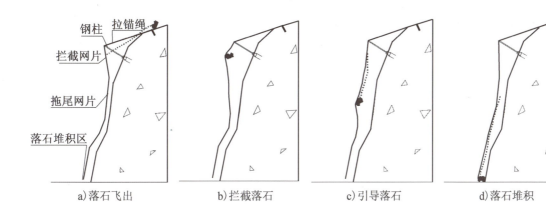

图 3.3-7

图 3.3-7　帘式网

图 3.3-8　高性能柔性棚洞

采用预制块骨架护坡可以将圬工防护与植物防护很好地结合起来,既可以美化路容,又能起到稳定路基、顺畅排水的作用,是应用广泛的边坡防护形式,如图3.3-9所示。对于需要坡体防水的路基边坡,也可以采用预制块实体护坡。预制块可以采用工厂化生产,现场装配式施工,材料用量较少,施工方便,边坡线条简洁,费用较低。

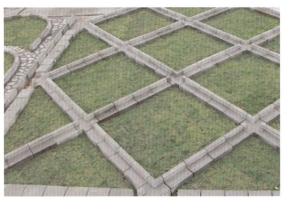

图 3.3-9　预制构件结合植草防护

边坡防护工程不仅要起到稳定边坡的作用,同时也要让驾乘人员感到舒适,并且与公路所处的自然、人文环境和景观相协调。如图3.3-10所示,采用阶梯式支挡并设置种植槽,兼顾了稳定和美化坡面作用。如图3.3-11所示,平齐直立的挡墙端部,样式呆板且不安全,而将挡墙端部渐变隐入自然坡面,则与周边景观自然地融合在一起,防护的景观效果可大大提升。

图 3.3-10 阶梯式支挡并设置种植槽　　　　图 3.3-11 挡墙端部渐变隐入自然坡面

如图 3.3-12～图 3.3-14 所示,结合当地人文、自然资源选择合适的材料和图案对挡墙、桩板墙进行饰面,可体现当地文化、地域特色,改善景观效果,同时,减弱支挡工程粗笨的视觉感受。

图 3.3-12 展现少数民族风情的挡墙饰面　　　图 3.3-13 具有地域文化特色的抗滑桩柱头和桩体

图 3.3-14 支挡工程材料及饰面

3.3.2 合理选择轻型、柔性结构

长期以来,重力式挡土墙在支挡工程中广泛采用,但其截面大、圬工数量多、施工进度慢,在地形困难、石料缺乏地区应用不便。随着岩土工程的发展,经济水平的提高,支挡结构也发展出许多轻型、预制、柔性结构。这些新型支挡结构具有结构轻、施工快捷、便于预制和机械化施工、节省材料和劳动力等优点。

1)加筋土挡土墙

加筋土是一种在土中加入拉筋的复合土,它通过加筋与土体之间的摩擦作用提高土体的变形条件和工程性能,从而达到稳定土体并保证复合结构的整体稳定的目的。

加筋土挡土墙是柔性结构物,是由拉筋、墙面(板)和墙后填料三部分组成的复合结构。能够适应地基轻微的变形,抗震性能好;筋带、面板都可以工厂化生产,施工简便、快速,能够节省劳力、缩短工期;墙面可为垂直也可设置为较陡的斜坡,占地面积少;墙面(板)可结合周边环境设计成各种造型,改善公路沿线景观效果(图3.3-15)。

a)预制混凝土面板加筋土挡土墙　　　b)生态加筋土挡土墙(施工中)

图3.3-15　加筋土挡土墙

加筋土挡土墙在北方寒冷地区使用时,应选择砂砾、碎石土等粗颗粒材料作墙后填料。粉性土、黏性土受冻融循环影响较为敏感,填料与拉筋的摩擦力不能得到有效保证,应避免采用。

如图3.3-16所示,某高速公路采用了一种混凝土预制块墙面加筋土挡土墙,墙面由椭圆形空心混凝土预制块相互交错搭接构成。其施工更加方便,墙面施工时能够自身稳定,不需专门支挡,拉筋(土工布)与墙面板的连接仅依靠预制块及其内部填土在自重下与拉筋间的摩擦力,不需专用的联结构件。墙面空心预制块内部填种植土后植草灌,实现陡直墙面绿化,具有较好的景观效果,支挡结构适应变形能力也较传统预制混凝土面板加筋土挡土墙更佳。

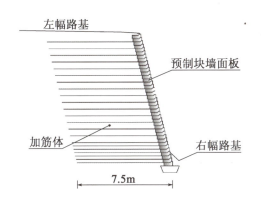 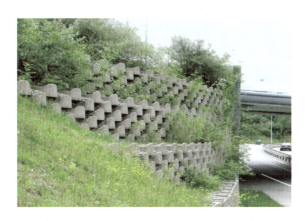

图 3.3-16　某高速公路预制块墙面加筋土挡土墙

2) 格宾(石笼)挡土墙

格宾(石笼)挡土墙是将符合粒径要求的石料填入柔性的铁丝笼中达到一定的孔隙率、逐层砌筑的一种挡土结构。它依靠石笼内部石块重力来维持挡土墙的稳定,具有造价低廉、生态性好、适用范围广、适应变形强、工厂化生产、施工简便、造价低等特点。格宾(石笼)挡土墙外围也可以进行绿化,兼顾了支挡结构的受力和景观要求(图 3.3-17、图 3.3-18)。随着笼体材料的不断改进,格宾(石笼)的使用年限可达到 50～100 年。此外,经过一段时间,格宾(石笼)墙体内植被的生长对坡面可以起到一定的稳定作用,被支挡坡体自身也会建立起力学平衡。格宾(石笼)挡土墙在支挡高度不大的情况下,可用作永久结构。

图 3.3-17　格宾(石笼)挡土墙

3) 加筋路堤技术

加筋路堤是在路基填料中分层铺设条带、成片纤维织物或网格片等土工合成材料,依靠土工合成材料限制土的侧向位移,改善土的力学性能,提高路基的强度和稳定性,从而采用较陡的边坡坡率。

图 3.3-18　某高速公路加筋格宾挡土墙

　　加筋路堤方案在陡坡段可有效收缩坡脚,在软弱地基、需设置高挡墙的情况下优点更为突出。加筋路堤的填筑、压实、土工织物铺设可以连续施工,施工简便,工期短。加筋土路堤采用较陡的边坡(1∶0.75～1∶1),可以有效减少路堤填筑工程数量、减少工程占地。配合三维网、土工格室、植生袋等边坡防护形式,可取得良好的坡面景观效果(图 3.3-19、图 3.3-20)。

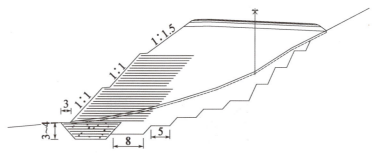

图 3.3-19　加筋路堤断面设计示意(尺寸单位:m)

图 3.3-20　某高速公路加筋路堤

4) 装配式挡土墙

如图 3.3-21 所示,薄壁式钢筋混凝土等挡土墙可以设计成装配式,采用工厂化预制、现场安装施工。装配式挡土墙墙体质量容易得到保证,装配施工工期较短,对周边社会环境与生态环境产生的消极影响较小,在城市道路建设中具有较强的优势。

图 3.3-21 装配式挡土墙

5) 生态混凝土构件

多孔的生态混凝土构件通过配方及优化设计,促进生物与材料的相容性,有利于植物扎根和微生物的附着生长;通过工厂化制造、机械化施工和装配式吊装,提高施工效率和稳定性,降低成本。构件内可种植植物,进一步提高铺面的耐久性和稳定性,美化环境(图 3.3-22、图 3.3-23)。

图 3.3-22 护坡施工　　　　　　　　　图 3.3-23 施工一年后的坡面

3.3.3 避免过度工程防护、减轻人工痕迹

路基边坡应尽量追求边坡的自然稳定,避免过度使用预应力锚索、锚杆、桩板墙、高大圬工挡土墙等工程防护和支挡措施,与环境不协调、人工痕迹浓厚且造成工程浪费。

如图 3.3-24 所示,华北某项目边坡为强风化~中风化花岗岩地层,设计边坡坡率为

1∶0.75~1∶1,在中风化花岗岩层中采用了锚杆格子梁、锚索格子梁等防护形式,属于过度防护。若能结合地质情况收陡边坡、采用柔性防护网、挂网客土植草等防护形式,则更为合理。

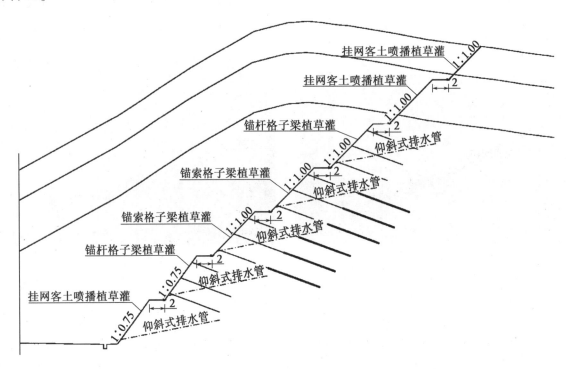

图3.3-24　无不良结构面的硬质边坡,设置锚固工程没有必要(尺寸单位:m)

如图3.3-25所示,西部某项目高边坡,表层覆盖粉质黏土层,下伏强风化泥质粉砂岩。设计边坡坡率为1∶1,分级高度为6m,挖方平台一般为3m,中间设6m宽平台。泥

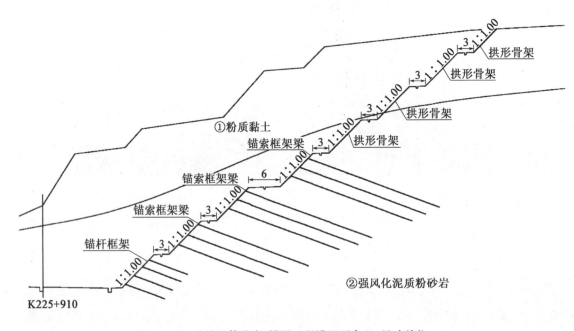

图3.3-25　边坡整体稳定,锚固工程设置不合理(尺寸单位:m)

质粉砂岩中无不良结构面组合,设计综合坡率约 1∶1.5,坡体属自然稳定边坡。边坡防护的目的是防止坡面冲刷、避免岩土体风化,设计强风化层中设置了多级锚索格子梁没有必要,若采用骨架结合植草灌的防护形式则更为合理。

如图 3.3-26 所示,某高速公路边坡大面积喷射混凝土防护,将边坡岩土体完全封闭起来,防止边坡岩土体风化的同时,也隔绝了坡面上植物的生长。为排出坡体内地下水设置的仰斜排水管,流水痕迹十分显眼。若坡面不封闭、挂设主动防护网或采用客土喷播绿化,则可为植被生长预留出"通道"(图 3.3-27)。

图 3.3-26 坡面喷射混凝土防护造成视觉污染,与周围环境不协调

图 3.3-27 柔性防护网及客土喷播

如图 3.3-28 所示,某高速公路为稳定边坡,采用了桩板墙及锚索肋板墙支挡,通车多年,支挡工程也难以融入周围自然环境。

如图 3.3-29 所示,若桩板墙采用斜插板式,板间培土绿化并结合碎落台种植攀缘植物,则可以使桩-板结构轻盈而有格调,大大提升支挡工程的景观效果。

如图 3.3-30 所示,某高速公路边坡未采取工程防护措施,在自然及人工干预下,多年后边坡生态恢复良好,与自然坡面融为一体。

图 3.3-28 桩板墙、锚索肋板墙防护生硬、单调

图 3.3-29 桩板墙的景观改进

a) 刚通车

b) 通车10年后

c) 通车30年后

d) 通车40年后

图 3.3-30 国外某高速公路边坡多年后生态恢复良好

3.4 高效环保的特殊路基处治方案

3.4.1 滑坡防治

滑坡防治应在分析滑坡成因的基础上，追根溯源、对症施治，拟定针对性的工程措施，力求事半功倍，而不必动辄采用抗滑桩等重型支挡措施。

1)滑坡防治方案比选

路线设计时,需充分重视地质选线,先对项目区既有滑坡进行重点勘察,对潜在工程滑坡区域进行分析,依据勘察结果确定整治还是绕避。中大型滑坡厚度大、影响范围广、整治费用高且后期往往仍存在隐患,应优先采用路线绕避滑坡的方案(图3.4-1)。

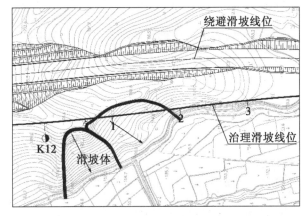 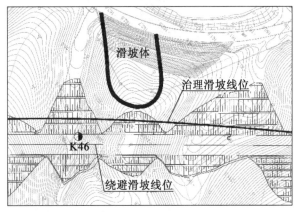

图3.4-1 某高速公路初拟线位及定测绕避滑坡线位

对于难以绕避的滑坡,应根据滑坡地形地质条件和主要诱发因素,结合各类治理工程措施的适用条件,从技术可靠性、经济合理性、环境协调性等方面,进行多方案综合比选,合理确定滑坡整治方案。

2)加强排水措施,提高滑坡稳定性

水往往是引起滑坡失稳的首要因素,可以说"无滑不水"。因此,排水设计对于滑坡整治尤为关键,整治方案应在加强排水的基础上拟定综合措施。

(1)地表排水、地下排水设施

地表排水设施主要由各种沟和管组成,如截水沟、排水沟、自然沟渠防渗措施、植物绿化防渗措施等。地下排水设施主要由排水廊道和排水孔组成,主要有截水盲沟、截水盲(隧)洞、仰斜(水平)孔群排水、垂直钻孔群排水、井点抽水、虹吸排水及支撑盲沟等(图3.4-2)。

(2)排水盲沟

排水盲沟是一种将排水与支挡合为一体的整治方案。该方案可以借助机械施工,大幅加快施工进度,快速降低滑坡内地下水位,提高滑坡体的稳定性,如图3.4-3所示。

对于主要由于地下水位过高引起的滑坡,采用深层排水盲沟降低地下水位,可大幅度提高滑体及滑床岩土体的抗剪强度,如图3.4-4所示。

图 3.4-2 排水隧洞、截水沟

图 3.4-3 某高速公路坡面排水盲沟及打孔 PVC 管

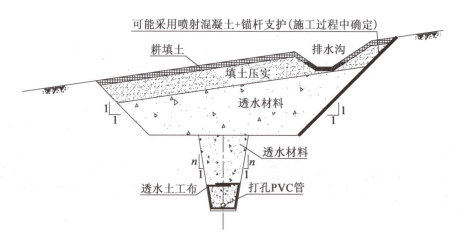

图 3.4-4 某高速公路采用的深层截、排水盲沟

（3）排水重力罩面护面排水

排水重力罩面是将全部滑塌体清除，按照设计坡率回填碎石或砂砾等透水性材料并充分压实，利用回填材料自身的重力作用和排水功能保持边坡体稳定。排水重力罩面和挖方自然边坡的接触面处需设置一层透水土工布，该土工布主要起反滤层的作用，防止坡体内细颗粒污染碎石层。排水重力罩面表层铺设黏土并夯实，防止降水进入重力罩面

软化其基础,黏土层上侧铺设腐殖土并绿化。这种方法主要适用于中小型滑坡、坡体顶部地形受限制路段,施工简单、快速,施工完毕后不改变坡面原始形态,外形较美观,如图3.4-5所示。

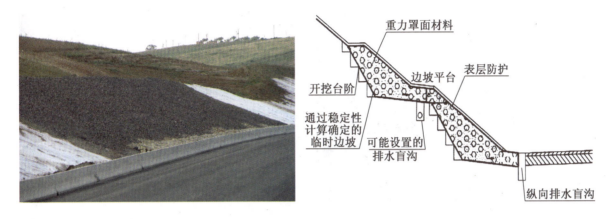

图3.4-5　某高速公路排水重力罩面施工现场

(4)地面防水

在滑坡治理工程中除了设置相应的排水工程措施外,还需要填塞裂缝、设置自然沟渠防渗措施和消除坡体积水的洼地,整平地表,并对坡面进行绿化。绿化措施可以有效解决地面水渗流、地表水冲蚀等问题,甚至蒸腾量大的乔木对滑坡体本身的地下水也具有一定的吸收和蒸发作用。绿化措施在提高滑坡稳定性的同时,还具有恢复生态的作用,可以在一定程度上改善区域的生态环境,如图3.4-6所示。

图3.4-6　华东地区某公路滑坡整治前后对比

3)合理采用减载与反压措施

推移式滑坡或是由错落体转化的滑坡,宜采用滑坡后缘减载、前缘反压措施。当滑床具有上陡下缓形状,且滑坡后缘及两侧的地层相对稳定,减载开挖不会引起滑坡向后缘和两侧发展时,可采用减载措施。

减载和反压由于施工迅速,既可作为滑坡应急措施,也可以作为滑坡的永久整治措施。同时减载和反压可以结合取土、弃土进行,可起到进一步平衡全线土石方的作用。滑坡减载和反压施工完成后进行绿化和复垦,可取得较好的环境修复效果,如图3.4-7、图3.4-8所示。

图3.4-7　结合弃土场坡脚反压　　　　　图3.4-8　减载结合坡脚抗滑挡土墙

4）采用便于机械化施工的支挡方案

截面面积相同时,由于矩形截面惯性矩较圆形断面大,抗弯能力相对更优,因此抗滑桩往往设计为矩形,并采用人工挖孔施工。人工挖孔施工复杂、工效较低,对于稳定性较差、地下水发育的滑坡,施工存在一定的安全风险。采用圆形抗滑桩,虽然单桩承载力不及矩形人工挖孔桩,但便于机械化施工,在施工速度、安全和便捷性能上要优于矩形人工挖孔桩。随着人们生活水平的提高和对施工环境改善的要求,以及不断上涨的劳动力成本,圆形抗滑桩的优势正在不断显现。随着机械设备的发展,圆形桩的截面尺寸得到较大增加,一般可以满足大型滑坡及边坡的整治需求(图3.4-9)。

图3.4-9　采用旋挖钻机施工的圆形抗滑桩

如图3.4-10所示,对于单排机械成孔桩抗滑力不足的,可以采用系梁或承台将桩顶连接,形成H形桩、排架桩、刚架桩等多种组合形式,进一步提高抗滑能力。

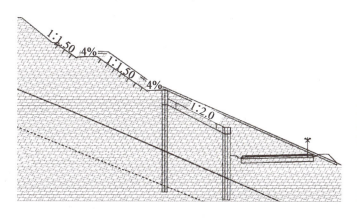 

图 3.4-10　某高速公路连接线采用的 H 形抗滑桩

5）预应力锚索的合理使用

预应力锚索采用主动加固形式,结构简单、施工安全、对坡体扰动小,加固坡体或坡体附近建筑物可起到立竿见影的效果。锚索墙面可以根据坡面坡率及岩体情况,选择框架式、肋柱式、锚墩式等形式。如图 3.4-11 所示,坡面锚固与植被护坡相结合,也可以取得较好的路容效果。

图 3.4-11　坡面锚固与植被护坡相结合

(1) 软质岩锚固

软质岩强度较低,抗风化能力较弱,易崩解。软质岩地层中使用预应力锚索,后期运营过程中预应力的损失和失效风险大于硬质岩地层。为确保软质岩中预应力锚索的使用效果和耐久性,应采取如下措施:①应合理选择预应力锚索的锚固力,单孔锚固力一般不应大于 500kN;②预留注浆管采用二次劈裂注浆等措施,增强锚固段的地层抗剪强度;③采用压力分散型锚索改善锚固段应力集中现象,锚固效果更易得到保证;④采用低松弛钢绞线,有条件时对锚索进行补偿张拉;⑤加强坡体内部排水,避免地下水软化岩体;⑥结合绿化等措施封闭坡面,避免软质岩坡面长期暴露。

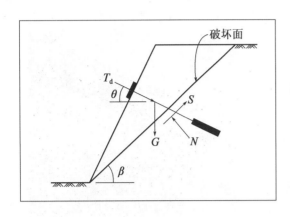

图 3.4-12 锚杆(索)设置断面图
G-滑体重力;T_d-锚固力;S-锚固所增加的抗滑力;N-垂直破坏面反力;β-滑面倾角;θ-锚固角

(2)合理的锚固工程倾角

对可能产生倾倒破坏的坡体,预应力锚杆(索)的设置角度宜与岩体的层理面垂直,此时锚固效果最佳。对可能产生滑动破坏的坡体,预应力锚杆(索)的设置角度应有效发挥锚杆(索)的抗滑作用。研究表明,锚固工程锚固角(θ)采用 $45°+\varphi/2-\beta$ 时(设置断面图见图 3.4-12,φ 为滑面内摩擦角),可兼顾锚固的有效性和经济性(锚索长度合理),在锚杆(索)设计中宜优先选用。考虑到施工灌浆等因素,锚索倾角结合计算一般取值 $10°\sim 30°$ 为宜。

3.4.2 软土处治方案

软土处治设计应根据软土的发育厚度、分布情况、地下水位、软土的含水量、抗剪强度结合路基填土高度、当地软土地基设计施工经验等进行多方案比选,因地制宜地选择技术可靠、经济及环境效益好的处治方案。

1)软土就地固化技术

挖除换填是软土地基处理中较为常见的一种方案,一般用于软土厚度不大于 3m 的路段,具有处治彻底、质量容易控制等优点,但挖除换填将产生大量淤泥质弃方,同时需外运取土、甚至需要高价购买当地并不丰富的砂砾等颗粒材料。外运取土和弃土均需要占地,且对环境产生一定的影响。

软土就地固化技术是利用机械化设备通过掺加固化剂,对土体进行就地改良的一种技术。这种技术无须换填和弃土,可实现软土的综合利用,环境效益和社会效益明显,施工速度快,可较快形成硬壳层。软土治理中,大面积采用挖除换填方案时,可与就地固化技术进行综合比选,择优采用。

对于深层软土,单一全深度就地固化方案不能解决软土的沉降和稳定问题时,可采用就地浅层软土固化结合地基桩、塑料排水板(或砂井)的复合处治措施,便于桩(板、井)体施工,降低软土处治工程造价及其对环境的影响,如图 3.4-13、图 3.4-14 所示。

2)挖砂(片石、砂砾)沟方案

山间软土(多数情况属软弱土),往往分布范围不大,厚度一般小于 4m,含水量具有一定的季节性,旱季含水量小。设计上通常采用挖除全部软弱土换填碎石土的方案(图3.4-15),但不可避免产生大量淤泥质弃方,对环境影响大、工程造价高。事实上,山间软土如为淤泥质软土,可结合山区丰富的挖余石料,采用抛石挤淤或强夯置换等方案处理;如石料较为缺乏,且软土含水量不高时,可考虑采用挖砂(片石、砂砾)沟的方案(图3.4-16)。挖砂沟方案需挖除部分软弱土,每隔一定距离设置一道浅层、横向排水砂沟并纵向连通。此方案可减少挖除及换填工程数量、弃方,并降低工程造价。

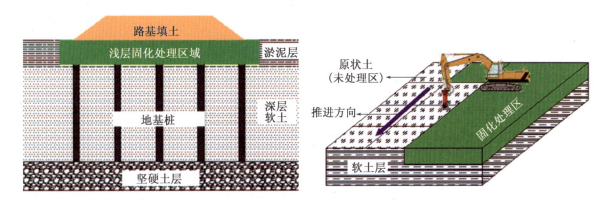

图3.4-13　就地浅层固化+复合地基组合应用

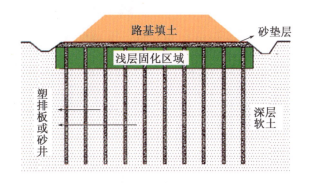

图3.4-14　就地浅层固化+堆载排水体组合在某公路上的应用

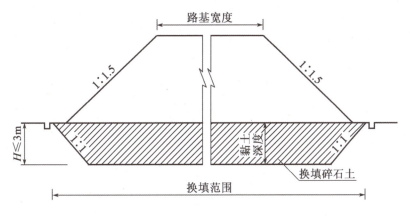

图3.4-15　全部挖除软土换填碎石土

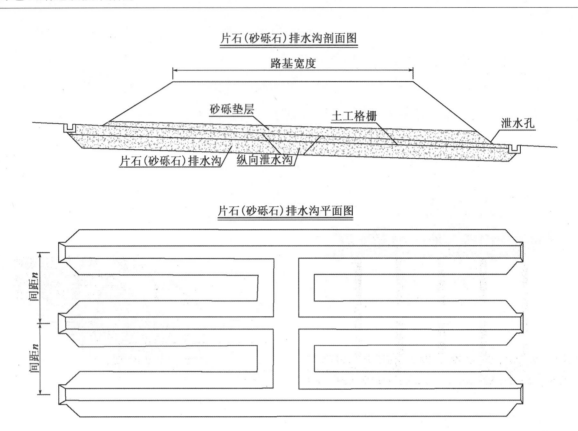

图 3.4-16 部分挖除软土设置砂(片石、砂砾)排水沟的方案

另外,许多山间洼地往往是水稻田等过湿土(软弱土)地基,软弱土厚度 1~2m,地基土含水量具有季节性,填筑路基时,稳定性一般可以保证,路基沉降往往不超标或者超标不多,可通过翻挖晾晒过湿土或基底填筑砂砾垫层,合理安排施工工期,提前填筑过湿土(软弱土)路基,放置 1~2 年后,则路堤沉降基本上在施工期已完成,无须采用换填等工程措施,工后沉降也满足要求。

3.4.3 动态监测

对于滑坡、软土等特殊路基及高填深挖等重点工程,建设阶段需充分贯彻动态设计理念,通过监测边坡坡体、防护支挡结构、地基和路基受力、位移变化等情况,了解特殊路基等重点工程的稳定状况,根据监测结果及时、动态调整设计参数及设计方案,以信息化指导施工全过程。工程完工后,对一些大型滑坡、高边坡及深厚软土路基段,还应监控这些工程的工作状态,提前确定预案,一旦出现监测结果异常或超标时及时采取有效应对措施,确保不发生重大安全事故,将损失降到最低。

随着物联网技术发展,无人机、无线传感器的大量应用,以及北斗系统等的普及,动态监测技术日新月异。当出现滑坡后,利用无人机搭载激光雷达、可见光照相机等遥感技术,获取三维数字地面模型,可为设计提供高精度地形图,快速掌握滑坡规模和方量。

未来随着5G、人工智能技术的推广采用,动态监测将获得更大的进步。目前已开发出北斗-高边坡等安全监测系统。这些系统可实现全天候、无人值守及自动监测,可以实现传感器节点自动采集、数据存储、近程无线传输及地质灾害实时监控。可实时掌握监测对象的运行状态,做出智能化判断,指导下一步施工作业,优化设计参数,同时实现施工过程中及后期运营安全的及时预警。

特殊路基、高填深挖等重点工程监测内容及方法见表3.4-1。

表 3.4-1 监测内容及方法

序号	监测内容	监测方法
1	裂缝监测	设置观测桩
2	地表位移监测	地面倾斜仪、设置地面观测网、北斗系统等
3	地下位移及滑动面监测	塑料管-钢棒、变形井、应变管、固定式钻孔测斜仪、活动式测斜仪、多点位移计、时间域反射测设技术
4	地表水及地下水监测	水位监测、流量监测、水温监测、水质化验
5	降水量监测	气象站收集、简易雨量观测
6	应力监测	钢弦式压力盒、钢筋计、压力传感器

3.5 路基土石方综合利用

3.5.1 加强土石方统筹

应综合考虑现场交通条件、桥隧布设位置等因素,加强土石方的统筹利用。根据不同路段要求,将隧道洞渣及路基开挖产生的土石方视作建筑材料,统一规划、分类利用、合理调运,尽量做到"零弃方、少借方",提高资源利用效率,降低工程造价,减小对周边环境的影响。

1)表土资源应充分收集利用

公路建设中表土资源是公路沿线具有植物生长所需营养元素的表层腐殖土,也是植物种子库的存储载体。如果不重视表土资源的保护和利用,随意废弃,则将造成极大的资源浪费。

2)硬质岩挖方和隧道洞渣利用

硬质岩挖方和隧道洞渣可用于防护排水工程、结构工程及路面工程中:

(1)优质硬质岩加工成片石、碎石和机制砂,用作防护排水工程圬工,隧道衬砌、桥涵结构物、支挡结构物的混凝土集料,路面的面层、基层和底基层,以及附属工程的混凝土构件等。

(2)次级硬质岩用作路面功能改善层(垫层),或路床填料、台背填料等。

(3)硬质岩残渣用于路基填筑及基底换填等。

3)软质岩、特殊土挖方和隧道洞渣用于路堤填筑

几乎所有类型的挖方和隧道洞渣材料都可以被利用,只要掌握材料的特性并使用恰当。有些项目将软质岩、特殊土挖方及隧道洞渣废弃,而另取硬质岩或砂性土质填料,造成资源和工程浪费。西部地区一些项目用软质岩挖方及隧道洞渣填筑上、下路堤,根据水文、地质情况,对路堤采用包边封闭或加筋、底部设置排水垫层、顶部设置防渗层等措施,防止填石路堤产生湿化变形,取得了良好效果。华南某地区将高液限黏土采用物理或化学改性,采取包边封闭、分层填筑、设置路床封层及基底垫层,路基填筑后使用效果良好。

4)余方处置

针对隧道和路基开挖产生的土石方,按照上述方案进行调配和利用后,仍有部分余方,可考虑在线路的适当部位进行优化和专项设计,尽量将土石方消耗在线路范围,减少弃方。

具体实施内容包括:

(1)互通内侧区域的路基边坡优化。如放缓路堤边坡,将互通内侧区域填至路面高程以下或以上适当位置等。

(2)服务区、停车区、管理处场坪的高程优化。如适当抬高场坪区高程,可消耗一定数量的土石方。

(3)分离式路基中间带利用。如将分离式路基中间带填平,或填至一定高程,形成公路路侧净区。

(4)营造观景平台。在线路合适位置增设停车带和观景平台,既解决了旅游观光的问题,也消耗了废方。

3.5.2 取土场、弃土场选择及取弃土设计

1)取土场、弃土场选择

(1)取土场选址应尽量选择公路视线以外的荒地、荒坡地段,尽量不占或少占林地、耕地,并应与改田、造地、复垦相结合。

(2)弃土场的选址应综合公路景观及生态建设需要,尽量将弃土场布设在公路视野外,选择在地质条件相对较好的低洼区域,无水流、小水流的支沟、山间沟谷,选择荒山或贫瘠土地,尽量少占耕地。

避免弃土场设置在自然保护区、水源保护地、水库上游等环境敏感点。弃土场应远离居民区,避开陡坡、滑坡体以及极易产生工程滑坡或诱使古滑坡复活的地段,避免引发次生地质灾害。

弃土场也可以与高路堤或陡坡路堤综合设置,对高路堤或陡坡路堤坡脚进行回填反压,达到弃土和稳定路堤的双重效果。此外,弃土场也可以对公路沿线崩塌、不稳定斜坡等不良地质坡脚进行回填反压,控制不良地质体继续发展,减小对公路运营的危害。

2) 取弃土方案设计

(1) 在取土之前应将表层土进行剥离保护,优先选择沿等高线取土。应对取土开挖形成的裸露边坡设置防护工程和排水工程,弃土完成后进行覆土绿化或复垦还田。

对于大型取土场难以恢复原状的,应与地方相关部门联系沟通,使其能兼顾农田改造、水利、环境保护及开挖鱼塘、藕池和蓄水池等。

(2) 弃土场填筑前应先清除地表范围内腐殖土,对腐殖土应集中堆放,待弃土完成后用于弃土场表层复耕或绿化。根据弃土场位置与地形特点,在其四周修建适宜的拦挡工程,设置完善的截水沟,截排周边坡面汇水,防止地表水直接掏蚀松散弃土,引发水土流失。

西南某高速公路取土场,所在区域自然生态脆弱,施工过程中对天然平台进行分级削坡开挖取土。在保证边坡稳定性的情况下采用植生袋防护,对最下一级边坡采用薄层有机基材喷播的绿化防护,取土平台采用灌草绿化。通车4年后,植被恢复良好,最大限度保护了生态,如图3.5-1所示。

图3.5-1 弃土场植被恢复良好

西北某高速公路项目,结合弃土场的位置与地形特点,因地制宜,对弃土场进行复垦恢复,种植农作物,在避免水土流失的同时,实现与周围环境很好的融合,取得了良好效果,如图3.5-2所示。

图 3.5-2　弃土场改造为农田

3.6　排水系统设计

排水系统设计应对项目区内的水环境条件及相关资料进行调查和收集,并进行全面的数据分析。主要内容包括:①公路沿线汇水区的地形、地貌、河川水系分布;②公路沿线汇水区的地质特性、土壤特征;③当地的气象条件;④区内水系的水文数据资料;⑤区内水土保持措施及水利设施;⑥区内防洪排水、河道整治、土地开发或城市规划;⑦地下水类型和补给来源,地下水水位、流向和流速,涌水或泉水出露位置和流量等。

此外,排水设计还应做好环境敏感点和敏感区域(生态或自然保护区)、水资源敏感区域(水源保护区)、土地利用重点防控区域(污染源控制有严格要求的生态农业示范区)等的资料调查及收集工作。设计、施工及运营需采取相应的环保措施,避免对以上敏感区域和水体造成不利影响。

3.6.1　综合排水系统设计

路基路面排水设施应快速有效地排出路面、路基表面降水,防止雨水对路基造成冲刷,保证路基的强度与稳定,同时又能与桥梁、隧道及沿线设施的排水系统有效衔接。

1)路基排水设计

(1)排水设施设置

路基排水设施的断面类型应根据路线线形、地质条件、用地条件、边坡高度及汇水面积、各种排水设施的泄流能力等方面综合确定。从节约资源角度,在土地资源宝贵路段,尽量采用矩形断面,避免采用梯形或碟形断面。从安全和环保的角度,浅碟式断面更佳,特别适用于地形平坦、纵坡平缓的低填、浅挖路段(图 3.6-1)。从固坡稳定和防止冲刷的角度,矩形或梯形圬工断面对于汇水面积较大的挖方路基边沟,与之相接的填方路堤边沟、沿街路段、设置有内挡结构的挖方路基内侧等路段的适应性好。

图 3.6-1　浅碟形生态植草沟在高速公路中的使用

（2）设计要求

排水设施所提供的泄水断面尺寸应能满足排泄设计流量的要求，同时避免排水设施的排水能力富余量过大。如图 3.6-2 所示，路基边沟尺寸过大，造成土地资源浪费及工程费用增加。

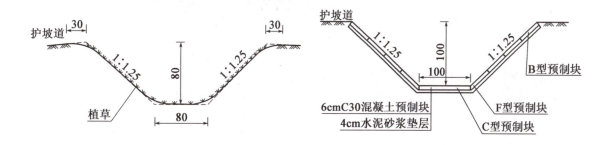

图 3.6-2　路基边沟尺寸过大示意图（单位尺寸：cm）

（3）排水工程防护

排水工程防护类型主要有圬工砌护、土质植草两种。防护工程的类型选用主要是从防冲刷角度出发，圬工砌护虽然抗冲刷能力强，但显得生硬不美观，与环境适应性差。土质植草防护可适用于各种自然条件下的路段，且兼具防止水流冲刷及生物过滤作用，可一定程度上改善敏感水域的水质，美化公路环境，减缓车辆撞击，降低工程造价等多种优点，应予以优先使用。

如图 3.6-3 所示，在既有公路的改造提升中，对既有公路边沟的生态化改造可扩大绿色覆盖率，用生态、柔性材料替代既有的圬工材料、硬质材料，弱化了硬质边沟对公路使用者的视觉冲击以及"明沟效应"，并在一定程度上起到净化过滤路面水中有毒有害物质的作用。

图 3.6-3 既有公路边沟的生态化改造

2)路基路面排水与桥、隧及沿线设施排水系统的衔接

公路、桥梁、隧道及沿线设施排水设计往往"各自为政",只考虑各部分自身的排水需求,不考虑各系统之间的协同设计,往往造成桥面雨水排泄到地面后随意漫流、路基水排入隧道边沟、沿线设施周边遗漏排水构筑物等情况,后期引发较多工程病害。因此,路基路面排水设施与桥、隧及沿线设施排水系统的衔接和综合设计应引起足够的重视。

(1)桥下排水设计

如图 3.6-4、图 3.6-5 所示,桥面水集中收集后在桥下设置排水沟等地面排水系统汇集引排。一方面保护水体和土壤安全,另一方面防止桥面水对地基产生冲刷。

图 3.6-4　桥下水收集系统

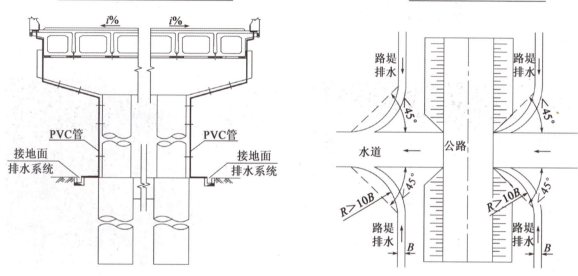

图 3.6-5　桥下综合排水示意图

(2) 隧道排水设计

隧道排水系统应与洞外路基路面排水协调设计。当隧道洞口外路线为上坡时，路基路面排水宜沿路线方向反坡引排。当地形条件限制，反坡排水有困难时，应在洞口设置有流水箅的横向路面截水沟，阻止洞外路面水流入隧道内。必须通过隧道路侧边沟排水时，隧道内的路侧边沟应保证有足够的过水断面。

为避免山体坡面水对洞口边、仰坡的冲刷，在隧道洞口边、仰坡开挖边界线5m外，应根据情况设置截水沟，并和路基排水系统综合考虑。

(3) 沿线设施段综合排水设计

高速公路各管理、服务设施除应考虑生产、生活污水的收集、处理、循环利用及排放外，还应有场区外围地面水的排水系统与路基路面排水系统衔接。

（4）排水系统应有效衔接

公路排水系统的末端处理应注意与涵洞或线外沟渠、自然水系等合理顺接,避免引起冲刷、掏蚀、水土流失等病害发生,如图3.6-6～图3.6-8所示。

图3.6-6　排水沟、急流槽未接到老渠造成涵洞基础水毁

图3.6-7　截水沟未顺接路基边沟

图3.6-8　急流槽未顺接排水沟

3.6.2　灵活选择边沟结构形式

路基排水设施中,边沟结构类型的选择应综合考虑地貌、地质、挖方高度、排水设施的泄流能力以及安全与环境景观等因素。

挖方边沟常见的结构形式有:土质边沟、敞口式圬工边沟(矩形、梯形等)、浅碟形生态边沟、暗埋式生态边沟、矩形圬工盖板边沟等。土质边沟一般用于最大流速小于1.2m/s的情况;敞口式圬工边沟容易出现车轮卡陷等情况,对行车安全不利,路肩没有护栏时应慎用;低填浅挖路段或环境景观要求较高的路段,宜优先选用生态边沟。

（1）浅碟形生态边沟

浅碟形生态边沟是在满足公路排水功能的基础上,结合生态防护的理念,因地制宜,与沿线地形、地貌、自然环境相协调,充分考虑驾乘人员的视觉感受,发挥植物的视觉诱导和柔化遮挡作用,努力营造畅、安、舒、美的公路行车环境。

①普通土质生态边沟。如图 3.6-9 所示,利用路基清表土对浅碟形边沟进行压实,表土中已有原生植物种子,通过自然萌发或人工诱导萌发技术,实现边沟中的植被恢复。适用于路面径流较小,纵坡小于 4% 的路段。

 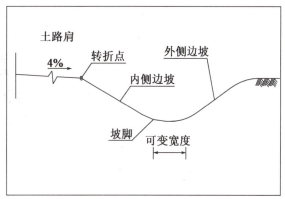

图 3.6-9　浅碟形土质边沟的应用

②植物纤维毯生态边沟。如图 3.6-10 所示,利用植物纤维毯对已覆表土的浅碟形边沟进行覆盖,减少在植被恢复初期路面径流对表土的冲刷,最大限度地保证植被恢复的效果。适用于路面径流中等,纵坡在 4%～6% 的路段。

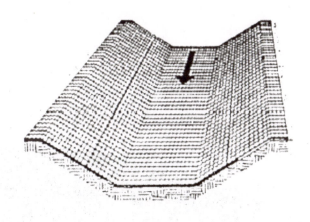

图 3.6-10　植物纤维毯生态边沟

但对于挖方路段较长,汇水区域较大的边沟段落,浅碟形草皮边沟的排泄能力略显不足,且占地较大。

(2)暗埋式生态边沟

暗埋式生态边沟主要通过暗埋于植草边沟下方的矩形边沟排泄雨水,部分解决了浅碟形草皮边沟的排泄能力不足的问题(图 3.6-11)。上部的植草边沟需每隔一定距离设置一处雨水口,连接下部的矩形沟。由于植草边沟流速较慢,时间较长后容易造成雨水口淤堵,影响排水效果,在日常养护过程中需及时清理。

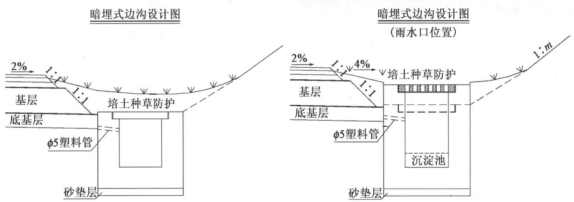

图 3.6-11　暗埋式生态边沟

(3)矩形圬工盖板边沟

矩形加盖板边沟对于汇水面积较大的挖方路基边沟(与长段落挖方及高陡边坡配合)、沿街路段、设置有内挡结构的挖方路基内侧等段的适应性较好,并具有路基视觉增宽、防止车轮卡陷和便于边坡碎落等功能,但视觉效果不如生态型边沟(图 3.6-12)。

图 3.6-12　矩形圬工盖板边沟

(4) 预制构件采用

目前,公路排水设施仍大量采用浆砌片石砌筑,消耗大量的人工,施工效率低、质量不易控制,且随着运营时间的增加,砂浆风化、强度降低,造成排水设施开裂、渗水、冲刷现象严重,影响使用功能,同时还增加养护成本。因此,宜推广边沟采用预制构件代替浆砌片石(图3.6-13)。构件工厂化生产,现场装配式施工,施工质量更容易保证,施工效率得以提高,且后期养护成本也会降低。

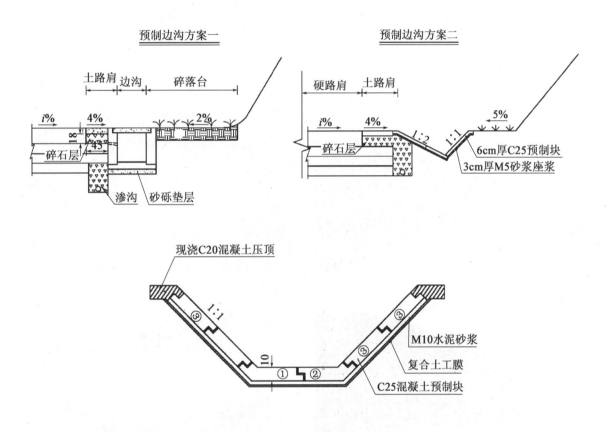

图3.6-13 边沟的标准化预制(尺寸单位:cm)

对挖方数量大、存在大量弃石方路段,仍使用浆砌片石砌筑边沟时,但须加强施工质量控制。

(5) 边沟的乡土化和生态化改造

如图3.6-14所示,使用当地盛产的卵石砌筑边沟,实现了就地取材。边沟具有了乡土气息,自然而不突兀,也是生态边沟设计的拓展和延伸。

对于部分干旱少雨区,既有公路采用了浆砌圬工结构的排水沟,断面尺寸大,既浪费也不美观。如图3.6-15所示,通过将边沟提升改造为"浅碟沟+碎石盲沟+植草"的生态植草边沟的做法,既提升了路容景观效果,也有利于行车安全。

图 3.6-14 卵石砌筑边沟

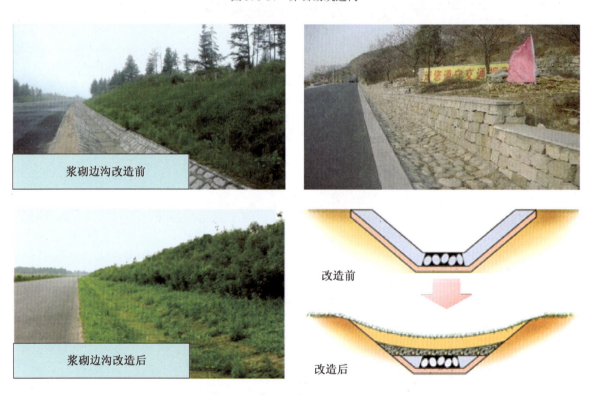

图 3.6-15 公路既有边沟的生态化改造实践

3.6.3 施工期临时排水与永久工程的结合

路基施工过程应设置永临结合的排水设施,如设计合理、衔接得当,在保证路基稳定不受冲刷的同时,可缩短工期、降低施工成本(图3.6-16)。施工期设置的临时边沟、临时截水沟,在结构和位置方面应考虑与永久排水工程措施相结合;滑坡处治设计中用于抢险设置的排水体(如排水孔、渗沟等),也应考虑和永久工程相结合,使排水措施一步到位,避免工程浪费。

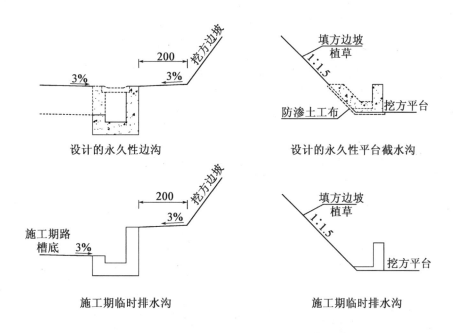

图 3.6-16 排水设施的永临结合设计(尺寸单位:cm)

3.7 改扩建路基设计

3.7.1 改扩建路基调查与评价

改扩建路基调查与评价包含既有路基防护工程、排水系统的使用状况调查和评价，不良地质及特殊岩土路段的稳定情况调查和评价，取(弃)土场设置情况调查等(图3.7-1)。在调查的基础上，综合分析路基病害成因，确定路基改扩建设计原则，拟定新旧路基衔接、特殊路基处理、防护工程及排水工程等改扩建设计思路(图3.7-2)。

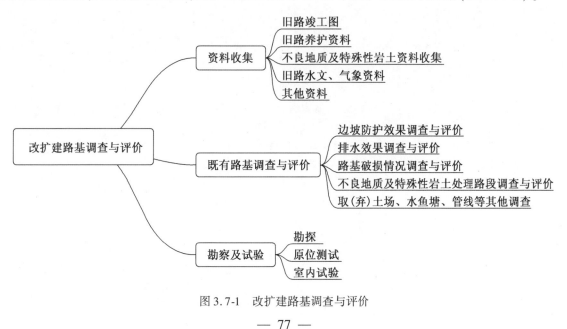

图 3.7-1 改扩建路基调查与评价

既有路基调查与评价应避免简单地以旧路密实度作为评价指标,应在搜集旧路地基及路基勘察设计、竣工图和养护等资料的基础上,对旧路外观全面调查,对病害进行统计与分析,重点分析病害形成的原因,提出处理措施。

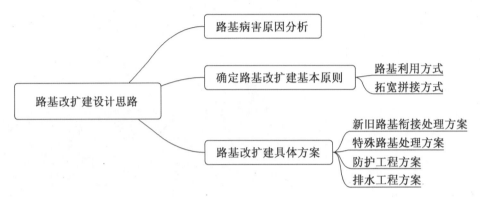

图 3.7-2　路基改扩建设计思路

3.7.2　合理确定挖除范围

路基在运营环境下,其湿度状态会发生变化,含水率将增大,密实度随之降低。部分项目因既有公路路基含水率增大、密实度降低,而大量挖除既有公路的路基和路面,造成较大的工程浪费,如图 3.7-3、图 3.7-4 所示。

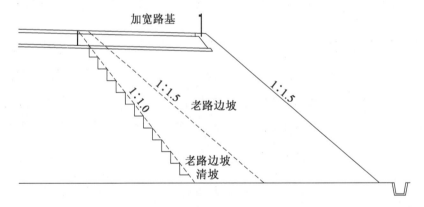

图 3.7-3　某公路改建时采用 1∶1 的坡率清坡

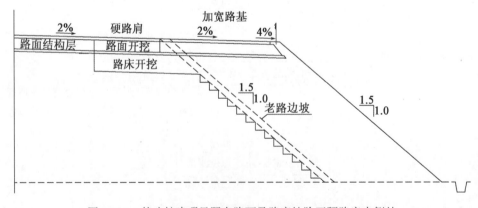

图 3.7-4　某改扩建项目既有路面及路床挖除至硬路肩内侧处

边坡的挖除厚度主要取决于老路边坡表面浮土的厚度(图3.7-5)。为获得边坡浮土厚度的较准确深度,可以采用动力锥贯入仪(DCP)测试等原位测试方法(图3.7-6)。

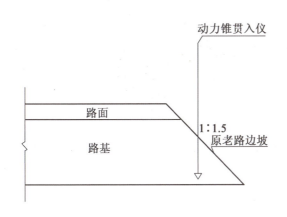
图3.7-5　贯入量与浮土深度示意图

图3.7-6　DCP现场测试

DCP的优点在于快速、简便,不受场地限制,适用于施工现场或既有路基承载力评定,通过快速检测土基的贯入度,可以与现场路基CBR等建立良好的相关性。

通过DCP贯入度试验,读取锤击数和贯入量,当每一锤击贯入量≤1mm时,可以认为已到达表层土与压实土分界处,此时停止试验,记录累计锤击数和贯入总深度。

3.7.3　新旧路基衔接

新旧路基拼接往往是路基改扩建成败的关键。为了保证加宽路基与既有路基的良好衔接,使其成为一个较好的整体,避免或减少横向错台和纵向裂缝的发生,确保新老路基拼接成功,可针对以下几个方面采取措施。

1)减少新老路基的差异沉降

为增加新建路基基底及路堤密实度,减小差异沉降,可采用冲击碾压对基底及路堤进行补充压实(图3.7-7)。冲击碾压在临近构筑物、管道和建筑物路段施工时,应采取保护措施,如开挖隔振沟、预留安全距离、降低压路机的行驶速度及减少冲击遍数等方法。

新建路基存在浅层软土的,可以采用换填、铺设排水垫层等措施进行处理;工程地质条件较差的深层软基路段,可以采用轻质路堤(图3.7-8)、复合地基处理拓宽部分地基。换填时应充分利用旧路挖除、铣刨材料。

2)加强新旧路基衔接,使新旧路基变形协调

可以采用开挖台阶、铺设土工格栅(室)等方式加强新旧路基的衔接(图3.7-9)。

图 3.7-7 冲击碾压施工现场

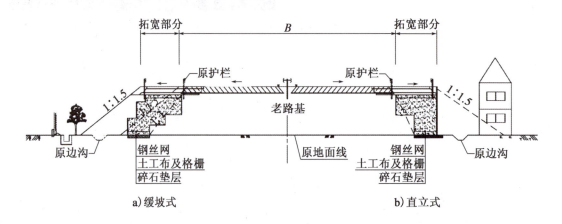

图 3.7-8 轻质土路堤应用于路堤拓宽工程

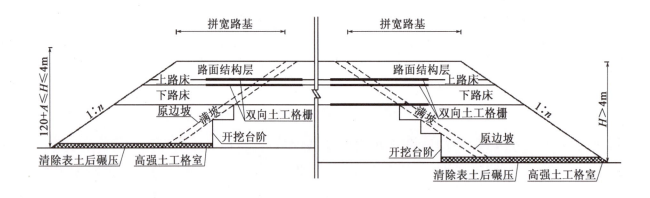

图 3.7-9 新旧路基衔接方案图(尺寸单位:cm)

(1)既有路基边坡削坡、开挖台阶方式和拓宽路基填筑的工序

工程经验表明,不同的既有路堤边坡的削坡、开挖台阶方式和拓宽路基填筑工序,也直接影响路基差异沉降变形。宜先清除既有路基边坡表层土,再依边坡自下而上开挖台阶,边挖边填,填至第一级台阶后,再挖第二级台阶。

(2) 开挖台阶

台阶开挖的尺寸需根据既有路基填料情况来确定。根据多个已建项目的工程经验以及现有研究，台阶的开挖宽度宜保持在 90~150cm 之间，高度在 60~100cm 较为合适（图 3.7-10）。台阶若挖成 1:0.3 左右的斜壁式，相较直立式台阶其自稳性更好。

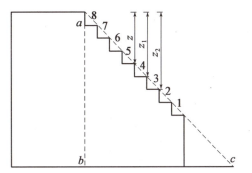 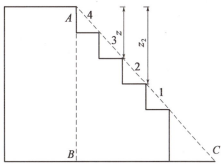

图 3.7-10　大尺寸台阶与小尺寸台阶布置示意图

(3) 铺设土工材料

在新旧路基结合部铺设土工合成材料，可一定程度上提高加宽路基部分的稳定性以及新旧路基的整体性，减少新旧路基的不均匀沉降。

应根据地质条件和拼宽路基高度确定土工材料的使用。有的改扩建项目设计中大量使用土工材料，甚至每个台阶均铺设土工格栅。有限元计算及试验研究表明，过多铺设土工材料对减少新旧路基的差异沉降效果有限。事实上，选择合适的加宽路基填料，加强加宽部分及新旧路基交界处的压实，一般铺设 2~4 层土工材料（在路堤底部和路床各铺设一层；路堤高、地质条件差时路堤底部、中部、路床各铺设 1~2 层土工材料）可满足差异沉降的要求。

随着土工材料的发展，高强土工格室材料的力学性能明显优于普通土工格栅材料，为进一步加强路基协调变形，可在路堤底部铺设高强土工格室，在路堤中部及路床内设置土工格栅（图 3.7-11）。

图 3.7-11　土工格栅和土工格室施工现场

(4)合理设置支挡工程

路基拓宽改建时,不可避免地会遇到既有支挡结构物的处理问题。在保证行车安全和路基稳定的前提下,当既有支挡结构物使用状态良好时,应优先考虑保留既有支挡结构物。

改扩建路基工程在受到建筑物、管线影响,受到占地及地形等限制时,可以采用挡土墙进行收坡。常规的重力式挡土墙本身自重较大,对地基承载力要求高,适应性往往受到限制,而薄壁式挡土墙(图3.7-12)、加筋土挡土墙、轻质路堤等轻型支挡工程则有更强的适应性。

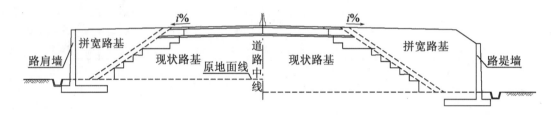

图3.7-12 薄壁式挡土墙应用于路基加宽

改扩建公路施工过程中,需要在路基抬坡处设置临时支挡措施,路基纵面轻度提坡路段,可采用路肩墙对边坡进行支挡,对抬坡较大的路段,可采用带挡板的轻质土路堤(图3.7-13)。

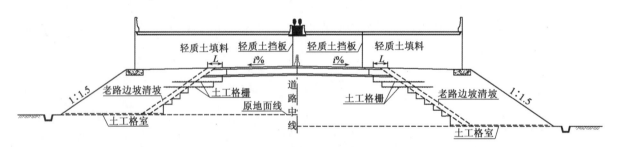

图3.7-13 采用轻质土填筑上部路基

第4章 路面设计

4.1 总体要求

绿色公路路面建设应践行全寿命周期绿色发展理念,遵循因地制宜、品质耐久、资源节约、生态环保的原则。

(1)因地制宜选用路面材料。
(2)基于全寿命周期成本最优理念设计路面结构。
(3)注重功能性路面设计应用。
(4)加强旧路面再生利用和环保技术应用。

4.2 路面材料选用

4.2.1 地方性材料应用

遵循"因地制宜、就地取材"的原则,减少对高品质材料的过度依赖和远距离调运,优先选用地方性材料。路面材料的选择一方面需满足交通、环境对路面结构与材料的要求,另一方面要充分考虑工程区域特点和经济性,充分利用地方性材料。当地方性材料性能不满足要求时,应优先考虑通过科技创新、技术措施予以解决。例如酸性硬质石料在我国分布广、储量大,但是与沥青之间的黏附性差,可采用消石灰或水泥代替部分矿粉、添加抗剥落剂等技术措施提升混合料性能,在部分省份已取得成功经验。

4.2.2 废胎胶粉循环利用

橡胶沥青作为新型的路面材料用于沥青路面可改善路面使用功能,延长路面使用寿命,减轻轮胎废弃带来的环境压力,符合国家当前发展循环经济的政策。橡胶沥青混合料以其良好的路用性能和显著的社会经济效益,在公路建设领域中得到了广泛应用。

(1)橡胶沥青混合料按其生产工艺不同,分为湿法和干法。目前,湿法橡胶沥青混合料运用较多,可用于各种等级公路新建和改扩建工程,适用于沥青路面的各结构层位。橡胶沥青混合料具有良好的高温稳定性、抗疲劳性、水稳定性、低温性和延缓反射裂缝等路用性能,同时能降低路面的行车噪声,如图 4.2-1 所示。

(2)橡胶沥青还可用于应力吸收层、碎石封层、防水黏结层或填缝料等。橡胶沥青碎石封层的主要作用是封闭表面细小的裂缝,阻止水的侵入,避免损坏基层和路基。另外,还可作为应力吸收层或防水黏结层,直接铺设在原有老路的表面或桥面混凝土铺装上,然后在其上直接铺设沥青面层,其主要目的是延缓原有沥青路面裂缝反射到表面,同时加强新铺装的沥青混凝土与旧路或桥面水泥混凝土的黏结,防止路表水下渗,如图 4.2-2 所示。

图 4.2-1　橡胶沥青路面施工　　　　图 4.2-2　橡胶沥青防水黏结层在桥面上施工

4.2.3　尾矿(矿渣)应用

对于煤、铁矿产资源丰富地区,可将煤矸石、铁尾矿砂等矿山废弃物应用于路面结构层,替代部分石料,减少废弃物堆放对土地的占用。根据工程对结构层材料的性能要求综合确定矿山废弃物的合理掺量,提高废弃物资源化利用水平。

1)煤矸石

应用于沥青面层时,煤矸石的压碎值、洛杉矶磨耗损失、与沥青的黏附性、吸水率、密度、坚固性等指标应满足《公路沥青路面施工技术规范》(JTG F40—2004)的要求;其针片状颗粒含量超标时,应通过合理的加工工艺加以控制。

满足要求的煤矸石也可拌制水泥稳定煤矸石-碎石混合料用于基层或者底基层,煤矸石与碎石推荐性掺配比例一般约为 30%∶70%。

2)铁尾矿砂

铁尾矿砂可作为细集料在沥青混合料中掺配使用,掺量综合考虑矿料级配组成和沥青混合料性能确定,应控制在 10% 以下。

铁尾矿砂也可用于水泥稳定碎石,由于铁尾矿砂颗粒较细,多集中于 0.3 ~ 0.075mm,可采用铁尾矿砂替代 10% ~ 20% 石屑配制铁尾矿砂水泥稳定碎石混合料。

4.2.4 钢渣利用

钢铁厂的钢渣属于碱性集料,与沥青的黏附性能好,经过配合比优化设计,可以替代玄武岩等优质石料在沥青面层中使用,制备各项路用性能指标满足规范技术要求的钢渣沥青混凝土。工程中多采用天然石料与钢渣复配技术,具体掺配比例根据沥青混合料配合比设计结果确定。

4.3 特殊路面结构组合

4.3.1 耐久性路面

牢固树立全寿命周期理念,通过合理的结构组合设计、科学的材料选择、高质量的施工工艺等建设耐久性路面,延长路面服役寿命,减少大中修频次,最大限度地节约资源能源、降低能耗。

耐久性路面的基本特征是"耐久的面层 + 长久的基层 + 永久的路基",适用范围如下:

(1)合理的路面结构组合和适宜的路面结构厚度。

(2)与各结构层功能需求匹配性能良好的路面材料。

(3)稳定、坚固的路基。

(4)良好的路基路面综合排水系统。

对于耐久性路面结构组合,一种是适当加大沥青面层的厚度,改善沥青性能,提高基层强度,此种方式已在相关规范中有所表述;另一种是增加沥青稳定碎石等柔性基层,采用柔性或半刚性材料作为底基层,见表4.3-1。

表4.3-1 柔性组合式耐久性路面结构

组合Ⅰ	组合Ⅱ	组合Ⅲ
上面层 4~5cm		
中面层 6~8cm		
下面层或沥青稳定碎石基层 10~24cm		
级配碎石底基层 15~32cm	级配碎石过渡层 15~20cm	半刚性底基层 16~40cm
粒料垫层或者无机结合料改善层	半刚性底基层 16~32cm	
路基		

注:1.沥青路面结构厚度主要针对高速公路和一级公路,对于二级及二级以下公路需适当调整。
  2.组合Ⅱ、组合Ⅲ中半刚性底基层采用无机结合料稳定,设计强度目标值为1.5~2.5MPa。

组合Ⅰ为全柔性结构。对于中等、轻交通荷载道路,可采用较厚的级配碎石作为基层,沥青层厚度适当减薄;对于重交通荷载的高速公路,宜采用较厚的沥青层。柔性结构使用寿命受路基土强度影响较大,因此须提高路基土的承载能力,可采用一定厚度的无机结合料稳定土或采用天然粒料填筑。

组合Ⅲ是在沥青层与半刚性底基层之间设置一定厚度的沥青稳定碎石基层,增加沥青层的厚度,减少和延缓反射裂缝。半刚性材料层位下放,可降低其层底弯拉应力。另外,采用半刚性底基层,发挥半刚性材料的板体性,降低路基土的顶面垂直压应力水平,保护路基土。

组合Ⅱ是在组合Ⅲ的基础上将一定厚度的级配碎石代替了一定厚度的半刚性底基层。级配碎石层有利于减少反射裂缝和缓解表面裂缝,同时可提高结构排水性能,减少结构性水损坏。

4.3.2 功能性路面

1)透水路面

对于南方雨水较为充沛地区,为提高行车安全性可采用透水路面。透水混合料内部空隙大(一般为18%左右),路表水可迅速通过路面内部排除,降低水滑、水雾等现象,特别是可有效降低雨天车辆高速行驶条件下的事故率,如图4.3-1所示。

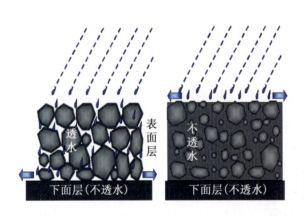

图4.3-1 排水沥青路面与密级配沥青路面结构对比

透水路面上面层选用开级配沥青混合料(OGFC),其下设置防水黏结封层。降水通过上面层垂直到达不透水的下封层然后从侧向排出路面边缘。开级配混合料OGFC的粗集料用量占比70%以上,空隙率大兼具排水功能,因此要求结合料需选用高黏度道路沥青。

透水路面同时具有良好的降噪效果,可降低路面行驶噪声3~5dB。

2)彩色路面

彩色沥青铺面重点用于拓展旅游功能的慢行系统(如自行车道和慢行步道),如

图 4.3-2 所示。

彩色的实现通常有两种方式:一种是混合添加,即着色剂、颜料等与(改性)沥青、乳化沥青混合,形成彩色(改性)沥青、彩色乳化沥青胶结料,以此拌和形成彩色沥青混凝土、微表处等,这种方式要求彩色(改性)沥青胶结料、混合料的技术指标符合常规沥青路面施工技术规范要求,可适用于中等、轻交通荷载的行车道、非机动车道,颜色耐久性一般可达 5~8 年;另一种是通过在成型沥青路面上喷涂、黏结材料与填料实现,主要包括热熔类、水溶性类、环氧树脂类等,种类较多,性价比不一,颜色耐久性一般为 1~3 年。

图 4.3-2 彩色路面实景图

4.4 改扩建工程路面设计

4.4.1 设计参数的获取

准确获取路面设计所用的各类参数,是科学设计改扩建工程路面的前提和基础,应特别注意交通参数、路面技术状况、路面病害、气象条件等数据。

(1)交通参数。可利用国省道交通量观测站、高速公路收费站的数据,获取实际的历年交通量、车辆类型组成、轴载状况等,通过轴载谱分析和计算,可准确获知已完成的荷载作用次数,并预估改建后设计年限内的累计荷载作用次数。

(2)路面技术状况。按照《公路技术状况评定标准》(JTG 5210—2018)等的要求,采用标准的自动化检测方法,检测路面弯沉、路面破损、基层内部损坏状况、结构层厚度等指标。应重点关注路面强度结构指数(PSSI)和路面损坏状况指数(PCI)两项指标,这是确定路面病害整治方案和路面补强方案的重要依据,路面平整度、抗滑检测可不作为改扩建工程必需的检测项目。

(3)路面病害。改扩建工程中既有路面结构状况的评价应以提高结构强度并解决相应的破损状况为重点,为改造方案的选择提供依据。

(4)气象数据。根据当地经验和路面技术状况检测,分析得出环境是路面一种或几种损坏类型的主要因素时,应详细收集温度、降水、冰冻等气象数据,以便在改建路面设计中根据本地区气候条件进行针对性设计。

4.4.2 现有路面结构再利用

在对路面结构进行检测评价的基础上,在规范要求范围内应最大限度地提高旧路结构资源综合利用水平,减少路面工程新建规模。

(1)采用分段设计理念,在既有路面检测评价结果的基础上,针对不同路段(部位)确定病害分布和发育情况以及旧路的强度指标,选用不同的处治方案,路面状况良好或者病害较轻的路段应尽量保留。根据路面上各车道轴载的不均衡情况,对路面结构进行分车道设计,以充分利用老路路面。

(2)高速公路改扩建工程单向扩建为四车道及以上路面时,宜结合交通特性,进行新建和改扩建两部分设计,充分利用既有路面。

(3)当拓宽改造硬路肩作为行车道使用时,既有硬路肩行驶车辆较少,可能存在的质量缺陷和隐患未能充分显现,应从结构层厚度、使用性能两方面科学评估硬路肩技术状况,制订合理可行的利用方案。

(4)水泥混凝土路面改建为沥青混凝土路面(简称"白改黑")时,通过对原有水泥混凝土硬路肩的检测,可选择采用水泥压浆、高分子注浆、就地破碎再利用等方案,最大限度地利用现有水泥混凝土路面结构与材料,减少旧路面材料的产生。

4.4.3 新旧路面拼接

新旧路面拼接处是改扩建路面的薄弱环节,容易由于不均匀沉降出现各类病害,是改扩建路面设计应关注的重点。

(1)新旧路面结构拼接应采用台阶式搭接,包括新旧基层拼接台阶和新旧面层拼接台阶。面层拼接台阶的宽度应大于15cm,实际工程中可根据施工及压实情况适当增加;基层台阶拼接宽度宜为20~30cm。对新旧路面拼接部位设置加筋材料,如路面加筋网、玻纤格栅等防止不均匀沉降。典型的路面结构拼接如图4.4-1所示。

(2)做好新旧路基的拼接,是保证路面拼接效果的前提。拼接段两侧新旧路基的基底岩土体性质、填料、施工压实效应、荷载作用时间等不同,使得两侧新旧路基的沉降速率、沉降量不同,从而导致新旧路基间的差异沉降。控制路基拼接差异沉降常用的措施包括控制路基压实度、路基填料性能、台阶开挖、采取软土地基处理技术、应用土工合成材料等。

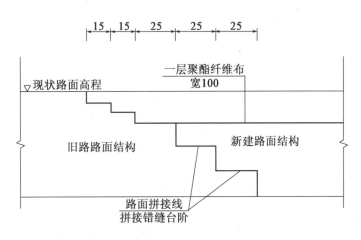

图 4.4-1　路面结构拼接示意图(尺寸单位:cm)

4.5　路面再生与再利用技术

路面维修养护产生大量废旧路面材料,应制订回收和利用方案,通过积极推广应用路面再生与再利用技术进行消化,避免废弃材料堆放对土地的占用和对环境的污染,减少对石料、沥青、水泥的需求,并降低筑路成本。

4.5.1　沥青路面再生利用技术

(1)不同再生工艺的适用范围。沥青路面再生利用技术包括 5 种工艺:厂拌热再生、就地热再生、厂拌冷再生、就地冷再生、全深式冷再生。选择再生利用方案前首先要进行全面技术分析,结合公路交通条件、旧路面条件、技术和设备条件,选择满足施工技术和质量要求的再生利用工艺。

①厂拌热再生:在拌和厂将沥青混合料回收料(RAP)破碎、筛分后,以一定的比例与新矿料、新沥青、沥青再生剂等加热拌和为混合料,然后铺筑形成沥青路面,适用范围见表 4.5-1。

表 4.5-1　厂拌热再生的适用范围

公路等级	再生层的结构层位				
	表面层	中面层	下面层	基层	底基层
高速、一级	可使用	宜使用			—
二级	可使用	宜使用			—
三级、四级	宜使用			—	

②就地热再生:采用专用设备对沥青路面就地进行加热、翻松,掺入一定数量的新沥青、新沥青混合料、沥青再生剂等,经热拌、摊铺、碾压等工序,实现旧沥青路面面层再生,适用范围见表 4.5-2。

表 4.5-2　就地热再生的适用范围

公 路 等 级	再生层的结构层位				
	表面层	中面层	下面层	基层	底基层
高速、一级	宜使用	可使用		—	—
二级		宜使用		—	—
三级、四级	不应使用			—	

③厂拌冷再生：在拌和厂将沥青混合料回收料（RAP）或者无机回收料（RAI）破碎、筛分后，以一定的比例与新矿料、再生结合料、水等在常温下拌和为混合料，然后铺筑形成沥青路面。乳化沥青及泡沫沥青厂拌冷再生的适用范围见表4.5-3，无机结合料厂拌冷再生的适用范围见表4.5-4。

表 4.5-3　乳化沥青及泡沫沥青厂拌冷再生的适用范围

公 路 等 级	再生层的结构层位				
	表面层	中面层	下面层	基层	底基层
高速、一级	不应使用	可使用	宜使用		—
二级	不应使用	宜使用			—
三级、四级	宜使用				

表 4.5-4　无机结合料厂拌冷再生的适用范围

公 路 等 级	再生层的结构层位				
	表面层	中面层	下面层	基层	底基层
高速、一级	不应使用			可使用	宜使用
二级	不应使用			宜使用	
三级、四级	—			宜使用	

④就地冷再生：采用专用设备对沥青面层进行就地冷铣刨，掺入一定数量的新矿料、再生结合料、水，经过常温拌和、摊铺、碾压等工序，实现旧沥青路面再生，适用范围见表4.5-5。

表 4.5-5　就地冷再生的适用范围

公 路 等 级	再生层的结构层位				
	表面层	中面层	下面层	基层	底基层
高速、一级	不应使用		宜使用		—
二级	不应使用	可使用	宜使用		
三级、四级	宜使用				

⑤全深式冷再生：采用专用设备对沥青面层及部分下承层进行就地翻松，或者将沥青面层部分或全部铣刨移除后对部分下承层进行就地翻松，同时掺入一定数量的新矿料、再生结合料、水等，经过常温拌和、摊铺、碾压等工序，实现旧沥青路面再生，适用范围见表4.5-6。

表 4.5-6　全深式冷再生的适用范围

公路等级	再生层的结构层位				
	表面层	中面层	下面层	基层	底基层
高速、一级	—	—	可使用	宜使用	
二级	—	—	可使用	宜使用	
三级、四级	—	宜使用			

（2）确定冷再生层厚度。应根据《公路沥青路面设计规范》(JTG D50—2017)有关规定进行分析设计，采用厂拌冷再生、就地冷再生、全深式冷再生方式时，可按照表 4.5-7 初步拟定路面结构厚度进行计算。

表 4.5-7　沥青路面冷再生结构组合与厚度

交通荷载等级	沥青面层(cm)		冷再生层厚度(cm)	下承层
	推荐厚度	最小厚度		
特重交通、极重交通	15～22	12	≥12	下承层结构强度应满足路面基层或底基层设计要求
重交通	12～18	10	≥10	
中等交通	6～12	5	≥8(≥16)	
轻交通	≥3 或者采用微表处、稀浆封层、碎石封层等磨耗层		≥8(≥16)	

注：1. 表中冷再生层厚度中，括号内数字是无机结合料冷再生材料层的厚度，其他为沥青冷再生材料层的厚度。
　　2. 下承层结构强度不满足要求的可以采用水泥或石灰稳定冷再生进行处治，处治层厚度宜在 14～20cm 范围。
　　3. 对于重交通及以上交通等级的公路，沥青面层宜采取技术措施提高抗车辙能力。

（3）结构组合。高速公路乳化沥青或泡沫沥青厂拌冷再生典型路面结构形式为厚度 12～18cm 的厂拌冷再生层上加铺厚度 10～16cm 的沥青罩面层，厂拌冷再生层处于下面层或者是上基层。普通公路厂拌冷再生的典型路面结构形式为厚度 10～15cm 的厂拌冷再生层上加铺厚度 5～10cm 的沥青罩面层，厂拌冷再生层处于下面层或者基层。

【工程案例】　华南某高速公路通车运营 13 年后，在超载重车的行车荷载及恶劣天气等外在因素的综合影响下，沿线出现了开裂等路面病害。检测分析后认为产生病害的原因是原半刚性基层在重载交通下出现的收缩开裂，致使路面结构破坏。遵循对症处治的原则，提出专项养护工程采用乳化沥青厂拌冷再生沥青混凝土的方式进行路面维修，路面结构见表 4.5-8。

表 4.5-8　华南某高速公路 K955+920～K982+875 路段路面结构

层　位	原路面结构	专项工程维修后路面结构
微表处罩面	1cm MS-3	—
罩面层	4cm 改性沥青 AC-13	4cm 改性沥青 AC-13

续上表

层 位	原路面结构	专项工程维修后路面结构
上面层	4cm 改性沥青 AK-13	8cm 改性沥青 AC-20
中面层	5cm 普通沥青 AC-20	
下面层	7cm 普通沥青 AC-25	12cm 冷再生沥青混凝土
上基层	20cm 5.5% 水泥稳定碎石	16cm 5.5% 水泥稳定碎石
下基层	18cm 5.5% 水泥稳定碎石	18cm 5.5% 水泥稳定碎石
底基层	20cm 级配碎石	20cm 级配碎石

回收沥青混合料经铣刨、运输、破碎、筛分后,根据再生混合料的最大公称粒径将其筛分成 0~5mm、5~10mm、10~30mm 三档不同的回收沥青路面材料。在冷再生路面养生完成后,表面平整密实,无浮石、弹簧现象,无明显压路机轮迹,边缘线整齐顺适,接缝平整,如图 4.5-1、图 4.5-2 所示。

图 4.5-1 乳化沥青冷再生拌和场

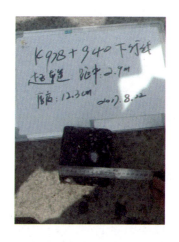

图 4.5-2 冷再生路面取芯厚度检测

4.5.2 水泥路面再利用技术

水泥混凝土路面再利用主要通过沥青加铺层改造技术予以实现,这样原水泥路面的结构强度可充分发挥,并且可实现原水泥路面材料 100% 循环利用,最大限度减少新材料使用量。现阶段主要有对原路面处治后直接加铺、打裂压稳及原路面碎石化 3 种技术方案。根据项目需求和旧路面评定结果,选择适宜的技术对旧水泥混凝土进行处理,然后加铺适宜厚度和类型的沥青层,对保证"白加黑"工程效果至关重要。

(1)旧水泥混凝土路面状况良好,断板率低时,优先采用在处治原路面病害后加铺沥青层方案。该方案中,加铺沥青层前应对旧水泥混凝土路面病害彻底处治,具体包括:更换破碎板,修补和填封裂缝,压浆填封板底脱空,磨平错台,清除路表面的松散碎屑、油迹等,剔除接缝中失效的填缝物和杂物并重新封缝等。

(2)旧水泥混凝土路面较差,断板率较大时,可采用打裂压稳或碎石化技术处理原路面,然后再加铺沥青层。打裂压稳或碎石化的具体技术要求可参照《公路水泥混凝土路面再生利用技术细则》(JTG/T F31—2014),处治后的旧水泥混凝土路面适用于改建路面的基层或底基层。

(3)沥青加铺层厚度应满足减缓反射裂缝的要求,高速公路和一级公路的加铺层厚度不宜小于10cm,其他等级公路加铺层厚度不宜小于8cm。沥青混合料的公称最大粒径应与加铺层厚度相匹配。旧水泥混凝土面板上撒布改性沥青黏结层或铺设土工合成材料,可防止反射裂缝的发生和发展。

【工程案例】 华南某高速公路改扩建工程,原路面结构为24cm水泥混凝土面层+18cm二灰稳定碎石基层+18cm级配碎石底基层。经前期检测评定后,全线水泥混凝土板损坏状况小于15%,综合分析后决定采用直接加铺沥青层的改造方案:对损坏面板进行注浆、板角修补,然后加铺4cm SMA-13改性沥青混凝土上面层+6cm AC-20(或8cm AC-25)改性沥青混凝土中面层+2cm AC-10应力吸收层的沥青层,如图4.5-3、图4.5-4所示。项目完工后通车运营8年时间,路况良好。

图4.5-3 改性沥青黏结层

图4.5-4 "白加黑"路面施工

4.6 节能环保技术应用

4.6.1 温拌沥青混合料技术

(1)温拌沥青混合料拌和与摊铺温度较传统的热拌沥青混合料相比,施工温度通常可以降低15~30℃,拌和时CO_2排放减少约2/3,SO_2减少约40%,NO_x类减少近60%。表4.6-1为温拌沥青混合料技术的潜在效益。

表 4.6-1 温拌沥青混合料的潜在效益

潜在效益	经济	施工	环境
减少油耗	√		√
延迟季节(低温)施工		√	
更好的工作性和压实性	√	√	
减少拌和楼温室气体排放			√
增加 RAP 的使用量	√		
改善拌和楼和摊铺现场的作业条件			√

(2)温拌沥青混合料可用于路面工程的各沥青结构层,性能要求参考热拌沥青混合料,适用场合如下:

①人口密集区公路、隧道路面、地下结构工程路面等环保要求高的工程。

②公路维修养护中的罩面工程。

③较低环境温度条件下施工的工程。

(3)温拌沥青混合料技术主要有有机添加剂法、化学添加剂法以及沥青发泡法 3 种形式。

①有机添加剂法:主要分为合成蜡和低分子量酯类化合物两类。该种材料具有低熔点、降低沥青黏度等特点,可改善沥青混合料的施工和易性与可压实性,提高沥青结合料的抗车辙能力,但会降低其低温性能。

②化学添加剂法:将化学表面活性剂加入沥青结合料或沥青混合料中,可在较低温度下减少集料—沥青界面的表面张力,改善低温裹覆以及施工和易性。化学添加剂法的温拌沥青混合料的各项路用性能均能满足我国现行技术规范的要求。

③沥青发泡法:通过发泡装置或含水材料在热沥青中引入少量水分,当水分散到热沥青中产生气体,沥青随之膨胀,流体的增加有助于改善裹覆和压实。根据产生泡沫沥青的方式不同可以主要分为两类:一是使用含有自由水或结晶水的材料,例如合成沸石等;二是机械发泡法,该项技术对施工温度以及含水率的控制十分重要,必须保证足够的含水率,又要防止水量过多引起抗水稳定性能降低。在降水量多的地区进行泡沫法温拌沥青路面的施工,宜添加抗剥落剂以降低水损害的影响。

其中化学工艺法和有机添加剂法普遍采用进口产品,材料成本显著增加;沥青发泡法中的机械发泡法由于成本低、性能高等优势,逐渐成为国内外温拌沥青技术的主流。

沥青温拌施工的技术核心在于温拌方式及温拌剂的选择,为了使具体产品类型与项目拟采用的沥青和混合料更匹配、温拌效果最好,对混合料性能影响最小,须针对各自项目特点在施工前进行专项研究并铺筑试验段验证,待充分论证后再进行大规模摊铺。

4.6.2 冷拌冷铺沥青混合料技术

冷拌冷铺沥青混合料能够在常温下施工,具有节约能源减少污染,可用于快速修补等优点。常见的冷拌冷铺沥青混合料主要有乳化型和溶剂型两种。

(1)乳化型。乳化型冷拌冷铺沥青混合料早期采用乳化沥青(改性乳化沥青)或液体沥青与矿料拌制而成,适用于三级及三级以下公路的沥青面层,二级公路的罩面层及各级公路沥青路面的基层、联结层或整平层等施工。水性环氧-乳化沥青混合料将水性环氧树脂乳液与乳化沥青共混,既保持乳化沥青的优秀特性,又具有水性环氧树脂的高黏结力、高强度等优点。乳化型冷拌冷铺沥青混合料虽然具有较好的路用性能,但其室内养生方式和击实方式尚未形成共识,还需加强长期路用性能、生产与施工配套设备方面的研究。

(2)溶剂型。溶剂型冷拌冷铺沥青混合料是由溶剂沥青、矿料及添加剂在常温下拌和形成的,主要用于坑槽修补,其强度随着溶剂的挥发而增大。施工时注意坑槽必须清扫干净,使冷补料与既有路面具有良好的黏结,保证其较好的路用性能。

第5章 桥梁涵洞设计

5.1 总体要求

从绿色公路建设的理念和内涵来看,桥梁和涵洞的绿色建设技术,需要遵守安全、耐久、适用、环保、经济和美观的原则,从提升社会属性和艺术属性、完善功能属性和技术属性入手,在设计阶段要着重做好下列工作:

(1)合理选取桥位与桥型,做好总体设计,贯彻"全寿命、全要素、全方位"的三全原则。

(2)加强造型和结构比选,关注美学设计,打造"协调美、形态美、功能美"的三美景观。

(3)完善构件和设施布设,注重技术优化,体现"高效能、高效率、高效益"的三高要求。

(4)优选改扩建技术方案,利用既有资源,符合"低消耗、低排放、低污染"的三低趋势。

(5)重视耐久和排水设计,提升质量效益和工程品质。

5.2 桥位与桥型的选取

5.2.1 总体设计的"三全"原则

遵循"全寿命、全要素、全方位"的三全原则,做好总体设计,合理确定桥位和桥型,并做好设计理念的转变和提升。

(1)更加注重功能。我国桥梁建设中存在着未从桥梁的实际功能出发、盲目追求桥梁结构新颖的问题,给桥梁安全带来隐患,增加经济和养护运营的负担。因此,桥梁设计要注重结构功能,在满足建设条件和建设能力的前提下,建设"受力简洁明确、结构构造合理、施工简便易行、质量稳定可靠"的桥梁;此外,还要注重使用功能,在满足经济、耐久的前提下,建设"便于通行、便于养护"的桥梁。

(2)更加注重经济耐久。在桥梁设计阶段,要树立经济耐久的理念和思维,选择技术成熟、易于建设、易于养护的桥梁方案,既能提高工程的耐久性,又可延长工程的使用寿命,实现最大限度的资源节约。

(3)更加注重桥梁美学。桥梁是工程和艺术的综合体现,是现代建筑领域最具影响力的作品之一。要实现桥梁建筑艺术美,需更加注重局部构件与整体结构的统一、桥梁景观与自然环境的统一、桥梁风格与历史文脉的统一。

(4)更加注重质量效益。质量效益是工程建设永恒的主题,也是落实以人为本的科学发展观的具体体现,反映了一个工程建设的技术内涵和效益外延。尤其在高质量发展要求下和交通强国建设过程中,要更加注重桥梁的结构质量、环保质量、社会影响等综合效益。

(5)更加注重建养可行性。需充分考虑施工场地、施工方案及预制梁场的位置和规模,以及预制梁的安装和运输条件;桥隧相接时,需考虑施工架梁条件和隧道出渣通道等的要求和影响;需考虑养护需要,按照可到达、可检查、可维修和可更换的要求,设置维修养护通道和相关设施。

在总体设计的桥位选择上,大桥及以下等级的桥梁应服从路线总体走向,尽量保持沟谷、水系和水流的天然状态,不轻易改移天然河道、改沟合并。特大桥应综合考虑地形、地貌、地质、环境、水文、通航、规划和建设方案等因素,合理选择桥位。地质条件复杂、地形陡峻区域的桥梁,桥位选择尤其应结合弯、坡、斜桥和高墩大跨桥梁的施工难度进行比选论证。

5.2.2 桥型方案的标准化设计

在桥型方案上,不盲目追求"长、大、高、特",优先采用技术成熟、经济适用的常规桥型,结构形式与尺寸宜统一,提倡标准化设计和施工。根据实际情况统筹考虑,确定2~3种经济孔径,按照少数经济孔径服从多数经济孔径的原则进行归并,以便集中组织、方便施工、控制质量和工期。

根据相关的技术资料,经数据统计分析和专家经验调研,表5.2-1给出了典型桥型的适用范围供参照。设计时,综合考虑桥位所处的建设条件、各类结构体系的受力特点、施工的可行性和工程建设的经济性等因素,经综合分析后确定。

表5.2-1 典型桥型的适用条件

墩高范围(m)	跨径范围(m)	结构体系	上部结构	下部结构	施工方法
≤15	10~16	简支梁	装配式板梁	柱式墩	预制吊装
15~30	20~30		装配式T梁	柱式墩	预制吊装
			装配式小箱梁		

续上表

墩高范围(m)	跨径范围(m)	结构体系	上部结构	下部结构	施工方法
30~60	30~40	连续梁	装配式T梁	柱式墩 薄壁墩	预制吊装
			装配式组合箱梁		
	30~60		等高度箱梁	薄壁墩	顶推或支架现浇
	30~70		等高度箱梁	薄壁墩	悬臂施工
	>70		变高度箱梁	薄壁墩	悬臂施工
≥60	>100	连续刚构	变高度箱梁	薄壁墩	悬臂施工
		刚构-连续组合	变高度箱梁	薄壁墩	悬臂施工
		拱桥	—	—	—
	>200	缆索系统桥梁	—	—	—

注：墩高≤50m时，采用实心薄壁墩；当地震烈度不高、墩高>50m时，可考虑空心薄壁墩。

另外，在确定桥型时，还要统筹考虑桥梁长度、跨径布置等因素。

（1）桥梁长度，结合桥头路基填土高度，综合考虑地形、地质条件、跨越道路、管线、渠道以及其他地物的需要确定。受填土高度限制或桥头引道高路堤占用农田较多时，为降低路基填土高度，可适当延长桥孔，上部结构采用建筑高度较小的结构类型。在软土地基路段，需结合地质条件和路基高度，进行软基路堤处理与桥梁方案的综合比选。在高填方路段，需充分结合地形地质条件、弃土取土方案及环境保护等因素，进行高路堤与桥梁方案的综合比选，合理确定经济适用的桥梁长度。跨越沟谷且地形较陡时，适当延长桥梁长度，甚至桥梁可适当深入挖方内，减小桥台规模。

（2）为便于桥梁施工、养护、更换和抢修，同一地形条件下桥梁宜按等跨径布置，受地形地物限制时，局部可采用不同跨径，但跨径种类不宜过多。

5.2.3 桥型方案的灵活性设计

公路路线穿越环境敏感区时，适当增大跨径，减少桥墩数量，并根据地形确定桥墩位置。跨越V形深沟时，要考虑工程经济性、施工便利性、陡坡动土诱发地质灾害和对生态环保的影响、运营期冲刷与落石风险等因素，综合比选一跨跨越、沟心设墩（图5.2-1）、边坡设墩等方案。

选择桥型方案时，应合理确定桥面高程，尽量不侵占或少侵占坡面。受地形和生态环境约束时，可灵活采用高低桥（图5.2-2）、半路半桥（图5.2-3）、悬挑栈桥等方案，减少墩台施工和坡面防护对环境和生态的破坏。在山区公路的高陡边坡路段，特别是路基加宽困难或路基加宽对水土保持和生态环保影响较大的路段，建议采用半路半桥、路桥结合的桥型方案,并尽量减少桥墩数量,减轻对地形地貌的破坏,实现工程建设与自然环境的融合。

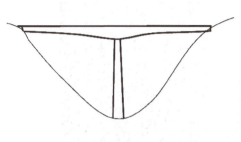  

图 5.2-1　沟心设墩方案

图 5.2-2　高低桥方案　　　　　　　图 5.2-3　半路半桥方案

桥梁一般采用分幅形式,下部结构采用横桥向间距较小的柱式墩(图 5.2-4),减少开挖和占地。当桥墩较高时,需进行分幅双柱墩、分幅薄壁墩和整幅双柱墩的综合比选,如图 5.2-5 所示。

图 5.2-4　柱式桥墩方案

  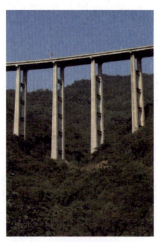

a)分幅双柱墩　　　　　b)分幅薄壁墩　　　　　c)整幅双柱墩

图 5.2-5　高墩方案

在纵横坡陡峭路段的桥梁,应对墩台方案进行单独设计,合理设置墩台、系梁高程,尽量避免系梁、承台施工过度扰动边坡。桥台设计应结合实际地形、因地制宜选取构造形式,在有条件的地方宜尽可能降低桥台高度,甚至桥跨适当伸入挖方内,以便桥梁更好地融入到自然环境中,如图 5.2-6 所示。

a)半裸式承台　　　　　　　　　　b)桩墩一体式结构

图 5.2-6　陡坡基础方案

当桥墩高度超过 60m 时,宜对连续刚构桥、拱桥、斜拉桥及悬索桥等大跨径特殊桥型进行比选,择优选用。在初步设计阶段应进行两个及以上桥型方案比选论证。桥型方案选择时,应充分考虑施工条件与技术成熟水平。

5.3　桥梁的美学设计

桥梁作为构造物,在塑造公路的景观风格中扮演重要角色。注重桥梁的美学设计,融入必要的工程美学和景观设计,体现工程与自然人文的和谐共融,实现桥梁与环境的协调美。从宏观上把握桥型选择和孔跨布置，从微观上注重梁、墩、台、附属结构、材料、色彩等细节，打造桥梁的形态美和功能美，使桥梁成为主要标志性建筑和重要的人文景观，如旧金山的金门大桥、香港的青马大桥、江苏的苏通大桥、浙江的杭州湾跨海大桥等。

桥梁的美学和景观设计首先要符合桥梁功能、技术、经济要求，对桥型的美学比选，桥体结构部件的比例调整，桥梁选型与城市、大地景观尺度的和谐，桥梁的防护涂装与环境整体色彩的联系等构成元素进行美学调整。

5.3.1 桥型的美学比选

环境是桥梁的透视背景，可以用来烘托桥梁特征、丰富结构表现力。桥梁是环境的构成要素，可以用来增加景观的细节。在桥型选择上，使环境条件与桥梁特征协调融合，典型处理方式见表5.3-1。

表5.3-1 典型桥型的美学特征

桥型	梁桥	刚构桥
美学特征	平直刚劲、简洁有力，具有很强的沿水平向伸展的动力感和穿越感，与宽阔江河、平原地区的线条相一致	简练挺拔、强劲动感，具有空间上的力动感和力学上的稳定感，其较大的桥下净空与跨度不大的V形深谷或立交道路的立体空间要求相匹配
典型示例		

桥型	拱桥	缆索体系桥梁
美学特征	古朴大方、弧线优美，具有拱式建筑的艺术特征和几何线形上的曲线美，与起伏变化、富有层次的山峦相互呼应、浑然一体	索塔高扬、缆索伸展，主导着桥位处的环境空间，发挥着标志性建筑的象征作用
典型示例		

在处理环境空间与桥梁实体的协调上，主要有3种表现方法。

（1）强调法。突出桥梁的存在，适用于桥梁具有支配环境、发挥标志作用或象征作用的情况。建成于1999年的江阴长江公路大桥（图5.3-1），是主跨1385m的特大型钢箱梁悬索桥梁，是我国首座跨径超千米的悬索桥。在开阔平坦的水域环境，雄伟的大桥凸显其标志性，刚劲的索塔与弯曲的缆索协调，主缆采用天蓝色涂装与环境融合。

图5.3-1　江阴长江大桥

（2）消去法。隐蔽桥梁的存在，适用于桥梁的存在有损环境或景观的情况。位于山坡的桥梁，在山腰处依山而建，隐藏于山坡绿化之中，并与环境融为一体，如图5.3-2所示。

图5.3-2　桥梁消隐于自然环境

（3）融合法。桥梁与环境按基本相同的格调相互融合，适用于环境对桥梁的存在既不否定、也不需要强调的情况。建于1930年的瑞士萨尔基那桥（图5.3-3），是空箱截面三铰拱桥的代表。该桥飞跨阿尔卑斯山，跨径90m，其拱厚从拱脚到四分点逐步增加，再到拱顶又减薄，打破传统结构梁、柱、墩的形式和石拱桥笨重的构造，以薄板组成变化的空心截面拱，不仅经济、合理、创新，而且获得了轻巧、优美的外观，桥梁和高山、白云、蓝天构成了一幅美妙风景画。

图 5.3-3　萨尔基那桥

5.3.2　结构的线形比例调整

桥梁的线形布置和尺寸比例要与公路衔接流畅,给人以整体的印象,优美的线形给人以视觉上的享受。遵从安全稳固、均匀连续的原则,做好桥梁的立面构图,并把握下列关键因素。

(1)桥梁的结构形态保持视觉上的连续性,构件之间保持视觉体量的均衡。图 5.3-4 中多跨拱桥的拱脚支点位置不同会削弱拱桥的视觉连续性,破坏均衡。

图 5.3-4　拱脚支点位置不同的拱桥景观示意

(2)梁桥从分孔布跨、梁底线形、主梁和桥墩的尺寸等方面,实现与周围环境、全桥造型的协调。以山谷地形为例,桥梁的墩高可随地形变化较大,桥梁的跨径也可随之变化,保持相同的梁体高度能有效保证主梁线形的视觉流畅,如图 5.3-5 所示;另外,跨径随墩高的增大而逐渐增大,所形成桥梁布跨的景观效果较好,如图 5.3-6 所示;在墩高较小的地方采用跨径较小的等高度梁,墩高较大的地方采用跨径较大的变高度梁,也能保证较好的景观效果,如图 5.3-7 所示。

(3)拱桥从边中跨比、矢跨比、桥面位置和主拱形态等方面,达到视觉效果的总体协调。矢跨比是拱桥景观表现力的重要因素之一,适宜的矢跨比可取得拱桥稳定感与跨越感间的平衡:矢跨比较大的拱桥,显示出阴柔美矢跨比较小时,显示出力量美。根据地形条件进行拱桥矢跨比的选择一般会达到良好的桥梁景观效果,如图 5.3-8 所示。

图 5.3-5　跨径变化、梁高恒定的梁桥

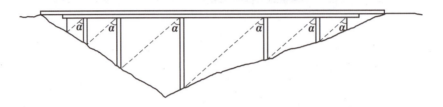

图 5.3-6　跨径随墩高增大而增大的梁桥

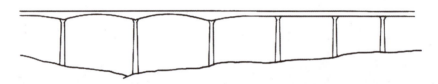

图 5.3-7　不同跨径间梁体高度过渡良好的梁桥

图 5.3-8　矢跨比与地形条件匹配良好的拱桥

桥面高度与主拱矢高的比例是拱桥主体造型立面布置中的重要内容。拱桥体现的景观效果以稳定为主，与拱桥曲线形态产生的跨越感保持一致，避免沉重或不稳定的景

观效果,同时桥面高度、桥下空间高度、主拱矢高等参数间应符合一定比例关系。对上承式拱桥,过高、过重的拱上建筑配以矢高较小的主拱,会影响跨越感;对中承式拱桥,桥面通常设置于主拱矢高的上、下黄金分割点位置,如图 5.3-9 所示。

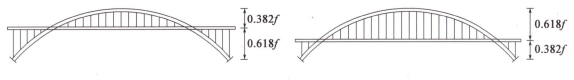

图 5.3-9 菜园坝大桥中承式拱桥桥面位置与主拱矢高比例

(4)缆索承重桥梁的主梁线形与桥梁整体景观需求相协调,体现视觉安全感和跨越感,其矢跨比和边中跨比考虑主要视点处的视觉平衡、稳定和连续(图 5.3-10),桥塔采用流畅的线形元素(图 5.3-11)。

图 5.3-10 奥克兰海湾桥的跨径和索塔的尺寸比例

(5)跨线桥的景观效果受桥台与梁体的视觉体量比例、梁体的尺寸比例和桥台的绿化效果等因素的影响。桥台视觉体量过大在一定程度上可以影响跨线桥的景观效果,如图 5.3-12 所示。桥台处采用暗色铺砌,与周围绿化形成对比,具有一定的美化效果,如图 5.3-13 所示。

图 5.3-11　部分典型桥梁的桥塔示例

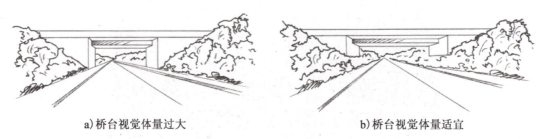

a)桥台视觉体量过大　　　　　　　　　　b)桥台视觉体量适宜

图 5.3-12　跨线桥景观效果对比

图 5.3-13　桥台处景观处理

5.3.3　景观元素的选型

桥梁的景观元素包括周围环境中景观元素、周围桥梁的景观元素、桥梁墩台的局部造型、桥梁栏杆和照明设施的附加造型。

对于一个地区的大桥梁群(图 5.3-14)、一条公路上的小桥梁群(图 5.3-15)或单个桥梁的构件(图 5.3-16),需要注意各类景观元素的协调。

桥梁的比例选择和构件配置,既要起到功能性作用,又要适当装饰,通过景观元素突出桥梁的风格和当地的地域特色。

(1)对于小跨径桥梁,灯柱布置与桥墩位置对齐会呈现简洁有序的效果,未与桥墩位置对齐的灯柱布置则容易影响桥梁的整体韵律,如图 5.3-17 所示。

图 5.3-14　景观元素相似的桥梁群

图 5.3-15　奥克兰海湾桥全部采用桁架元素

图 5.3-16　大贝尔特桥在塔和锚碇采用框架元素

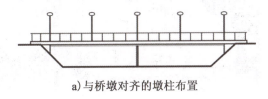

a)与桥墩对齐的墩柱布置

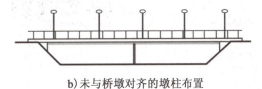

b)未与桥墩对齐的墩柱布置

图 5.3-17　灯柱设置效果对比

(2)桥台支座位置细节设计,需要根据桥梁主体结构的造型,选择是否设置支座挡板。图 5.3-18 中设置挡板可以弱化桥台、主梁、支座三者的关系,桥台视觉高度也相应增加;较低的桥台设置支座挡板后,更能体现桥台的完整性。

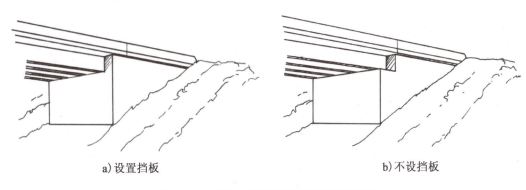

a)设置挡板　　　　　　　　　　　　b)不设挡板

图 5.3-18　桥台支座挡板设置景观效果对比

(3)主拱高出桥面时,选用提篮拱(图5.3-19)或带风撑(图5.3-20)的平行主拱体系,能够在视觉稳定感和均衡感中取得良好平衡。

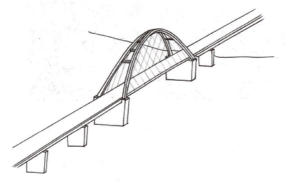 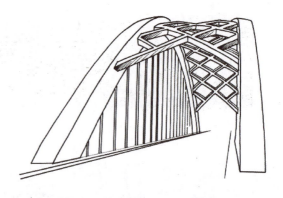

图5.3-19　提篮拱自身保证稳定感　　　　　图5.3-20　设置风撑保证稳定感

(4)索塔和锚碇等闲置空间可进行综合利用。海沧大桥的锚碇位于风景区中,利用内部空间建成博物馆、科技馆,如图5.3-21所示。

图5.3-21　海沧大桥锚碇的综合利用

5.3.4　色彩和肌理的处理

桥梁的色彩不宜过于抢眼,应与周围的环境建筑融合。位于景区公路上的跨线桥,尽量采用与周围植被融合的色彩,采用与自然土石或树木等相似的肌理材质,让人感觉桥梁融于环境之中。近城市路段的桥梁,可以根据城市特点采用简洁明快的色彩和肌理,体现时代感,图5.3-1中主缆采用蓝色涂装,图5.3-9中主拱采用橙色涂装。

5.4　结构和设施的布设

在桥梁的塔墩梁拱等主体结构上,强化装配式结构、钢结构、高墩、基础、涵洞等关键结构的应用;在支座与伸缩装置等附属设施上,进一步优化伸缩装置降噪功能;体现"高效能、高效率、高效益"的发展要求,以最优的全寿命成本获得良好的综合效益。

5.4.1 装配式混凝土桥梁的应用

装配式桥梁采用先"化整为零",再"集零为整"的思想,将桥梁上部和下部结构的主要构件采用标准化设计,在预制场工厂化集中预制,然后运输至桥位,经机械化现场拼装,由各种连接构造形成可承载受力的整体结构(图5.4-1)。主梁采用纵向竖缝划分桥宽、全跨节段或整体预制,或采用横向竖缝划分桥跨、全宽节段预制,桥面护栏等节段预制;桥墩的盖梁、墩柱、基桩,以及桥台的台身、挡墙等作为基本构件,根据其尺寸采用整体预制或节段预制。

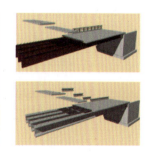

图 5.4-1　采用全预制构件的装配化桥梁

装配式桥梁可有效解决现阶段在建设质量与速度、建设需求与资源消耗、发展动力与人力短缺上存在的突出矛盾,基本实现了结构设计标准化、构件预制工厂化、装配施工机械化、组织管理信息化,是加快施工速度、减少现场污染、实现低碳化建设的有效手段,符合交通运输行业的发展趋势,也满足现代社会对环保、节能、高效、耐久等要求,是未来桥梁发展的主要方向。

目前,我国装配式混凝土桥梁已初步形成工业化体系,主要体现在:在传统的简支或简支变连续装配式梁桥上,采用通用构造图,构建了成熟的技术体系;在节段预制拼装混凝土箱梁桥上,通过苏通大桥引桥、集美大桥引桥、嘉绍大桥引桥、南京四桥引桥等项目的实践,基本实现了成套技术的国产化;在长大跨整体预制吊装结构上,伴随重型起重吊装设备的发展,杭州湾跨海大桥、崇启大桥和港珠澳大桥有了成功实践;在预制桥墩上,通过跨海桥梁和城市桥梁的建设实践,形成了包含高性能材料、关键连接构造、设计理论、质量控制和验收要求等在内的系统化成果。已有的研究和工程实践表明:预制结构和连接构造的安全性、耐久性和施工便利性,是保障桥梁各项性能可靠有效的关键因素。

1)传统装配式板梁、T梁和组合箱梁

目前高速公路桥梁普遍采用的装配式板梁、T梁和组合箱梁,主要采用编制通用构造图实现结构标准化设计。其中装配式板梁主要用于16m及16m以内跨径,其主梁高度小、在净空和用地等条件限制地区优势明显,但在使用中存在铰缝破损和支座脱空等问题,需对预制板安装精度和铰缝施工质量予以关注。装配式T梁和组合箱梁主要用于20~40m跨径,其中T梁的吊装质量小,组合箱梁的截面高度小。

2)节段预制拼装箱梁

节段预制拼装混凝土箱梁广泛应用于我国越江跨海通道非通航孔桥和城市桥梁建设,当采用短线法预制时,进一步呈现施工速度快、控制精度高、资源利用率高、对周边环境的影响小等方面的综合优势。我国节段预制拼装桥梁的典型应用情况见表5.4-1。

表5.4-1 我国节段预制拼装桥梁的典型应用情况

序号	桥 梁	建成时间(年)	最大跨径(m)	预 制 方 法	拼 装 方 法
1	上海浏河大桥	2000	42	长线法	整孔吊装
2	上海沪闵高架	2002	35		整孔吊装
3	苏通大桥引桥	2008	75		悬臂吊装
4	厦门集美大桥	2008	100		悬臂吊装
5	上海长江大桥引桥	2009	60	短线法	悬臂吊装
6	江苏崇启大桥引桥	2011	50		整孔吊装
7	南京四桥引桥	2012	50		整孔吊装
8	厦漳大桥引桥	2013	70		悬臂吊装
9	嘉绍大桥引桥	2013	70		悬臂吊装

节段预制拼装混凝土箱梁采用体内-体外混合配束,按施工方法分为两类:

(1)采用整跨拼装的节段预制箱梁(图5.4-2):跨径一般不大于50m;截面按等高度设计,如主跨为50m的南京四桥引桥。

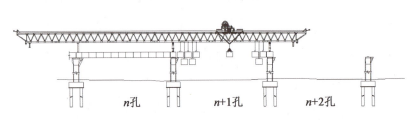

图5.4-2 节段预制箱梁的整垮拼装施工

(2)采用悬臂拼装的节段预制箱梁(图5.4-3):跨径一般大于50m;跨径小于80m时截面按等高度设计,如主跨为75m的苏通大桥引桥;跨径大于80m时截面按变高度设计,如主跨为100m的厦门集美大桥。

3)整体预制吊装箱梁

长大跨整体预制吊装结构将箱梁梁段划分为较长节段,在工厂完成箱梁的制造,利用大型运输船将大节段运输到梁段架设位置,利用海上大型浮吊设备,将梁段直接吊装到要求位置,主要用于越江跨海通道深水区桥梁,如图5.4-4所示。

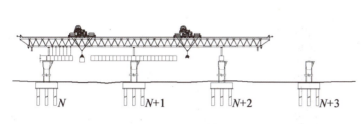

图5.4-3 节段预制箱梁的悬臂拼装施工

图5.4-4 杭州湾大桥箱梁整体吊装

我国长大跨整体预制吊装箱梁的典型应用情况见表5.4-2。

表5.4-2 我国长大跨整体预制吊装箱梁的典型应用情况

桥　　名	跨径(m)	结构类型	节段质量(t)	施工设备
东海大桥	70	混凝土梁桥	2100	小天鹅号
杭州湾跨海大桥	70	混凝土梁桥	2200	小天鹅号、天一号
上海长江大桥	70	混凝土梁桥	—	天一号
	105	组合结构梁桥	2300	

注:小天鹅号运架船的额定起吊质量为2600t,天一号运架船的额定起吊质量为3000t。

4)预制拼装桥墩

我国较早开始在下部结构中使用预制构件的桥梁包括北京积水潭桥和东海大桥,随后在一些重要的跨江跨海桥梁如东海大桥、杭州湾跨海大桥以及港珠澳大桥中也开始使用节段预制拼装桥墩,如图5.4-5所示。

国内的预制拼装桥墩主要是薄壁墩,其接缝类型可以分为两类:

一类是接缝处预留纵向钢筋,纵向钢筋采用搭接、焊接或机械连接,然后施工后浇混凝土的湿接缝。桥墩力学特性可等效为没有接缝的现浇桥墩,但需考虑接缝区钢筋的连接以及不同龄期混凝土的存在对桥墩整体性能的影响。北京积水潭桥、东海大桥、杭州湾跨海大桥、上海长江大桥均采用这一类预制拼装桥墩。

a) 东海大桥

b) 杭州湾跨海大桥

c) 港珠澳大桥

图 5.4-5　采用预制拼装薄壁墩的典型工程

另一类是纵向受力钢筋在接缝处断开,节段之间采用砂浆垫层或环氧胶接缝,然后施加后张预应力的方式将节段连接成整体,称为预应力节段预制拼装桥墩,如约翰肯尼迪堤道桥、七英里大桥、183 高速公路高架桥、加拿大联邦大桥、厄勒海峡大桥以及我国的港珠澳大桥等均采用这一类预制拼装桥墩。

部分靠近城市的桥梁采用装配式墩柱(图 5.4-6),设置灌浆连接套筒、波纹管灌注高强灌浆料的连接形式,保证了墩柱、盖梁的快速安全拼装。

图 5.4-6　预制拼装的柱式墩

5.4.2　钢结构桥梁的应用

进入 21 世纪后,我国钢年产量达到约 10 亿 t,其中中厚钢板的年产能达到了 0.9 亿 t,钢材品种齐全、制造工艺成熟,具备了全面推广钢结构的工业基础。2015 年底,行业标准《公路钢结构桥梁设计规范》(JTG D64—2015)和《公路钢混组合桥梁设计与施工规范》

(JTG/T D64-01—2015)颁布实施,为钢结构桥梁的发展提供了技术参考文件。2016年7月,交通运输部以"创新、协调、绿色、开放、共享"的发展理念,落实《国务院关于钢铁行业化解过剩产能实现脱困发展的意见》(国发〔2016〕6号)要求,发布了《关于推进公路钢结构桥梁建设的指导意见》(交公路发〔2016〕115号),明确了钢结构桥梁发展的指导思想。

我国钢结构桥梁的应用主要分为两类:

第一类是特大桥的主梁、钢塔和钢拱,充分利用钢材在比强度上的优势,保证桥梁的跨越能力(图5.4-7)。钢结构在特大桥梁的典型应用情况见表5.4-3。

图5.4-7 南京三桥采用钢塔

表5.4-3 钢结构在特大桥梁的典型应用情况

构　件	典　型　工　程
缆索体系桥梁的主梁	主跨1088m的坝陵河大桥采用钢桁梁; 主跨1196m的龙江大桥采用钢箱梁
	主跨1088m的苏通大桥采用钢箱梁; 主跨720m的杭瑞北盘江大桥采用钢桁梁; 主跨638m的望东长江大桥采用组合梁
梁桥的主梁	港珠澳大桥的非通航孔桥采用跨径110m钢梁和85m组合梁; 嘉绍大桥采用主跨185m钢梁
钢塔	南京三桥的钢塔高约215m(图5.4-7); 南京五桥的钢-混组合索塔高约170m; 泰州大桥的钢塔高约192m; 港珠澳九洲航道桥钢塔高约100m
钢拱	主跨550m的卢浦大桥采用钢箱拱肋; 主跨552m的朝天门大桥采用钢桁架拱肋

第二类是目前重点推广的装配化钢桥、钢-混凝土组合梁桥,发挥其在全寿命周期成本的优势,按下列情况灵活应用:

(1)在地震烈度7度及以上地区的高墩桥梁,优选钢结构桥梁。

(2)对于弯、坡、斜等特殊形状的桥梁,受力条件复杂,适宜钢材各向同性的优势发挥,优选钢结构桥梁。

(3)在山区复杂条件下,非标准跨径桥梁优选钢结构桥梁。

(4)拆除既有结构重建的桥梁,宜根据桥梁结构和建设条件,对混凝土结构桥梁和钢结构桥梁进行详细比选。

以延崇高速公路河北段为例,选取40m跨径钢-混工字组合梁与T梁进行全寿命周期成本对比分析(表5.4-4)。结果表明:相较于T梁,钢-混工字组合梁会增加建设期成本,但养护成本较低,两种结构形式桥梁全寿命周期成本相当,但钢结构桥梁抗震性能好,钢材可循环利用,利于环保。

表5.4-4 延崇高速公路河北段钢-混组合梁桥全寿命周期成本比选分析

项 目	单位	柱式墩(桥高30m)			薄壁墩(桥高40m)		
		预制T梁	钢-混工字组合梁	差值(钢-T)	预制T梁	钢-混工字组合梁	差值(钢-T)
建安费	元/m²	4055	4392	337	5644	6050	406
上部结构养护成本	元/m²	2356	1519	-837	2356	1519	-837
全寿命成本	元/m²	6411	5911	-499	8000	7569	-430
全寿命成本		钢工字梁比T梁低7.8%			钢工字梁比T梁低5.4%		

5.4.3 下部结构的比选

1)超高桥墩的结构形式

我国公路建设向西部山区发展,沿线的地形变化复杂,地貌起伏变化大,加之不良地质的影响,在陡坡和深谷之间的桥梁对超高桥墩的需求增多。西部山区具有大温差气候条件、桥址处峡谷风效应显著、瞬时风速及紊流强度大的特点,超高墩设计面临需要解决以下几个关键问题:

(1)具有适当的纵向抗推刚度,以适应纵桥向由于温度、混凝土收缩徐变等引起的变形;桥墩须呈现必要的柔性受力特性。

(2)具有一定的横向刚度,抵抗横桥向风荷载,减小偏载引起的侧向位移,提高行车舒适性;桥墩应具有足够的稳定安全性。

(3)具有简洁的外形,尽可能减小墩柱横向迎风面积、改善气动外形、减小风载体形系数;与环境相协调,结构形式方便施工。

从目前国内外超高墩设计建设看,超高墩的结构形式多种多样,但比较常见的有钢筋混凝土整体箱形薄壁墩、双肢薄壁墩及两者相结合的组合墩(图 5.4-8),在特殊情况下也可采用钢管混凝土组合墩。贵州毕威高速公路赫章大桥[图 5.4-9a)]主墩高度达 195m,为连续刚构桥中世界第一高墩,为此设计采用了变截面单箱三室独墩、左右幅主梁共用一个桥墩的构造形式,相比于双薄壁墩或组合式桥墩,既增大了桥墩稳定性,又节省了工程造价。贵州镇胜高速公路虎跳河大桥、水盘高速公路北盘江大桥等则采用了组合式桥墩。G5(京昆高速公路)四川雅西高速公路腊八斤大桥[图 5.4-9b)]因高墩抗震要求,采用了钢管混凝土叠合柱桥墩。

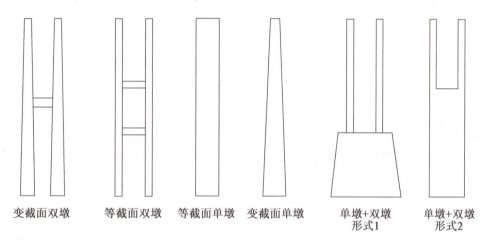

图 5.4-8 超高墩的结构形式

a)赫章大桥

b)腊八斤大桥

图 5.4-9 典型超高墩示例

2)基础的结构形式

当持力层埋深小于 5m 时采用扩大基础。受冲刷和水流侵蚀的桥梁或桥墩高度大于 30m 时,基础优先选用桩基础。

当墩台桩基位于河中、岸边、软基上或低液限黏土、粉土覆盖层厚度大于 4m 时,采用钻孔桩基础。跨越敏感水体桥梁的水中基础宜因地制宜采用沉入桩、灌注桩、沉井等基础形式,以减少对河床或湖底的扰动影响。目前,我国的预应力预制管桩制造已形成流水线作业,工业化程度很高。广东省部分桥梁已采用预制管桩基础(图 5.4-10),已有的实践情况表明如下：

（1）预应力混凝土管桩主要适宜在基岩埋藏深、强风化岩层或风化残积土层厚的地质条件。

（2）管桩具有显著的经济优势。

（3）静压1根管桩约15min，钻孔灌注桩施工1根桩约10h，预制管桩施工周期缩短，且施工现场无废水、废浆等场地污染，成桩质量检测方便、直观、可靠，综合效益显著。

图 5.4-10　预制管桩施工

采用桩基后注浆、挤扩支盘桩等技术措施，可提升桩基的承载性能，有效控制桩长。

（1）桩基后注浆技术是在钢筋笼上预埋注浆管和注浆阀，在成桩后一定时间内实施桩侧和桩底后注浆。一是加固桩底沉渣和桩侧泥皮；二是对桩底和桩侧一定范围的土体通过渗入粗粒土、劈裂细粒土和压密非饱和松散土起到加固作用，从而消除传统灌注桩施工工艺所固有的缺陷，通过改变土体的物理力学性能及桩土间边界条件，增强桩侧阻力和桩端阻力，提高单桩竖向及水平向承载力。

（2）挤扩支盘桩是带有多分支或承力盘结构的承载桩，是一种发挥土的承压承载特性，通过挤扩工艺和设备，获取土的承载性能以及检验支盘承载力的新结构桩型。一方面能够为超长桩提供设计选择方案，避免超长桩方案的施工风险；另一方面，采用专业施工队伍和专业挤扩设备施工，可进行三维支盘数字扫描，随时开展成桩过程检测，具有较高的施工质量保证。

5.4.4　涵洞结构的比选

涵洞主要采用混凝土涵洞和钢波纹管涵。混凝土涵洞可采用管涵、盖板涵和箱涵，需要考虑适宜的洞口形式满足景观要求（图5.4-11），并设置洞口铺砌、避免冲刷破损。钢波纹管涵适用于地基承载力较低或存在较大沉降与变形的路基。从建设技术和使用效果来看，新型装配式混凝土涵洞和钢波纹管涵在承载受力、全寿命成本和生态环保方面优势突出。

a) 端墙式

b) 八字式

c) 走廊式

图 5.4-11　涵洞洞口构造

1) 装配式混凝土涵洞

针对公路中涵洞规模化应用的实际情况，装配式混凝土涵洞采用标准化建设方式，充分发挥其模块化结构、集中化预制和机械化拼装的经济、社会效益，体现高效率、高质量和高效益的建设理念和目标。

装配式混凝土涵洞(图 5.4-12)，可采用圆拱形截面和箱形截面。涵身结构的标准节段由顶板、底板、两侧墙 4 个自稳构件组成。涵身构件组装后，现浇下部底板，上部顶板两接头保持铰接形式。洞口可采用预制削竹节段或采用预制砌块、现浇挡墙结构。已有的工程实践表明，这类结构对沿江平原、丘陵地区的软基、冲沟具有更好的适应性。

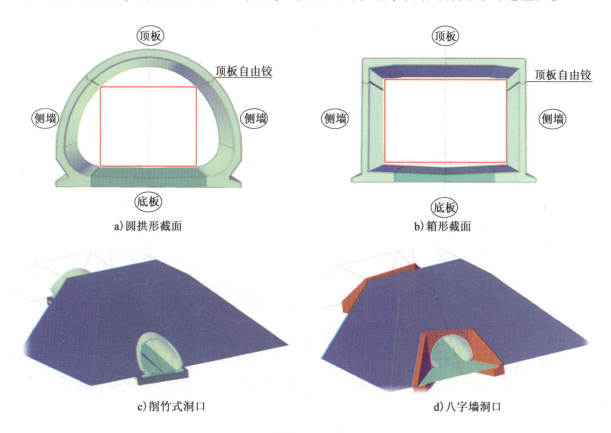

图　5.4-12

e) 典型工程

图 5.4-12 装配式混凝土涵洞的构造

以某跨度为 4×3.5m、长 35m 涵洞为例,与现浇盖板涵的对比情况见表 5.4-5。装配式混凝土涵洞加快了施工进度,减小了环境污染,保证了工程建设质量,提高了现场各工点的施工和管理效率,对顺利推进整个路基项目起到了促进作用。

表 5.4-5 装配式混凝土涵洞与现浇盖板涵比对表

序号	项 目	装配式混凝土涵洞	现浇盖板涵
1	施工工期	5d/道	40d/道
2	施工现场	现场整洁,施工场地占用少	现场较乱,对环境影响大
3	基础开挖	357m³	998m³
4	质量控制	易控制,外观质量好	工序复杂,外观质量稍差

2) 钢波纹管涵

钢波纹管涵是采用波纹状管或由波纹状弧形板通过连接、拼装形成的一种涵洞,是一种资源节约、环境友好的结构。基于管土协同受力效应,钢波纹管涵采用柔性、高强度的波纹钢板,不仅具有适应地基与基础变形的能力,解决因地基、基础不均匀沉降导致的涵洞破坏问题,而且轴向波纹的存在可以更大程度上分散荷载的应力集中,更好地发挥钢结构的优势。尤其在多年冻土、软土、膨胀土、湿陷性黄土等不良工程岩土地区,利用钢波纹管结构修筑涵洞更具优势。

钢波纹管涵主要包括整体式圆管涵、分片拼装式圆管涵和分片拼装式圆拱涵,如图 5.4-13 所示。

a) 整体式圆管涵
(管径 0.75~2.00m)

b) 分片拼装式圆管涵
(管径 2.00~12.00m)

c) 分片拼装式圆拱涵
(管径 3.00~10.00m)

图 5.4-13 钢波纹管涵的主要形式

在国家大力提倡低碳交通、节能环保及推动城镇化建设快速发展的大背景下,钢波纹管涵具有更加优越的性价比和社会效益,在公路建设中具有广阔的应用空间。总体上,钢波纹管涵的优势体现在:

(1)适应性强:抵抗变形能力强,不易损坏,适应地基变形能力强。

(2)质量易控:波纹板采用工厂标准化生产,质量容易控制。

(3)节省工期:板片薄、质量轻、存放运输方便,适合地形条件复杂、作业面小等施工环境;施工工艺简单、工期短。孔径 2～4m 时,与混凝土盖板涵、石拱涵相比,造价节省约 10%,工期减少约 10～20d;孔径 6.0m 及以上时,工期减少约 50d 以上。

(4)耐久性好:镀锌钢波纹板件的使用寿命可达到 75 年以上。

(5)结构环保:减少砂、石用量,可拆除、回收、利用,保护环境。

钢波纹管涵需要关注使用期的泥沙磨蚀问题和施工期的回填控制问题:

(1)部分地区涵洞的流通介质通常含有大量泥沙、碎石,这对钢波纹管涵的磨蚀影响较大。针对该问题,在波形钢板表面增设一层耐磨的韧性陶瓷膜,磨损试验表明这层耐磨层的磨损寿命不少于 50 年。

(2)钢波形管涵与周围土体形成共同受力体,底部的楔形回填和两侧回填须密实均匀,避免局部受力过大。回填时分层摊铺、逐层压实,填土压实度达到设计要求;另外波形板是柔性结构,须避免回填时不对称受力,先回填底部两侧楔形部位,然后回填管体两侧,最后进行管顶回填,并且始终保证涵管两侧在对称和均衡的状态下作业,如图 5.4-14 所示。钢波纹管涵顶面填土厚度不小于 1m。

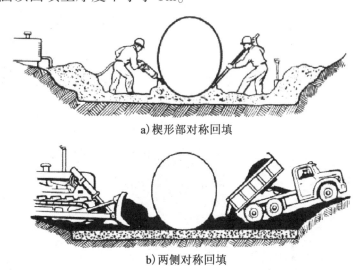

图 5.4-14　钢波纹管涵的回填

5.4.5　伸缩装置的耐久降噪功能

公路桥梁伸缩装置是为使车辆平稳通过桥面并满足桥梁上部结构变形的需要,在伸缩缝处设置的各种装置的总称。目前，公路桥梁中应用较多的伸缩装置包括单缝式伸缩装置、模数式伸缩装置、梳齿板式伸缩装置、无缝式伸缩装置和橡胶板式伸缩装置。

按照功能和使用要求，伸缩装置需满足使用阶段的四项性能要求：

（1）变形性能：伸缩装置应适应、满足桥梁纵横竖三向变形要求。

（2）防水性能：伸缩装置应具有可靠的防水、排水系统，注满水24h无渗漏。

（3）承载性能：在车辆轮载作用下，伸缩装置各部件及连接应安全可靠。

（4）耐久性能：在正常设计、生产安装、运营养护条件下，符合一定的使用年限要求。

在上述四项性能中，耐久性能尤为重要，此外各类伸缩装置都在致力于改进其降噪性能。无缝式伸缩装置（图5.4-15），在构造上具有天然优势，在桥面处无间隙且填缝料为弹塑性材料，减振和降噪性能较好。橡胶板式伸缩装置（图5.4-16），与桥面间无间隙，仅橡胶板有较小的变形构造且本身为弹塑性材料，具有一定的减振和降噪效果。在大交通量条件下，需要关注无缝式伸缩装置和橡胶板式伸缩装置的耐久性能。模数式伸缩装置和梳齿板式伸缩装置采用钢质承重结构，装置与车轮之间的减振效果一般；梳齿板式伸缩装置的行车较为平顺，需要关注其表面的防滑性能（图5.4-17）；模数式伸缩装置采用构造间隙的改进，优化其降噪性能（图5.4-18）。

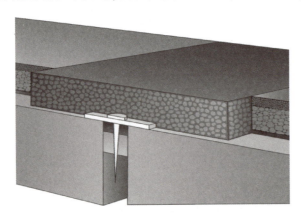

图5.4-15 无缝式伸缩装置

图5.4-16 橡胶板式伸缩装置

图5.4-17 梳齿板式伸缩装置

图5.4-18 模数式伸缩装置的降噪构造

5.5 改扩建桥梁的设计

桥梁的改扩建改造和利用,符合基础设施建设"低消耗、低排放、低污染"的发展趋势,应遵照"安全、节约、充分利用"的原则,考虑具体项目的地形地质条件、桥梁的结构和规模、施工难度和交通组织等因素择优选择。已有的桥梁改扩建项目的难点集中在既有桥梁能否利用、如何利用、如何平衡施工与保通3个问题,从既有桥梁利用的评价原则、桥梁改扩建方式与拼接技术、施工期交通保通组织3个方面进行了研究和实践后,形成了初步认识。

5.5.1 改扩建桥梁的设计思路

(1)在保证安全的前提下,尽量利用既有桥梁,在专项检测评价的基础上,根据状况评定结果、结构验算结论和技术经济比较,确定对既有桥梁的直接利用、拼接加宽或拆除重建等方案。

(2)特大桥采用分离新建的方式,可考虑两侧分离(图5.5-1)和单侧分离(图5.5-2)两种方案,并处理好桥下净空、通航要求和景观要求等因素。事先对沿线的河道、灌溉、排洪等设施进行调查,确定其相应的高程。当上跨高速公路时,需考虑运营期维修罩面的预留空间,适当提高桥下净空高度。

图5.5-1 两侧分离新建方案

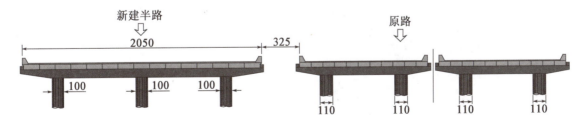

图5.5-2 单侧分离新建方案(尺寸单位:cm)

石板坡复线桥(图5.5-3)是比邻旧桥的新建桥梁工程,与既有桥梁中心距25m,上部结构净距5m。若采用与既有桥梁相同的结构,由于两桥桥墩外侧横桥向距离将近35m,导致桥墩横向隔断通航孔道的宽度不能满足通航要求。考虑满足通航要求,同时匹配既有桥梁的景观,复线桥采用长联钢混组合式刚构连续组合梁桥,桥跨布置为87.75m + 4×138m + 330m + 133.75m,330m主跨不设置中间墩。

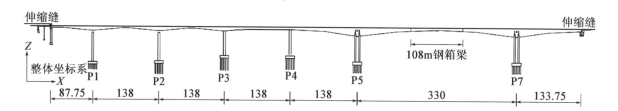

图5.5-3 石板坡大桥复线桥(尺寸单位:m)

(3)中小跨径梁桥基本采用双侧整体拼宽方式。当需要拓宽梁桥的桥墩、桥台及基础完好,能够满足拓宽甚至提载要求时,可采用增设钢筋混凝土悬臂挑梁进行双侧直接拓宽(图5.5-4)。否则,需采用设墩台后拼宽的方案,对拼接方式、构造和工艺等进行多方案比较。增设的墩台原则上采用桩基础;当地基条件较好,或既有桥梁采用扩大基础且运营状况良好时,增设墩台可采用扩大基础。

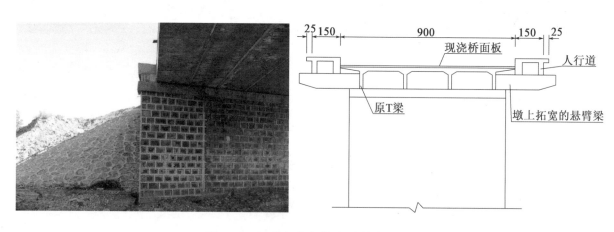

图5.5-4 直接加宽方案(尺寸单位:cm)

5.5.2 改扩建桥梁的汽车荷载取用

桥梁的设计汽车荷载,是改扩建工程中的重要技术标准问题之一,一直存在着拼接桥梁采用何种标准汽车荷载的不同认识。自《公路工程技术标准》(JTJ 001—1997)的汽车—超20级和汽车—20级的车队荷载,经《公路工程技术标准》(JTG B01—2003)的公路—Ⅰ级和公路—Ⅱ级的车道荷载,发展至《公路工程技术标准》(JTG B01—2014)公路—Ⅰ级车道荷载中集中力下限值调整(由180kN增大为270kN),桥梁的设计汽车荷载逐步提高。

目前,公路改扩建工程中,新建和重建的桥涵完全采用现行标准设计。对于拼宽利用的桥梁,遵循"旧桥旧标准、新桥新标准"的原则,新增的基础、墩台、主梁和拼接构造要采用现行标准设计,既有的桥梁结构在充分检测评估的基础上,对拆除重建、直接利用和改造利用进行综合论证,采用如下设计原则:

(1)采用既有桥梁的原有设计标准和规定,对其进行评价和验算。当不符合原有设计标准的要求或使用阶段技术状况较差时,采取拆除重建。

(2)采用现行标准,对既有桥梁进行评价和验算。当满足现行标准的要求且使用阶段技术状况良好时,可直接利用。

(3)当满足原有设计标准的要求且满足现有标准的承载能力极限状态要求,使用阶段技术状况良好时,也可直接利用。当满足原有设计标准的要求且使用阶段技术状况良好,但不满足现有标准的承载能力极限状态要求时,须进行改造加固,使其承载力满足现有标准要求后再行利用。

近期部分省份反映,一些高速公路改扩建工程项目中,20m及以下跨径的既有空心板桥梁数量较多,其抗剪承载能力难以满足《公路工程技术标准》(JTG B01—2014)中第6.0.10条的荷载标准要求,且难以通过加固予以提升。为充分利用既有桥梁,确保公路桥梁建设与运营安全,经组织有关单位专家研究论证,结合各省调研情况,《交通运输部办公厅关于〈公路工程技术标准〉(JTG B01—2014)第6.0.10条补充说明的通知》(交办公路函〔2019〕1255号)作出如下补充说明:

20m及以下跨径拟拼接加宽利用的既有桥梁,不满足《公路工程技术标准》第6.0.10条第3款极限承载能力要求但使用状况良好的,为充分利用现有桥梁,减少浪费,当满足以下条件及要求时,可按照分车道布载的计算方法进行验算,经论证后通过分车道管理予以利用。

①经检测评估,桥梁技术状况良好;
②拆除重建对交通运行、社会环境、资源节约等具有较大的不利影响;

③通过严格采用分车道交通组织管理方式,实现运营安全。

拼宽桥梁,采用分车道交通组织管理时应严格按以下要求执行。

①按车辆类型在拼宽桥梁施行分车道交通组织管理,降低拼宽桥中既有桥梁的荷载效应。既有桥梁部分主要承担轻型车荷载,新建桥梁部分主要承担重型车荷载。

②采用分车道交通组织管理方式(图5.5-5)和实梁承载力试验确定继续使用的空心板桥梁,应急或维养时应采取交通疏导措施以控制实际通行荷载,有关单位应加强对利用部分桥梁的日常检查。

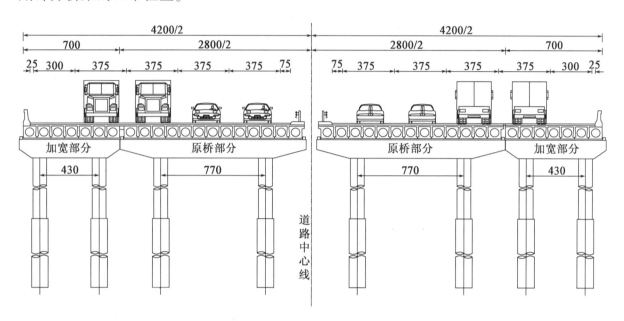

图5.5-5 拼接加宽空心板桥梁分车道交通组织管理布载(尺寸单位:cm)

(4)对既有桥梁的拼宽利用,还需要考虑与路线纵断面和路基路面改建方案的协同设计;在运营中,须采用现行标准对拼宽利用的既有桥梁进行验算和整体检验,拟定运营管理和养护维修的针对性管理措施和技术措施。

5.5.3 既有桥梁的拼宽利用

拼宽部分的安全性和耐久性,是桥梁拼宽利用质量保证的关键因素。已有的改扩建桥梁从新旧桥梁的基础沉降差、新旧主梁的收缩徐变差等因素入手,对拼宽方式、拼宽构造和拼宽工艺进行了系统研究。

在拼宽方式上,需要考虑结构特征、地质条件等因素,对"上部结构和下部结构均不连接""上部结构和下部结构均连接""上部结构连接、下部结构不连接"三种拼接方式进行合理选用。

(1)部分特殊桥梁,如现浇箱梁桥,由于上部结构拼接后影响既有桥梁受力,采用"上部结构和下部结构均不连接"的拼接方式。

（2）"上部结构和下部结构均连接"的拼接方式，需要采用横向植筋、浇筑湿接缝的连接构造，使墩台帽梁和系梁、主梁形成整体。当收缩徐变引起的主梁变形大、基础不均匀沉降大时，产生的附加内力大，不适用于软土地区；拼接时植筋技术工程成本高，且需要部分封闭交通，对原有公路的交通运输影响大。

（3）"上部结构连接、下部结构不连接"的拼接方式，使新桥和既有桥梁的上部结构形成整体，有利于行车舒适、路容美观以及路面养护；新桥施工和拼装施工方便，把对原有交通的影响降到最低；下部结构不连接，各自受力，可以减少新桥和既有桥梁的变形差和沉降差等产生的附加内力。沪杭甬、沪宁等高速公路桥梁改扩建均采用此种拼接方式，已通车多年，情况良好。

在拼宽构造上，主要有翼缘板铰接（图5.5-6）和横隔板刚性连接（图5.5-7）两种。对于预制板梁桥，还可采用铰缝与现浇层连接：在既有板桥的边板植入铰缝钢筋，待新桥架设就位后，放置现浇层钢筋网，浇筑铰缝和现浇层，形成整体。

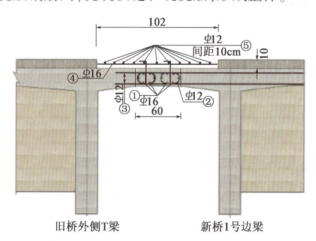

图5.5-6　翼缘板铰接的拼接构造（尺寸单位：cm）

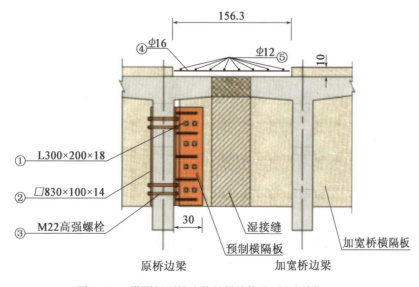

图5.5-7　横隔板刚性连接的拼接构造（尺寸单位：cm）

在拼宽工艺上,为了减少工后沉降和收缩徐变,需尽量延迟桥梁拼接的时间。另一方面,采用增加桩径和桩长、提高桩身刚度、桩侧和桩端后压浆等措施,控制新建桥梁的沉降,必要时设置堆载预压来减小工后沉降(图5.5-8)。

图 5.5-8　现场堆载预压

5.5.4　改扩建桥梁的施工保通

通行能力和服务水平不能满足社会和经济发展的需要是公路改扩建的直接原因。因此,在桥梁改扩建期间,交通组织需要保障必要的通行能力,同时保障工程施工安全、进度、质量,尽量减少对公路施工的影响,减少对区域路网社会和经济活动的影响。改扩建桥梁施工期间,交通组织采用"外部分流、内部组织、局部转换"的总体方案,按照"安全、成熟、经济、环保"的原则,确保交通组织方案的实施效果。改扩建桥梁可采用既有桥梁保通、新建桥梁保通、半幅桥梁保通等交通转序,组织施工期的交通,如图5.5-9和图5.5-10所示。

a) 旧桥保通,施工新桥下部结构、吊装部分新桥预制梁

图　5.5-9

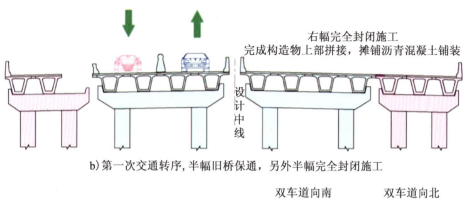

b) 第一次交通转序,半幅旧桥保通,另外半幅完全封闭施工

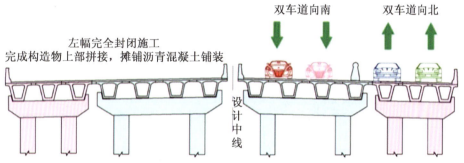

c) 第二次交通转序,半幅改扩建桥保通,另外半幅完全封闭施工

图 5.5-9　主线桥梁拼宽利用的保通方案

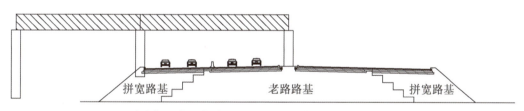

a) 左幅双向四车道通行,右幅上跨桥的梁和墩柱拆除

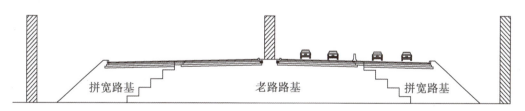

b) 调整至右幅双向四车道通行,拆除左幅上跨桥的梁及墩柱,新建下部结构

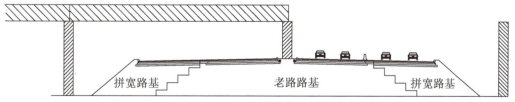

c) 右幅双向四车道通行,安装左幅预制梁

图　5.5-10

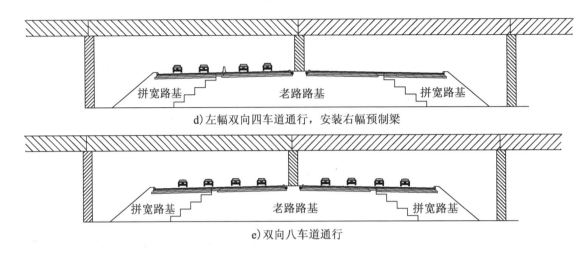

d) 左幅双向四车道通行，安装右幅预制梁

e) 双向八车道通行

图 5.5-10　跨线桥原位重建的保通方案

5.6 桥涵的耐久性设计

考虑永久构件和可更换构件的特点，重视桥梁结构的耐久性设计；统筹建设与养护需求，遵循可检查、可维修、可更换的基本原则。

5.6.1 结构的耐久性细节设计

加强混凝土耐久性施工控制，采用附加防腐措施提高混凝土结构耐久性；在高腐蚀环境，选用耐候钢、环氧钢筋、防腐涂层等材料提高结构耐久性；加强节点、截面过渡和连接部的细部设计，做到结构连续均匀，避免造成断面突变和应力集中；完善钢结构桥梁排水系统设计，做到不渗不漏，防治积水对钢结构的腐蚀。

部分钢拱肋和钢管混凝土拱肋，将上锚头布置在拱肋内部；当焊缝开裂或焊缝不严密时，雨水容易渗入；当采用外露式锚固构造时，其防水性能显著提升。斜拉索的主梁锚固端由于防水罩失效、预埋管长度不足等原因，雨水渗入主梁锚固端；在锚固端设置排水孔时，避免在主梁锚固端形成积水。

5.6.2 养护条件与设施的设计

加强结构布局和构造细节设计，使结构易于检查、维修。如桥梁墩台做成空心，检查人员可以在桥台、桥墩及主梁内通行检查；箱梁及墩顶预设小孔，必要时可吊挂脚手架；设计专门的检查车、照明车；公路边坡、边沟、急流槽设计踏步，增强可达性。广东虎门大桥辅航道桥主梁根部梁较高，常规检查车无法抵近。管养单位研制了主梁梁底检查车，该梁底桁车可上下伸缩，能够实现对变截面箱梁外表面的全面检查（图 5.6-1）。

图 5.6-1　广东虎门大桥辅航道桥梁养护便利化设计

斜拉桥换索、拱桥更换吊杆等应保证拉索、吊杆锚固段可达,有足够操作空间。桥墩或盖梁顶部预留设置千斤顶等提升设备的空间及运送支座通道,为工作人员留有操作平台;盖梁计算及配筋考虑更换支座时的应力集中情况。伸缩装置具有可靠的排水系统,以保护桥梁结构表面及桥台免受腐蚀,允许在部分桥面通车的情况下进行更换。

5.7　桥梁的排水设计

加强桥面径流的收集、消纳与净化,按桥面排水系统、桥下排水系统和污水处理系统进行总体设计。

桥面排水系统需考虑下列因素:

(1)跨越饮用水源保护区和二类水体以上的桥梁,为了防止污水直接排入江河水库,沿桥梁纵向应设置截水沟槽(或管道),将桥面水引入设置在岸边的沉淀池内。

云南小磨高速公路对跨越的菜阳河、南醒河、罗梭江、南远河、南腊河、南木窝河等桥梁进行桥面径流收集设计,设置收集池和径流管道,对雨水和污染液体进行收集处置(图 5.7-1)。

图 5.7-1　云南小磨高速公路桥面径流收集处理系统

(2)为防止跨路桥梁桥面雨水直接滴(泄)入桥下道路上,沿桥梁纵向应设置截水沟槽(或管道),将桥面水引入路侧排水沟渠。

(3)临近村镇房屋密集路段的高架桥梁应设置截水沟槽(或管道)。

当桥面污水集中收集至桥下后,桥下的排水系统也应进行完善的设计,不得直接排至地表,以免造成冲刷和漫流。沉淀池按环评要求的位置、容量确定设计方案;环评无明确要求时,一般可按5年一遇暴雨强度前15min的桥面径流初期雨水量进行集中收汇与沉淀处理来估算。沉淀池设在进入排放水体之前的公路排水边沟系统的末端,沉淀池的出水口处管底高程应高于周边水体的洪水位。

桥面径流污水处理尽可能采用生态式处理方法,根据不同的环境和地形条件,采用人工湿地、氧化塘、生物过滤、地下渗滤、沼泽地等方式来进行消纳净化。

5.8 数字信息技术的应用

基于三维数字信息和建筑信息模型技术的桥梁智能化设计,具有选址规划合理、资源利用高效、建筑环境协调、废物排放减量等优势,不仅可以满足结构物的基本功能需求,而且可以优化能源和资源的消耗,减小对环境的影响。

(1)采用激光测量、地质遥感等技术手段获取桥位区三维数字地面模型和地质体三维空间分布信息,提高桥梁选址和方案比选的合理性,提升设计精度和效率。

激光雷达测量技术,穿透能力强,能有效减弱植被影响,精确探测真实地形地面的信息,此外还具有外业工作量小,数据处理速度快等优点,特别符合条件复杂地区的公路桥梁勘察设计。在贵州道真至瓮安、都匀至安顺等高速公路项目中,利用该技术快速获取了满足桥梁施工图设计的DLG、DEM、DOM等三维地表数据,自动生成墩台处设计所需的横断面地面线数据,为方案设计比选、墩台开挖防护等提供强有力技术支撑。

地质遥感技术可以提高区域地质研究范围和精度,缩短勘察工作周期,通过与其他信息源相结合,使地质解译从定性化向定量化发展,对区域工程地质环境的分析更准确,桥梁的布设更为经济合理。

(2)采用三维建筑信息模型,不仅能促进复杂桥梁设计的精细化,有效消除设计上的错漏空缺,同时还能为桥梁工程信息数据的共享与传递提供有效途径,使得数据再利用成为可能。

延崇高速公路河北段基于三维地理信息系统(3DGIS)和三维建筑信息模型(BIM),建立包含项目所有构件的三维精细模型。桥梁设计中通过施工图建模与模拟装配,发现设计碰撞问题,从而降低建设成本、提高生产效率、为安全生产提供保障。施工阶段三维可视化1:1全仿真模型,可指导施工参与各方跨专业协同,实现生产、施工、检验、交竣工、运营全过程信息化监管。竣工时提交基础设施三维竣工数字化档案,完成基础设施数字化建设,形成可移交运维、养护使用的数字化成果。通过以BIM技术为核心的全生命周期综合管理平台,实现项目建设、管理、运营、维护的可视化、精细化、流程化、标准化、智能化、一体化管理,打破了过去设计、施工、养护的信息壁垒,为打造"智慧高速"奠定了基础。

第6章 隧道设计

6.1 总体要求

(1)合理选择隧道位置及形式,节约土地资源。
(2)加强地质勘察,避免设计与实际脱节。
(3)精心设计洞口和洞门,实现与周边环境自然和谐。
(4)结构设计安全可靠,强化建养并重理念。
(5)重视防排水设计,降低对区域水环境的影响。
(6)加强机电设施协同设计,积极应用节能技术。
(7)优先考虑洞渣利用,弃渣场及时复耕复绿。

6.2 洞口及洞门

洞口设计须了解并掌握洞口附近地形、地质、地下水和气象等自然条件,以及区域内房屋和结构物等地物现状及规划用地的情况,分析其对坡面稳定性、景观和车辆运行安全的影响,进行切合实际的设计。设计时既要考虑降低施工过程对山体的扰动和破坏,又要注重建成以后的整体效果。

隧道洞口设计应与洞口地形相协调,加强对自然环境的保护。提倡"早进洞、晚出洞"的原则,有条件时宜提早施作明洞或洞门结构,减少洞口开挖。洞门设计应根据洞口的地形地貌,因地制宜、随形就势、合理布局,体现自然和谐的洞口设计理念,如图6.2-1所示。

6.2.1 洞口位置

洞口位置应根据路线总体走向、地形、地质等条件,结合周边环境、洞外相关工程、施工条件、运营环境等要求,针对经济性和技术性等方面比选确定。

由于隧道洞口施工开挖,改变了地表形态,容易出现崩塌或滑坡等地质灾害(图6.2-2、图6.2-3),其处理起来往往难度大、费用高、环境影响大;在陡峭坡体、峡口通道、松散山体地带(图6.2-4),还较易出现落(滚)石、积雪、泥石流等自然灾害。因此,合理选择洞口位置是保护环境、保障运营安全、节省工程造价和方便施工的重要基础。

图6.2-1 隧道洞门

图6.2-2 洞口坡积体坍塌　　　　　　　图6.2-3 洞口边仰坡滑塌

隧道洞口位置选择时,要尽量避免选择在堆积体、滑坡、岩层松散、岩层破碎、地形陡峭、地形凹陷的位置,还应避免设置在容易产生坍塌、落石,以及受洪水、泥石流危害较大的位置(图6.2-5)。同时尽量避免设置在地形等高线与隧道轴线小角度斜交的位置。

图6.2-4 陡峭坡体下的洞口　　　　　　图6.2-5 洞口偏压致支护结构变形

在实际工程中,当受其他因素制约,隧道洞口不可避免需要布置在这些位置时,必须采取合理有效的防护措施,确保工程安全和山体稳定。

6.2.2 洞门形式

洞门是隧道主要的外露部分,是联系洞内衬砌与洞外路基的结构,是隧道结构的重要组成部分,也是标志隧道的建筑物。隧道洞门的作用是支挡洞口正面仰坡和路堑边坡,拦截仰坡上方小量剥落、掉块,维护边坡、仰坡的稳定性,并将坡面汇水引离隧道。隧道洞门应根据隧道规模、地形和地质条件、水文条件、周围建(构)筑物风格,以及地域自然和人文景观等进行设计。

公路隧道的洞门形式可分为两大类,即端墙式洞门和明洞式洞门。结合地形、地质条件应优先采用明洞式洞门。

1)端墙式洞门

(1)端墙式洞门形式

端墙式洞门包括:端墙式洞门、翼墙式洞门、台阶式洞门、柱式洞门、拱翼式洞门,如图6.2-6~图6.2-10所示。

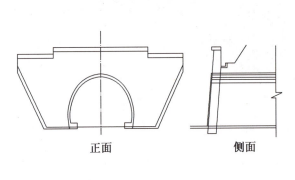 

图6.2-6 端墙式洞门

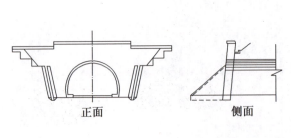 

图6.2-7 翼墙式洞门

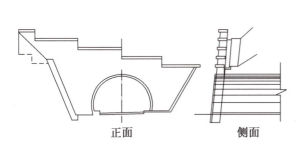 

图 6.2-8　台阶式洞门

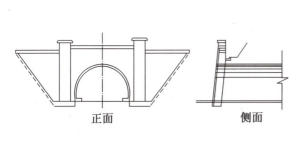 

图 6.2-9　柱式洞门

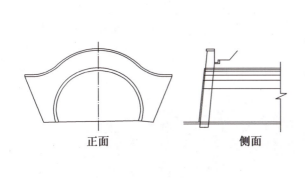 

图 6.2-10　拱翼式洞门

(2)端墙式洞门的应用

端墙式洞门适用于以下条件：

①仰坡陡峻且较高时，采用端墙式洞门。为防止上仰坡飞石，可视情况适当接长明洞，如图 6.2-11 所示。

②山凹、沟谷等地形狭窄地带,两侧路堑边坡较高时,采用端墙式洞门,如图6.2-12所示。

③桥隧相连,洞口地形陡峭时,采用端墙式洞门,如图6.2-13所示。

④斜交地形、傍山进洞时,宜采用端墙式洞门,如图6.2-14所示。

图6.2-11 仰坡陡峻且较高的端墙式洞门

图6.2-12 地形狭窄地带的端墙式洞门

图6.2-13 桥隧相连的端墙式洞门

图 6.2-14　斜交地形的端墙式洞门

2) 明洞式洞门

(1) 明洞式洞门形式

明洞式洞门包括：直削式洞门、削竹式洞门、倒削竹式洞门、喇叭口式洞门、棚洞式洞门和框架式洞门，如图 6.2-15 ~ 图 6.2-18 所示。

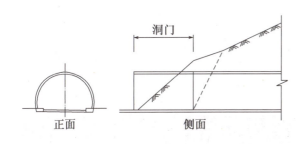

图 6.2-15　直削式洞门

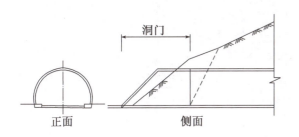

图 6.2-16　削竹式洞门

(2) 明洞式洞门的应用

明洞式洞门适用于以下条件：

①地形开阔地带，采用明洞式洞门，如图 6.2-19 所示。

②洞口边坡较平缓、洞口路堑边坡不高的地带，采用明洞式洞门，如图 6.2-20 所示。

③坡体植被茂密、生态环保和景观需求较高时，采用明洞式洞门，如图 6.2-21 所示。

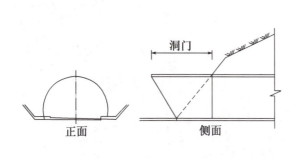 

图 6.2-17 倒削竹式洞门

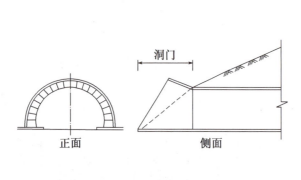 

图 6.2-18 喇叭口式洞门

图 6.2-19 地形开阔地带的明洞式洞门

6.2.3 进洞方案

隧道洞口段开挖进洞,在确保安全稳定的前提下,以不产生过大的坡面开挖痕迹、尽可能减小对洞口自然生态的破坏为原则。只要围岩能成洞或采取一定工程措施能使围岩成洞,就可考虑暗挖进洞,实现仰坡"少开挖",甚至"零开挖"。采用以下几种进洞方式可以避免大挖大刷进洞。

图 6.2-20　洞口边坡较平缓的明洞式洞门

图 6.2-21　坡体植被茂密的明洞式洞门

1）超前支护进洞，控制仰坡开挖高度

采用超前支护可避免洞口段围岩自稳条件差、仰坡滑坍等不良现象，是减少仰坡开挖、控制开挖高度、保护坡面植被的有效措施。目前常用的措施有超前小导管、中管棚、大（长）管棚。洞口超前支护拱部的最小覆盖层厚度可根据实际情况按 2~4m 控制。超前支护是隧道开挖以前顺隧道纵向在隧道拱部开挖轮廓线以外 20~30cm 范围内，打入均匀分布的杆体。杆体的前端插入岩土体内，杆体的尾端支撑在钢架或预先做好的套拱上，杆体结构支托拱部上方将临空的围岩。

（1）贴壁进洞：首先清除洞口上方地表的危石，对进洞坡面进行适当的防护后，依托钢拱架辅以超前小导管或锚杆实施进洞。本法适用于进洞面山坡较为陡峭、地质条件相对较好的Ⅰ~Ⅲ级石质围岩隧道洞口，如图 6.2-22 所示。

（2）套拱加（中）长管棚进洞：先修筑套拱，利用套拱内预埋的导向管钻管棚孔（环向间距为 40~50cm），长管棚采用 20~40m 长、直径 ϕ108mm 或 ϕ127mm 的钢管高压注浆固结岩体，在管棚的保护下开挖进洞。本法适用于Ⅳ~Ⅴ级围岩或存在偏压等的特殊情况洞口，如图 6.2-23 所示。

图6.2-22　岩质洞口小导管贴壁进洞建成后的效果图

图6.2-23　土质洞口大管棚支护进洞

2）地表注浆加固进洞

设计中须首先确定浅埋隧道土体松动压力范围，利用锚杆或小导管的剪切抗力效应和悬吊效果，控制地表沉降，提高工作面自稳性，使围岩具备成拱自承条件后，暗挖进洞，在掘进过程中需辅以超前支护或设套拱，喷、锚、网与钢拱架支护。本方法适用于洞口段覆盖较浅、地层破碎或偏压地形的洞口（图6.2-24）。需要注意的是在进洞完成后应恢复地表植被。

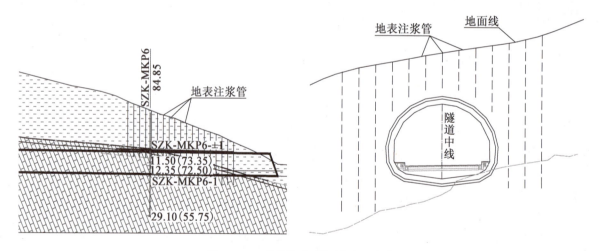

图6.2-24　地表注浆预加固进洞设计

3）反压回填进洞，克服洞口偏压

当隧道轴线与地形等高线斜交，隧道洞口段形成偏压时，为克服偏压，在条件允许时应采用先反压回填，再开挖隧道的方法，如图6.2-25所示。采用这种方式可减少对边仰坡的开挖，减少对原山体的破坏，同时也可改善原山体的稳定条件。

4）半明半暗进洞法

隧道洞口位于偏压地形或洞口轴线与地面线斜交时，若采用明洞结构，洞口的开挖将形成高大边坡或容易引起洞口失稳,设计可考虑半明半暗进洞法(图6.2-26)。具体步骤顺序如下:放线、地表截水沟施工、边坡防护、安设超前支护、浇筑套拱混凝土、套拱外反压回填、分部开挖套拱内岩土体、施工洞内开挖段初期支护、施作隧道防排水设施、分部浇筑套拱内二次衬砌混凝土。套拱拱架与边坡接触处应设置扩大垫板,并设置锁角措施,保障拱架与边坡接触面的稳定性;套拱外反压回填应根据边坡的稳定情况,采用土石回填或素混凝土回填,边坡开挖面应设置锚杆加强防护,并外留不少于0.5m的长度与回填体有效连接。

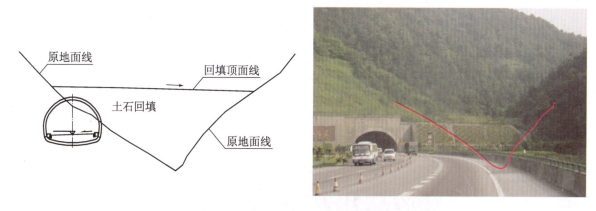

图6.2-25 先反压回填、再开挖进洞实例

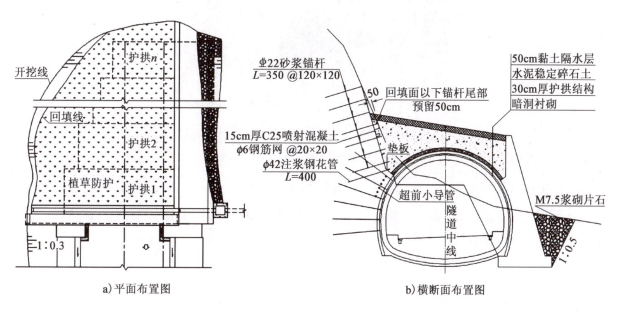

图6.2-26 半明半暗结构设计图(尺寸单位:cm)

5)前置式洞口工法

"前置式洞口工法"采取不切坡(即零开挖)进洞方法,在洞外不开挖山脚土体的情况下,采用两侧开槽逐榀施作工字钢拱架,随着钢拱架推进逐渐贴近山体,拱架间以纵向

钢筋连接为整体,浇注混凝土形成临时衬砌,在进洞前以临时衬砌成洞,回填反压后再进行临时衬砌内暗挖施工,真正地实现"早进晚出",如图6.2-27、图6.2-28所示。

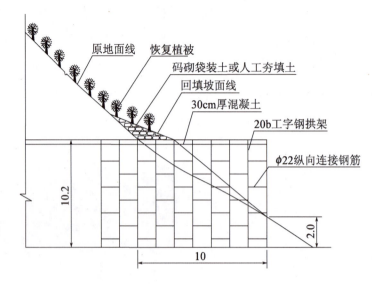

图 6.2-27　前置式洞口工法原理图(尺寸单位:m)

图 6.2-28　前置式洞口工法开挖应用

采用前置式洞口工法设计时,首先应查明洞口边仰坡的稳定状况,尽可能保留左右洞之间的土埝及原生植被,并结合洞口地形条件,合理确定洞口临时衬砌段的长度;结合开挖后仰坡的稳定情况和临时衬砌的荷载条件,确定临时衬砌的结构参数。本方法可适用于生态环境保护区。

6.2.4　明洞及棚洞

在隧道洞口或一些无法回避的地质病害频发路段,通常须设置明洞结构。修建明洞,可采用明洞接暗洞的形式,也可采用独立的明洞隧道(棚洞)。明洞洞顶应根据绿化、防落石、洞顶过车等需求进行回填。公路隧道常见的明洞形式主要有拱形和棚式(棚洞)两种。

1) 拱形明洞

拱形明洞衬砌结构一般按整体式衬砌设计,由拱圈、边墙、铺底(或仰供)组成,采用钢筋混凝土材料。当受洞顶仰坡落石威胁时,应验算落石冲击荷载下的安全性。拱形明洞应用如下:

(1)洞顶覆盖层薄,围岩成洞条件差,难以采用暗挖法修建隧道的路段(图 6.2-29)。

图 6.2-29　拱形明洞应用实例

(2)对于受不良地质危害(如滑坡、落石、坍塌、雪崩等)较大且无法避开,清理会造成更大病害的路基或隧道洞口路段,可通过明洞拱背回填,达到降低边坡暴露高度,对滑坡前沿反压的目的,同时具有防御落石和坍塌的作用(图 6.2-30)。

(3)如遇洪水、泥石流多发地段,应多采用隧道或明洞等方式绕避。洞顶若有冲沟通过,应采取接长明洞,并在明洞顶设置渡槽引渡的方式(图 6.2-31)。设在山凹地形、沟谷地形的洞口,除考虑一般排水沟、截水沟外,要根据暴雨洪水情况与汇水条件,设置满足洪水排泄要求的沟渠。

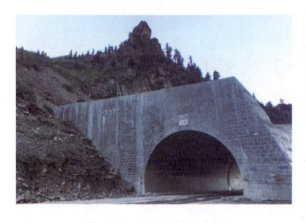 

图 6.2-30　防落石应用实例　　　　　图 6.2-31　过泥石流应用实例

(4)陡崖一般整体稳定,通常不采用切坡的方式处理,避免对陡崖产生扰动。如陡崖存在危石,须先进行清理,必要时采用喷铺或设防护网防护,同时接长明洞,将洞口外移或设防护棚(图6.2-32)。

(5)洞口边坡、仰坡的环境恢复宜优先采用植被绿化恢复,植被宜采用灌木或草皮,不宜采用高大的乔木。端墙式洞门墙顶应高出墙背回填面0.5m;削竹式洞门明洞回填坡面宜按自然山坡的坡度回填(图6.2-33)。

图6.2-32 接长明洞

图6.2-33 植被绿化恢复应用实例

2)棚洞

在沿河傍山的陡峻路段及边仰坡较高的隧道斜交洞口段,可设置棚洞。根据地形条件、地质条件、气候条件、防护和环境要求,棚洞结构可采用拱形棚洞、半拱形棚洞、矩形棚洞等形式。棚洞顶宜适当进行回填绿化并满足排水需求。采用棚洞结构可缩短隧道照明长度,降低边坡的高度,减少对隧道洞口原生植被的破坏,美化洞口景观。棚洞结构应用如图6.2-34、图6.2-35所示。

图6.2-34 半拱形棚洞

6.2.5 洞口边仰坡

1)边仰坡开挖高度控制

最大限度地降低边仰坡开挖高度,控制开挖范围是保持边仰坡稳定、减少原地形破

图 6.2-35　矩形棚洞

坏与满足洞口景观要求的基础。隧道稳定仰坡的开挖高度,虽受制于围岩条件,但可以通过采取超前支护、设置抗滑桩等一些工程措施得到控制。按照安全和环保的要求,洞口仰坡开挖高度,应以能否方便地恢复原有地形、掩盖人工开挖痕迹和隐藏防护结构为控制条件。洞口仰坡开挖高度越小,需掩盖、隐藏的工程就越少,自然植被保护的越好。因此,在确保进洞安全的前提下,洞口拱顶的仰坡开挖高度宜控制在 10~12m,如图 6.2-36 所示。

在实际工程中,采用放缓开挖坡率和增大开挖高度,并配以一些防护措施等方法保持仰坡的稳定,如图 6.2-37 所示。但这种做法对坡面扰动大,对环境造成的破坏大,应充分比选后视情况采用,一般不鼓励采用该方法。

图 6.2-36　零开挖进洞

图 6.2-37　边仰坡开挖范围过大

2）仰坡坡脚处理

目前,分离式双洞隧道、小净距隧道两线间的仰坡坡脚大多被削除,直接将左右线洞门墙连成整体(当两线洞门处在同一断面时,这种情况则更多)。实际上,仰坡坡脚土体对保持正面山体稳定帮助较大,特别是地质条件较差时,仰坡坡脚开挖反而可能导致仰坡失稳,从而增加防护工程量。因此,提倡保留两线之间的山体,这也是对"不破坏就是最大的保护"的重要体现,如图6.2-38所示。

图6.2-38　保留两线间的仰坡坡脚,不破坏中间原生植被

在洞口清表过程中,应加强对洞口征地线与隧道开挖线之间的原有植被进行保留和保护。为施工方便,对洞口征地线以内的植被全部予以清除的方式不可取,如图6.2-39所示。

图6.2-39　全部清除了洞口征地线以内的原生植被

3）边仰坡防护措施

洞口防护措施应充分考虑防护措施的可靠性,施工期对环境的影响,以及环境的可恢复性。洞口边仰坡的防护可采用喷锚、地表注浆、植物防护、砌石圬工、钢筋网、砂袋堆砌、客土喷播、三维网植草等方法(图6.2-40)。对于洞顶回填面以外的边仰坡喷锚面或地表注浆表面,施工完成后应绿化恢复。植物防护可结合景观设计综合考虑,树种应以乡土植物为主。

图 6.2-40　边仰坡防护及回填

6.2.6　洞口视觉处理

按照"整体协调性和自然性相统一"原则,公路隧道洞门设计不应强调人工化,应尽量与周围景观协调。隧道洞门形式应提倡简洁、隐蔽、淡化洞口处理,营造无感觉进洞的体验,使车辆自然驶入隧道,不提倡宏大、雄伟、醒目的洞门。

端墙式洞门,形式变化较多,设计人员有较大的创作空间。采用端墙式洞门时,应注意洞门端墙对驾驶人员视线的影响。当设计的端墙墙面过大、颜色较为亮丽、墙面设计了细腻的图案、雕塑和广告牌时,容易过多吸引驾驶人员的视线,分散其注意力,影响行车安全,如图 6.2-41 所示。

图 6.2-41　端墙墙面过大、图案修饰过于醒目

明洞式洞门,仰坡坡率平缓,洞门结构简单,仰坡、边坡有利于植被的恢复,易与周围景观协调。从行车安全角度,车辆进入隧道前,仰坡正面反射光较弱,光反差小,驾驶人适应光线变化的时间短,有利于行车安全,应多鼓励采用,如图 6.2-42 所示。

洞口景观设计时,应综合考虑洞口周边一定范围内的地形、地质、植被、人工构造物及人文环境等因素。对于一些具有地域文化特色的路段,洞口设计时可将人文风情适当地融入景观设计之中,如图 6.2-43 所示。

图 6.2-42　自然和谐进洞

图 6.2-43　具有地域文化特色的隧道洞门景观

6.3　洞身结构

6.3.1　衬砌结构耐久性

隧道衬砌结构应注重安全可靠,在设计阶段应树立全寿命周期成本的理念,实现建养并重。设计时应综合考虑地质条件、断面形状、支护结构、施工条件等,并充分利用围岩的自承能力。衬砌应有足够的强度和稳定性,保证隧道长期安全使用。隧道衬砌结构耐久性设计要综合考虑以下因素:

(1)环境类别及其作用等级。

(2)采用能够有效抵抗环境作用的结构形式、布置和构造(图 6.3-1),如混凝土结构材料的耐久性质量要求、钢筋的混凝土保护层厚度、混凝土裂缝控制要求等。

(3)防水、排水等构造措施。

(4)严重侵蚀作用下合理采取防腐蚀附加措施或多重防护策略。

(5)结晶等条件对排水系统的影响及对策(图 6.3-2)。

(6)严寒地区冻胀对衬砌结构和排水系统的影响及对策。

(7)耐久性所需的施工养护制度与保护层厚度的施工质量验收要求。

(8)结构使用阶段的维护、修理与检测要求。

图 6.3-1　衬砌结构裂损

图 6.3-2　衬砌结构表面结晶腐蚀

6.3.2　特殊条件下隧道结构设计

(1)由于地形、地质条件限制,隧道周边构造物影响及路线总体设计需要,可采用小净距隧道、连拱隧道、分岔隧道等特殊形式。

(2)当隧道通过膨胀性围岩、岩溶、采空区、流沙区、瓦斯有害气体、黄土、高地应力区、多年冻土等特殊地段,应加强超前探测和监测,根据具体情况采用相应辅助工程措施,保证结构物稳定和施工的安全。

(3)对于穿越特殊地质地段的隧道,除应进行特殊设计外,在施工中还应对地下水位变化进行持续观测,对围岩变形和支护衬砌结构变形或受力情况进行持续监测;当设计与实际情况不符时,应及时进行修正设计。

(4)隧道通过浅埋段、严重偏压段、自稳性差的软弱地层、断层破碎带以及大面积淋水或涌水地段时,可采用辅助工程措施。辅助工程措施应根据地形、地质条件、隧道断面大小、埋置深度、施工方法等因素综合确定。常见辅助施工措施包括:

①围岩稳定措施:超前管棚、超前小导管、超前锚杆、超前玻璃纤维锚杆、超前钻孔注浆、超前水平旋喷桩、地表砂浆锚杆、地表注浆、围岩径向注浆、护拱、临时支撑等。

②涌水处理措施:超前围岩堵水预注浆、开挖后径向堵水注浆、超前钻孔排水、泄水洞排水、井点降水等。

地表注浆加固措施应慎用。地表注浆加固是用来改善围岩条件的常用辅助施工措施,但地表注浆在实施过程中,往往存在注浆造价较高、注浆效果不理想且施工会对环境造成影响,故地表注浆应尽量少用或者不用,宜采用洞内工程措施(如采用径向注浆、加强超前支护及合适的工法等综合措施)来实现目的。

6.3.3 喷锚单层衬砌

对于地下水贫乏、围岩级别为Ⅰ～Ⅲ级的低等级公路隧道可采用单层衬砌结构（图6.3-3、图6.3-4）。目前单层衬砌主要采用的支护形式是喷锚衬砌，由喷射混凝土、钢筋网和锚杆联合支护。喷射混凝土的强度等级不应低于C20，厚度不应小于50mm；钢筋网钢筋直径不应小于6mm，不宜大于12mm；锚杆支护设计应根据隧道围岩条件、隧道断面尺寸、作用部位、施工条件等合理选择锚杆设计参数。作为永久支护的锚杆应为全长黏结型锚杆或预应力注浆锚杆。

图6.3-3　重庆茶涪路关长山隧道单层衬砌

图6.3-4　农村公路隧道单层衬砌

6.3.4 管沟标准化

（1）对于数量大、可以预制的管沟构件宜采用标准化设计，统一结构尺寸，工厂化加工，再现场拼接，以提高施工质量和效率。

（2）路面两侧的排水边沟及盖板、电缆沟及盖板、中心水沟盖板、检查井盖板宜采用预制化结构。盖板可尝试采用高性能混凝土或高分子聚合物复合材料等新材料，解决管沟设施维护强度大、易破损、不美观的问题（图6.3-5）。

图6.3-5　高性能混凝土盖板

6.4 防水与排水

6.4.1 隧道洞口截排水

(1)在隧道、辅助坑道的洞口及明洞边坡、仰坡开挖线 3~5m 以外,应根据实际情况和需要设置截水沟。截水沟的布设应避免影响边、仰坡的景观效果。

(2)当隧道采用反坡排水、洞口出洞方向的路堑为上坡时,可在洞口外路基两侧设置反向排水边沟或采取引排措施,防止洞外水流入隧道。

(3)为实现施工期与运营期隧道洞口清、污水分离排放,隧道洞口应进行全面、细致的排水管网设计。洞口排水管网设计内容主要包括洞内路面边沟、隧道中心沟及侧式暗沟等出隧道后的布设,使洞内水(包括污水、围岩洁净水)出隧道后能顺畅排走,不发生堵塞,不污染环境。洞口排水管网布设应结合洞口构筑物、地形及路线纵坡等因素综合考虑,管沟应在水流方向发生变化的位置设置检查井。

结合洞口地形、地物条件,按照"永临结合"的原则,合理设置洞口废水的处理和排放方式。隧道洞口应设置污水处理池,对隧道施工、运营期产生的污水进行处理后排放。洞内污水流出隧道后,首先应进行油水分离,然后流入沉淀池进行过滤,如图 6.4-1、图 6.4-2 所示。

图 6.4-1 洞口油水分离池

图 6.4-2 洞口沉淀池

6.4.2 隧道洞内防排水

(1)防排水设计对地下水的保护有重大意义。隧道防排水设计应遵循"防、排、截、堵相结合,因地制宜,综合治理"的原则,应加强隧道建设对水资源敏感区影响的专项研究,结合专项研究成果进行专题设计;对于水下隧道或对水环境要求较高的特殊隧道可进行专项设计。

(2)隧道二次衬砌防水应遵循"以衬砌结构自防水为主体,以接缝防水为重点"的原则。隧道模筑衬砌应采用防水混凝土,混凝土抗渗等级不得低于 P8,必要时辅以增设附加防水层或注浆防水等措施,以满足结构的使用功能;寒冷地区隧道防冻害设防段混凝土抗渗等级可根据地下水发育程度适当提高。隧道模筑混凝土衬砌施工缝、沉降缝、伸缩缝应采取可靠的防水措施。隧道采用复合式衬砌时,应在初期支护与二次衬砌之间设置防水层。防水层宜采用防水板与无纺布的组合。

(3)对于地下水位较高、环境条件较敏感的隧道,设计时应在保护环境的前提下考虑限量排放的措施。除注浆堵水外,还可采用适应一定水压作用的抗水压衬砌结构;抗水压衬砌段应向普通衬砌段延伸不少于 30m,并应考虑分区防水措施。采用防水分区时应先在防水板处设背贴式止水带,并在止水带外侧预埋全断面出浆注浆管,将不密实的缝隙填实。二次衬砌浇筑完成并达到设计强度的 70% 后可进行注浆回填填充,填充材料采用无收缩水泥砂浆,注浆压力宜为 0.1~0.5MPa。

(4)隧道防排水系统设计应考虑可维护性,即防排水系统应具有易于维修、养护、持久保持其防排水功能的特性。防水系统的可维护性体现在两个方面:其一,合理设计与施工,使系统不易丧失功能,易于事后维护;其二,完工后的维修、疏通、更换等的快捷、简易。对于第一点,要求防水层保护周密,排水系统顺畅,不易被泥沙、异物堵塞,内部泥沙不易淤积;对于第二点,要求对衬砌的渗漏易于封堵,渗漏源易查找,施工缝、变形缝等细部构造处防水材料易更换,排水系统易疏导等。隧道防排水的可维护性可通过分区防水技术、预埋设施注浆堵水和设置独立完备的单元排水系统等工艺措施来实现。

(5)特殊水文地质条件隧道排水应进行特殊设计。从近年来岩溶强发育区隧道(尤其是长、特长隧道)发生水毁情况来看(施工期、运营期均有发生,见图 6.4-3、图 6.4-4),存在施工时对原地下水通道处理较为简单、粗暴或排水通道预留不足的情况,加强开展隧道排水专项设计对避免此类事故尤为重要,应充分考虑极端气候条件,合理设计,使洞内外防排水系统完整、通畅、耐久,便于检修,保证隧道结构物和运营设备的正常使用和行车安全。

(6)隧道排水沟布设形式应结合气候条件、排水量需求等因素综合考虑,如图 6.4-5、图 6.4-6 所示。通常情况下,处于北方寒冷和严寒地区,隧道排水沟的埋置深度需要考虑当地冻胀深度要求,宜采用中心沟方案。洞口保温出水口宜设置在背风、朝阳、排水通畅的位置,纵坡宜大于 5%,并在出水口外侧铺设保温层。在南方地区,由于不存在冻胀问题,宜采用侧式暗沟排水;对于地下水较为发育的岩溶区长、特长隧道,根据排水能力需要,可采用侧式暗沟加中心沟排水。富水区隧道排水沟的排水能力应在满足施工期预测最大涌水量的基础上,设置足够的安全系数储备,以避免在恶劣水文条件下发生水毁。

当设置中心沟时,宜将其布设在行车道中心线处,以便于运营期检修。

图6.4-3 岩溶高压水击溃二次衬砌

图6.4-4 极端天气下洞内涌水

图6.4-5 北方排水沟结冰冻结

图6.4-6 洞内排水沟涌水

(7)路面边沟宜采用双侧布设,以便于及时排除路面污水以及故障车辆产生的泄漏液体,避免其沿路面横流。路面边沟的排水能力,应有一定的要求,主要是针对事故车辆发生液体泄漏后,能及时沿边沟排走,从而减少由于排泄不畅产生汇聚,进而发生爆炸的危险。

6.5 隧道通风

6.5.1 隧道纵坡的确定

隧道设计时纵坡应优先选用单向坡。隧道行车方向进口接线纵坡宜与洞内同坡。

隧道纵坡是对隧道需风量和通风方案产生较大影响的重要因素,纵坡越大,隧道需风量越大(风机配置功率与设计风量的3次方成正比),车辆爬坡消耗的能源也越多。

隧道土建工程为一次性投资,但通风系统运营和交通流二者的能源消耗是长期持续的。因此,当特长隧道的平均纵坡超过2.0%时,路线、隧道、通风设计三者需要相互协调,宜结合通风系统对隧道方案进行全寿命周期综合经济技术比较,在可能的情况下,尽量降低隧道平均纵坡。

图 6.5-1 烟尘浓度大的隧道洞口现状

在确定纵坡时,不能只考虑隧道部分,还应包括隧道前后连接路段,将其作为一个整体来加以充分论证,尽可能将纵坡控制在最小值。其理由如下:假设隧道内部地形是平坦的,如果隧道前部呈急剧上坡,车辆会在进洞前加速而导致尾排增加,并将持续影响到洞内,导致洞内污染物的增加,进而导致需风量的增加(图 6.5-1)。

纵坡与平面线形等要素相同,确定后变更较为困难。因此,应在隧道总体设计的初期阶段,在选定隧道路线的同时,开展概略性的通风计算,并将计算结果反馈给路线设计者,以作参考,从而合理确定纵坡。

6.5.2 通风方式的确定

确定通风方式时要考虑自然风的影响,隧道洞口与通风井口间气压差、洞内外温度差、洞口/井口洞外风速等因素引起的隧道自然风压,会形成自然风。设置通风井的隧道宜考虑通风井对自然风的利用,设置通风井利用自然风的专用风道。

对于长度大于 4000m 的单向坡,采用纵向通风方式的双洞单向交通隧道,经论证后可采用置换通风方式。置换通风的基本原理是在保证两条隧道内需风量都不大于其最大允许需风量的前提下,以纵向通风的方式辅以一个双向换气联络风道将两条隧道联系起来构成一个整体进行内部相互换气通风,用下坡隧道内富裕的新风量去弥补上坡隧道内新风量的不足,使得两条隧道内的空气质量均能够满足通风要求。具体的做法是在两条隧道的合适位置开通两条用于交换空气的置换通风联络通道,将两条隧道联系起来,构成双洞互补式通风系统,如图 6.5-2 所示。

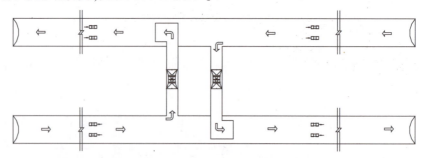

图 6.5-2 隧道置换通风示意图

6.5.3　通风系统分期实施

公路隧道通风应结合路线平面、纵断面、隧道断面形式、工程分期建设情况、防灾救援与运营管理等进行整体规划。对于改建隧道和实施二期通风系统的隧道,应按当前实际交通量和交通组成评估通风系统的合理性。公路隧道通风系统分期实施的设计应遵循下列原则:

(1)应根据隧道所在路段交通量增长、汽车有害气体基准排放量变化、各分期实施阶段隧道洞内通风标准和洞外环境空气质量标准变化、土建工程及通风设施分期实施的难易程度等因素综合考虑。

(2)各期安装的设备应满足隧道防灾通风需求。

6.5.4　通风智能控制技术

通过对隧道内空气中的有害物浓度、风速、风向等环境参数进行实时监测,根据需要控制通风设备,可以有针对性地提高通风设备的运行效率,降低不必要的能耗,是实现隧道通风系统节能高效运行的重要措施。对位于城市周边的公路隧道和大交通量的高速公路隧道,还可采用远程变频等通风控制技术,通过将控制设备放置在环境良好的设备用房内,远距离驱动射流风机,从而提高设备的可靠性,提高控制效果。目前可以做到根据隧道内环境参数(包括但不限于交通量、CO/VI/NO_x、风向风速、火灾报警等),自动无级调控隧道内射流风机转速,使供风量与隧道正常运营和防灾应急所需风量保持一致,提高节能效果,如图 6.5-3、图 6.5-4 所示。

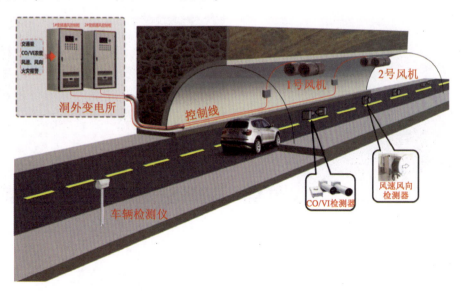

图 6.5-3　远程通风智能控制原理图

图 6.5-4　远程通风控制实景图

6.6　隧道照明

6.6.1　洞口调光棚自然光综合利用

在隧道洞口设置遮光棚后,隧道照明设计可根据遮光棚的减光效果,对隧道内加强段照明做相应折减。对于隧道群,洞口纵向间距较小(小于50m)时,隧道之间可根据实际情况设置遮光棚,避免频繁光强突变,有利于照明节能。

1)遮光棚长度的确定

设置遮光棚的首要考虑因素是既能满足功能要求,又能节约投资。设置于隧道群两隧道之间的遮光棚应与隧道洞门相接。一般隧道洞口的遮光棚设计规范暂未明确,根据CIE照明标准,设置遮光棚时建议按照不小于3s行程来设计。具体实例如图6.6-1、图6.6-2所示。

图 6.6-1　隧道洞口遮光棚实例1

2)结构类型

根据遮光棚上部结构选材,可分为钢筋混凝土结构、钢结构、钢筋混凝土框架与钢拱架组合结构等形式,结构选型方案可根据工程具体情况进行比选。

图 6.6-2　隧道群洞口遮光棚实例 2

3）避免频闪

当采用光格栅形式的遮光棚时,地面会出现明暗交替的斑马线,当明暗变化频率在 2.5～15Hz 范围内会产生闪烁效应,引起驾驶员视觉不适,从而影响行车安全。因此,格栅设置间距应使明暗变化频率小于 2.5Hz 或大于 15Hz,避免出现频闪。

6.6.2　灯具布设方式

1）照明分段及亮度确定

隧道照明灯具布设段落分为入口段 1、入口段 2、过渡段 1、过渡段 2、过渡段 3、中间段、出口段 1 和出口段 2,具体亮度及长度根据《公路隧道照明设计细则》(JTG/T D70/2-01—2014)进行选取。

2）照明灯具布置方式

隧道照明灯具布置方式通常有以下几种,如图 6.6-3 所示。

(1)拱顶中线布置

拱顶中线布置路面亮度均匀、频闪小,较其他灯具布置方式更为节能,但施工难度大,维护时需封闭两侧车道,影响交通,适合隧道有一定高度且对照明均匀度要求较高的隧道。

(2)拱顶中央侧偏布置

拱顶侧偏布置照明有拱顶中线布置的优点,维护时仅需封闭一侧车道,适用于对照明质量要求较高的两车道隧道(图 6.6-4)。

(3)两侧交错布置

路面亮度较均匀,两侧墙面可以均匀得到光照,但易出现频闪,且非对称布置方式景观效果较差,适合速度较慢、交通量较少的隧道,施工维护较方便。

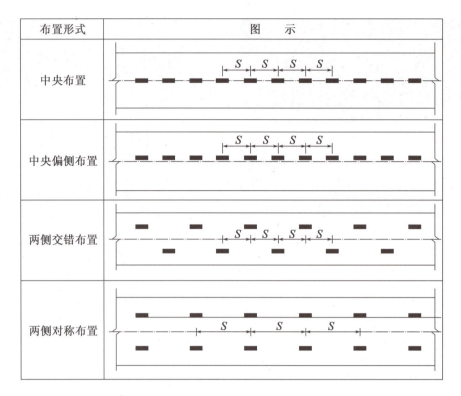

图 6.6-3 隧道照明灯具布置方式

(4)两侧对称布置

路面亮度均匀度较好,不易出现频闪,景观效果好,适合路面宽、行驶速度快、交通量较大的隧道,施工维护也较为方便,初期投资较大(图6.6-5)。

图 6.6-4 隧道拱顶中央侧偏布灯

图 6.6-5 隧道两侧对称布灯

6.6.3 照明智能控制技术

LED 隧道照明灯具已成为当前隧道照明的主流灯具,其工作电流在额定范围内具有可调节的特性,为实现亮度无级控制奠定了基础。通过专项设计的隧道 LED 照明智能无级控制系统,可根据隧道实际需要控制功率,根据实际应用场所的照明需求实时调整照明亮度,消除过度照明(照明强度大幅超出规范要求的照明)所造成的电能浪费现象。采用芯片控制的新型LED照明灯具,可以替代目前常用的开关电路,达到控制系统与灯珠等寿命设计,提升设备的耐久性、降低能耗。

照明系统通常按最不利工况进行设计,若不分工况使用照明设施,必然会过多消耗能源,隧道照明建议采用调光系统进行照明控制。

1)调光控制方式

(1)时序调光控制:仅能根据时间进行照明亮度的调整,照明亮度调整单一,能耗高,但系统构成简单,可靠性高,可用于交通量较大的城市隧道。

(2)自动分级调光控制:能根据时间、洞外亮度进行照明亮度的调整,照明亮度调整级数有限,能耗偏高,系统控制原理较为简便,可用于交通量较大的公路隧道。

(3)无极调光控制:能根据时间、洞外亮度进行照明亮度的调整,照明亮度调整范围较广,能耗偏小,系统构成较为复杂,可用于绝大多数的公路隧道。

(4)单灯无极调光控制:能根据时间、洞外亮度、交通量对每个灯具照明亮度分别进行调整,照明亮度调整范围较广而精确,能耗相对较小,但系统构成较为复杂,可用于绝大多数的公路隧道。

2)控制原则

(1)加强照明的控制

加强照明的控制宜依据洞外亮度信号、车流量、设计冗余和洞内入口段亮度进行综合计算,调节加强照明的亮度。加强照明调光分级可按《公路隧道照明设计细则》(JTG/T D70/2-01—2014)中表9.3.4进行调光分级组合。

(2)基本照明的亮度控制

基本照明的亮度控制宜依据当前时间、车流量、设计冗余进行综合计算,调节基本照明的亮度。当基本照明出现光衰,致使洞内基本照明检测仪的实测结果低于标准要求时,隧道照明系统控制器应能自动调节基本照明亮度,使之满足标准要求,实现按需照明。洞内亮度具体指标,随不同季节及天气的洞外亮度做相应折减,并进行相应灯具调光。

6.6.4 特殊照明设计

1)特殊灯光带设计原则

对于长度大于7km的特长隧道,可以在特定路段采用特殊灯光带进行景观照明,降低驾驶疲劳。隧道内景观照明应遵循节能、安全、舒适的原则,忌过度的隧道环境亮化工程,应处理好安全与亮化之间的平衡,方便管养清洗。

2)特殊灯光带技术

(1)特殊灯光带颜色的选择

人对色彩的感觉是指人对黑白(无彩色)以外的彩色感知,由人眼的生理反应和心理感受构成。颜色视觉在公路交通安全中具有重要意义,因此应合理设置特殊灯光带的灯光颜色。色彩知觉给人的心理效应直接影响驾驶员的驾驶行为,国家标准《安全色》(GB 2893—2008)中规定,红、蓝、黄、绿为安全色。

红色光对人的视觉和心理刺激较其他各色光都要强烈;黄色是光谱中明度较高的色彩,主要用来表示警告之类的标志以示危险;蓝色则比较鲜明、清晰;绿色对人的视觉清晰但刺激较小,给人以舒适和柔和感。结合表6.6-1中各种颜色所带来的不同心理效应,特殊灯管带中灯光颜色应优先选用红、黄、蓝、绿灯四种颜色,在为隧道行车增加一道风景线之余,可直观地提醒驾驶员注意安全,谨慎驾驶。

表6.6-1 色彩给人的心里感觉和象征

颜 色	不同的心理效应
红	活力 热情 兴奋 危险 警惕
黄	明亮 愉快 富有 警示 豪华
绿	年轻 生命 和平 平静 健康
蓝	沉着 寒冷 安详 凄凉 纯洁
灰	内敛 朦胧 淡然 镇定 苍老
紫	高贵 庄严 奢华 神秘 优雅

(2)投影灯、洗墙灯的使用

投影灯、洗墙灯适用于在隧道内表现"蓝天白云""海底世界"等图案(图6.6-6、图6.6-7)。隧道中上部可采用染色灯具染上底色、用投光灯投射图案的方案;两侧电缆槽盖板上可设置植物景观带,利用绿色草皮及形态各异的花草树木做装饰,并使用染色灯照射两侧洞壁中下部背景颜色。

图6.6-6 蓝天白云图案

图6.6-7 海底世界图案

（3）LED 点光源的使用

LED 点光源特殊灯光段照明是一种新兴的特殊光带照明技术，具有更环保、更节能和寿命长等优点，并可以通过远程控制方式，呈现丰富的内容，如枫叶及其他具有民族元素的图案等（图 6.6-8）。

图 6.6-8　LED 点光源使用

6.7　标志标线设置

隧道内由于横断面、视野、亮度不同，导致行驶条件与一般路段行驶条件不同，并对行驶安全产生影响，需要加强标志、标线设置，加强信息提供和引导。通常采取的措施包括：在隧道洞口，应沿隧道入口的洞门环框粘贴反光膜（图 6.7-1）；在位于连续下坡路段或视距不良的隧道洞口处设置彩色防滑路面；在洞口过渡段设置抗滑横向振动标线、纵向视觉压迫标线；在隧道洞内，宜在隧道侧壁和拱墙设置完善的轮廓标，准确标出隧道轮廓，并在照明异常时指明路线走向（图 6.7-2）。

图 6.7-1　洞门反光膜轮廓标识　　　　　图 6.7-2　洞内反光环

目前部分隧道采用了电光蓄能自发光应急诱导系统，通过在隧道拱顶、侧壁设置自发光反光构件，可在有源光照射的情况下起到反射增光作用，增加隧道亮度，改善隧道亮度环境,增加辨识度(图6.7-3)。该系统还可以在普通公路隧道中起辅助照明作用,以改善隧道"黑洞效应"和"通行环境",在应急逃生时可以提供基本照明,在偏远山区的部分线形弯曲、供电不足的隧道中可尝试采用。

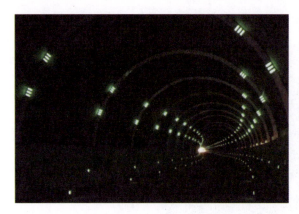 

图6.7-3　隧道电光蓄能自发光应急诱导

第 7 章　交通工程设施设计

7.1　总体要求

（1）以人为本，安全第一。

公路安全设施设计要以公路使用者出行安全、快捷为中心，综合考虑交通组成特点，结合公路周边路网、项目路线、公路等级、构造物等特点，以公路运行安全为主线，以安全综合分析为手段，合理进行安全设施的设置，从"预防、处治"两个角度建立综合的交通安全防护体系，为公路使用者提供安全、完善的服务。

（2）温馨服务，舒适出行。

安全设施设计以"驾驶员的期望"为依据，最大程度满足用户需求，强调主动引导和主动预防，通过安全设施设置，为人民出行提供便利条件，打造人民满意的交通。

（3）优先主动引导，适当被动防护。

公路交通安全设施应具有四类主要使用功能，即主动引导、被动防护、全时保障、隔离封闭。其中，主动引导、全时保障、隔离封闭设施的合理设置可以起到事故预防的作用，有效避免交通事故的发生，是交通安全设施设计需要优先考虑的内容，而被动防护设施的合理设置则可以有效降低事故的严重程度。

（4）贯彻针对性设置原则。

以交通安全综合分析为基础，以事故严重度为标准，考虑安全设施的针对性设置。

（5）利用"公路安全性评价"技术做交互式设计。

（6）统筹经济、环保及耐久性。

（7）推广应用新技术、新材料、新工艺、新产品。

7.2　形式选择

1）经济美观的标志结构

对超大型（板面面积 15m² 以上）的标志，上部结构采用桁架式结构设计，并宜采取组装方式，减少支撑结构自重和受风面积，增加美观，降低造价，方便施工，见图 7.2-1。

对路侧无护栏保护的小标志(板面面积5m²以下),结合所处区域条件,采取解体消能的结构形式,见图7.2-2。

图7.2-1 桁架式门架结构设计

图7.2-2 解体消能的结构形式

2)环保耐久的标志材料

标线采用环保型水性标线涂料。鼓励低VOC排放量的MMA双组分标线材料、树脂类预成型标线带、自降解临时标线等新材料与新技术应用,通过高压喷涂、预成型技术、冷拌等施工工艺降低环境影响。

标志反光膜采用整体印刷新技术,搭配挤压成型的铝合金型材。

钢护栏或标志结构等钢结构,采用生态环保的防腐处理工艺。

3)宽容的标线、护栏

标线设计中引入"安全冗余"的设计理念:可采用全天候雨夜反光标线,车道边缘线采用振动标线或铣刨振动带。

遵循安全合理、按需设置的原则设置护栏,做好精细化设计。护栏同时也是一种障碍物,要对比分析车辆驶出路外和直接碰撞护栏的事故严重程度来确定是否需要设置及采用何种防护等级的护栏。图7.2-3展示了一些不需要设置护栏的路段示例。

图7.2-3 不需要设置护栏的路段示例

在无条件外展的护栏的起点端头处和出口匝道的三角区、孤立的桥梁墩柱处,设置防撞垫减缓冲击,并在隧道入口前检修道处、隧道洞口迎车面前设置护栏或缓冲设施,收费岛前端设置防撞垫等,以最大限度地保护人的生命安全,见图7.2-4~图7.2-9。

中央分隔带开口设置要综合考虑应急救援需要,并结合公路构造物选取。中央分隔带开口护栏设置要考虑防撞能力及开口及时性要求,见图7.2-10。

4)生态环保的隔离设施

隔离设施可兼顾封闭与生态环保的需求,如与植物绿化种植相结合,在用地边界处种植植物绿篱进行隔离,见图7.2-11。

图 7.2-4　护栏的起点端头处设置防撞端头

图 7.2-5　孤立的上跨桥梁墩柱处设置防撞垫　　图 7.2-6　隧道洞口迎车面前设置缓冲设施

图 7.2-7　收费岛头设置防撞垫

图 7.2-8　混凝土护栏起点端头处设置防撞垫　　图 7.2-9　减缓冲击的防撞垫

图 7.2-10　中央分隔带开口设置活动护栏

图 7.2-11　生态环保的隔离设施

5) 统筹经济、环保及耐久性

安全设施材料选取须平衡耐久性与经济、环保的要求。防眩设施设置综合考虑公路所处自然地理环境气候,因地制宜选取防眩格栅、防眩板、防眩网、植树防眩等形式。对中央分隔带开口处活动护栏也应加装防眩设施。

视线诱导设施须结合公路线形及行车需求设置。根据视线诱导目的,结合不同地区自然环境选取适用形式。

7.3　主动引导设施设置

7.3.1　指路标志设置须考虑长短途交通需求

兼顾地域与路网的需求设置交通标志,实现长途指引与短途分流的目的。标志设置不仅满足本路段信息要求,还应兼顾周围路网指示的需求;按照交通组成短、中、长途车辆比例设置相应的标志信息。多车道(六车道及以上)公路可分车道设置指路标志,以适应长短途交通指示的需求,见图 7.3-1。

图 7.3-1 考虑长短途需求的分车道指路标志设置

7.3.2 反光膜类型和等级的选取要因地制宜

反光膜类型、等级确定等要充分考虑夜间及特殊气候条件下的视认性,同时,还应充分考虑公路路侧与车行道标志视认的不同特点。

7.3.3 旅游区标志与道路环境自然和谐

开展基于风景道及其他公路旅游形式的交通标志体系设计。对于风景道等公路旅游设施,可设置与沿线景观资源和自然环境特征相匹配的交通标志,构建和谐的公路环境,提升公路服务水平,见图 7.3-2。

图 7.3-2 旅游区预告标志设计

7.3.4 推广使用新型突起路标

推广抗冲撞、反光性能强、夜间视认性好、耐久耐损坏、养护成本低的新型突起路标。在雾区路段的车道分界线、车道边缘线、互通分合流端的斑马线边缘、收费岛头导流线等处可设置太阳能自发光型突起路标,见图 7.3-3。该类路标内置太阳能电池板和蓄电池,不需外补能源,在夜晚和雾天可闪光,有较强的提醒作用和视线引导作用。

图 7.3-3　新型突起路标

7.3.5　推广低成本、可维护、自清洁轮廓标的应用

加强诱导设施的选择利用,因地制宜开展低成本、环保型轮廓标的使用。注重使用期可维护性及便利性,推广自清洁轮廓标。

7.3.6　推广视线诱导设施使用,全时保障交通出行安全

视线诱导设施要基于视认性水平评价理论、驾驶员驾驶行为及驾驶期望等设计。鼓励推广耐久、易用、经济的视线诱导产品研发和应用,发展太阳能视线诱导设施,节约能源;同时,可结合新能源主动发光技术,提升交通诱导设施的夜间效果。

在积雪严重地区,可应用环保、耐久、易用的积雪标杆产品。

立面标记作为一种经济、实用的主动引导设施,设置在公路车行道内或近旁高出路面的构造物,如桥栏、隧道、涵洞、隔离桩、安全岛等之上,可用于提醒驾驶员注意构造物,见图 7.3-4。

图 7.3-4　立面标记

7.4 被动防护

7.4.1 路侧护栏设计原则及适用条件

路侧护栏设计以"路侧危险度"为标准,并考虑路侧安全净空区。

路侧障碍物可通过去除、移位或改变结构形式(如利用解体消能结构)等来满足净空区要求。当净区宽度不能得到满足,而导致车辆驶出路外产生的事故严重程度高于碰撞护栏的严重程度时,才考虑设置护栏。

对路侧安全事故隐患分级,并采用相应防护等级的护栏。以事故严重程度为标准,以安全性评价为手段开展交通安全综合分析,并针对性设置安全设施。

(1)重视公路项目预、工可阶段安全性评价工作的同时,在公路建、管、养、运的各阶段应用交通安全性评价等手段,提高公路设计的安全性。

(2)推广以"公路安全性评价"为依据的交互式优化设计方法。对已完成设计,通过采用"运行车速""驾驶模拟"等检验方法,检验设计结果并优化设计,循环检验优化,直到达到目标满意度。从公路使用者角度对公路工程及交通工程的安全性能评价,结合"交互式设计"方法改进设计,消除各种事故隐患。

(3)综合运用交通事故统计分析、安全核查清单、运行速度协调性分析、三维动态视距分析等定性、定量的安全性评价技术,对公路路线和连续长大纵坡、互通立交、平面交叉口、桥隧路段、养护施工路段等特殊路段开展针对性安全评价,发现潜在危险因素及安全隐患,并提出针对性的改善对策。

7.4.2 护栏与结构物无缝衔接

按照"无缝防护"的理念处理好各种护栏和构造物之间的互相衔接,包括桥梁与路基路段护栏之间、隧道进出口防护与路基防护之间、桥梁与隧道之间的衔接,做到强度、刚度、纵横断面的顺滑连接过渡,见图 7.4-1 ~ 图 7.4-3。

位于公路计算净区宽度内的路侧护栏上游端部,应设置防撞垫或防撞端头,高速公路的互通立交主线分流端、匝道分流端等位置须设置防撞垫,实现无缝防护,最大程度地降低交通事故的严重程度。

图 7.4-1 隧道进口段过渡

图 7.4-2　桥梁护栏和路基护栏过渡

图 7.4-3　护栏起点端头处理

7.4.3　美观通透的桥梁护栏

在风景优美路段设置桥梁护栏时,应在满足安全要求前提下充分考虑美观和通透,使桥梁护栏和自然景观浑然一体,见图 7.4-4。

图 7.4-4　美观通透的桥梁护栏

7.5　其他交通安全设施

7.5.1　平面避险车道设计

平面避险车道为设置在公路行车道外侧的专用车道,与公路平纵线形一致,并通过铺设具备较高阻力系数的阻尼材料为制动失效车辆提供实时减速,其在高速公路横断面的位置见图 7.5-1。

图 7.5-1　平面避险车道位置示意图

平面避险车道(图 7.5-2)具有以下几个特点：

（1）避险的实时性：在长大下坡路段,车辆行驶时一旦发现制动失效便可驶入行车道外侧布置的平面避险车道,通过该车道减速继而停车,降低事故严重程度。

图 7.5-2　平面避险车道

(2) 车道的独立性：平面避险车道为在原有路基宽度基础上加宽的专用车道，在公路条件受限的区域可利用原有公路土路肩及部分路侧空间，甚至是硬路肩改造形成，是仅供制动失效车辆紧急减速、避险的专用车道，失控车辆在此车道上行驶避免了对主线正常行驶车辆的干扰，降低了追尾、翻车等恶性事故发生概率。

(3) 减速的有效性：通过采用阻力系数较高的路面材料，提高平面避险车道阻尼性能，使制动失效车辆在消能降速车道内行驶速度逐渐降低，甚至停车。

(4) 工程经济性：平面避险车道可充分利用公路的路肩及路侧余宽，并与公路平纵线形保持一致，大大改善了传统上坡紧急停车处填方工程量大、造价高等问题，且建设时间短、施工方便，为改善长下坡路段的交通安全水平奠定了基础。

7.5.2　桥墩防护考虑车辆外倾

行车道以外有上跨桥墩、桥梁拉索或其他重要设施的路段，为防止上跨桥桥墩被失控车辆撞击后桥墩结构遭受损伤，同时降低车辆和驾乘人员的损伤程度，需要在处于净空区内的上跨桥中墩处设置桥墩防护设施，并要考虑碰撞护栏后车辆的最大外倾值。桥墩防护设施可采用新材料、新产品等进行特殊防护。相关设施见图 7.5-3。

图 7.5-3　桥墩防护（进行包封处理或设置渐变段）

7.5.3 高寒、冰冻、积雪地区安全设施

高寒及冰冻地区路段的公路可取消突起路标或设置不突出路面的路标,以避免除雪、除冰对路标的影响,见图7.5-4。

积雪路段路侧安全净区不足且填方较高的路段,宜按照规范的要求设置相应缆索护栏,降低阻雪效应,见图7.5-5。桥梁路段宜设置金属梁柱式护栏,增强通透性,见图7.5-6。

图7.5-4 积雪地区除雪容易铲除突起路标

图7.5-5 积雪地区设置缆索护栏

图7.5-6 金属梁柱式护栏

风雪害较严重路段、能见度降低路段,可设置积雪标杆加强诱导,积雪标杆顶部贴反光膜,黑黄相间,见图7.5-7。

7.5.4 多车道公路安全设施

多车道(六车道及以上)高速公路交通量大,交通组成复杂,交通管理难度大,应强化交通安全设施的诱导功能,改善交通组织方式,减少各车道之间的行车干扰。

图 7.5-7　积雪严重路段设置积雪标杆

1) 交通标志设置

多车道公路的标志设计应充分考虑交通流特性,结合交通流量流向等特征,并根据交通组织管理合理分配公路资源,实现最大限度地与交通流向匹配,最大限度地发挥公路通行安全和效率。

考虑多车道公路断面较大,驾驶员视认角度大等特点,指路标志宜采用门架方式或两侧成对布置悬臂式的方式,见图 7.5-8。标志反光膜采用 Ⅴ 类大角度反光膜,以增强视认效果。

图 7.5-8　指路标志采用门架方式布置

互通等交通转换节点处,应加大指路标志、指示标志的设置,引导驾驶员准确地出入多车道高速公路。

2) 交通标线设置

互通等交通转换节点处,交通标线应配合标志的设置方案,按照交通流的安全要求,清晰划分路权,提供清晰明确的指示,且应与交通标志的设置内容一致,避免冲突。

7.6 机电设施

7.6.1 节能型机电设施

监控、收费、通信、供配电、照明等机电系统须重视节能设计。重点针对隧道通风、照明系统、收费广场与服务区场区照明设施等重点用电机电设施,同时兼顾大型可变信息标志与显示屏、外场监控设施、监控中心机房、供配电系统等,推广应用节能高效的机电设备和智能化节能控制系统,包括但不限于供配电系统节能技术、LED 等与无极荧光灯节能灯具、照明智能控制系统等新技术和新设备,推广使用光伏能源,实现机电设施节能低碳的目标。

7.6.2 机电设施的可再生能源

公路交通安全设施及机电设施用能宜尽量采用风电、光电、风光互补供电等可再生能源。同时,针对这些能源的不稳定性,可配套设置临时供电设施,但不鼓励采用蓄电池方案。

7.6.3 全面推广实施 ETC 不停车收费

收费系统设计坚持全面推进撤销主线收费站,全面推广实施 ETC 不停车收费设计,减少停车收费环节。拓展 ETC 技术应用业务,逐步实现 ETC 在通行、停车、加油、维修、检测等环节的深度应用。

7.7 改扩建工程中既有安全设施的利用

7.7.1 充分利用交通标志结构

对于改扩建公路,对既有公路交通标志经过系统评估后,对标志版面、内容、结构可满足改扩建后公路使用需求且无须大的调整的交通标志,可直接挪至改扩建后的路侧边坡进行直接利用,也可在必要时更换反光膜。

对于无法直接利用的交通标志,可考虑对其面板、横梁、抱箍、立柱等主要构件进行利用,如作为临时设施或永久交通标志。

7.7.2 波形梁护栏改造利用

波形梁护栏可通过内套管或外套管加长立柱、加密立柱等方式加以利用,且应保证其整体性能达到《公路护栏安全性能评价标准》(JTG B05-01—2015)对防撞等级的要求。

高速公路旧路波形梁护栏存在大量设施,可通过增设内外套管等方式进行利用,如图7.7-1、图7.7-2所示。

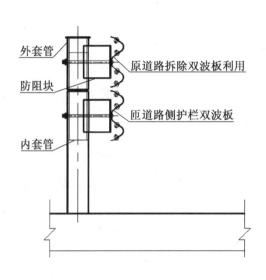

图 7.7-1　A 级波形梁护栏综合利用

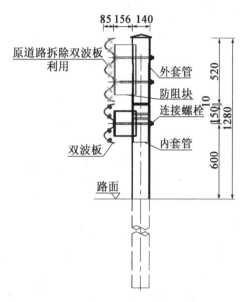

图 7.7-2　SB 级波形梁护栏综合利用
(尺寸单位:mm)

7.7.3　混凝土护栏植筋加高再利用

拆除既有组合式护栏上部钢结构,在既有组合式护栏混凝土基座上植筋,然后绑扎构造筋形成钢筋框架,最后支模浇筑混凝土加高段。植筋加高再生利用混凝土护栏示意如图7.7-3所示。

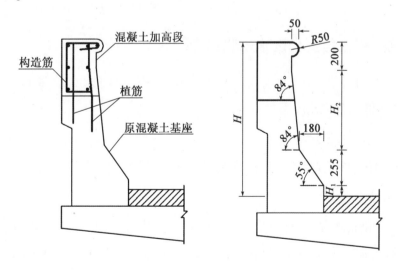

图 7.7-3　混凝土护栏植筋加高再利用(尺寸单位:mm)

7.7.4 混凝土护栏增加钢构件再利用

对于拆除既有组合式桥梁护栏上部钢结构,可在既有组合式桥梁护栏混凝土基座上植螺栓或安装加强钢结构进行再利用,见图 7.7-4。

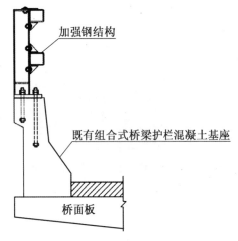

图 7.7-4 混凝土护栏增加钢构件再利用

7.7.5 混凝土护栏包封加高再利用

对既有组合式桥梁护栏混凝土基座,可更新护栏迎撞面坡面形式,并加强护栏高度、宽度,根据线形规范规定设计护栏坡面形式,实现混凝土护栏包封加高再利用,见图 7.7-5。

这些方案充分利用了既有混凝土护栏,但这些再生利用改造需要在既有混凝土基座具有足够强度的条件下才能实现,如果既有护栏强度不足,不推荐利用上述结构进行利用改造。

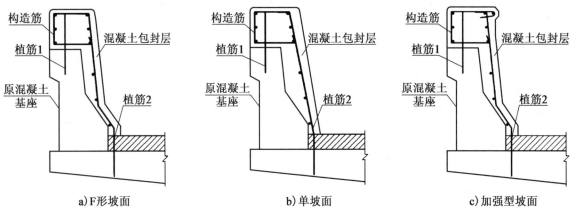

图 7.7-5 包封加高再生利用混凝土护栏结构

7.7.6 改扩建工程安全设施永临结合

改扩建公路项目存在大量的永久工程和临时工程,可将永久交通设施与临时交通设施统筹考虑,以降低工程投资,节约资源。

1)交通标志标线永临结合设计

通过合理组织施工工序实现改扩建公路的交通标志、标线的永临结合。

2)护栏永临结合设计

改扩建施工期间,可结合施工交通组织计划,对混凝土护栏的墙体部分提前预制,用作隔离行车区域与施工区域的临时设施,或者隔离临时对向行车的隔离设施,后续再吊装用作混凝土护栏,从而实现护栏永临结合设计。

第8章 服务设施设计

8.1 总体要求

(1)综合考虑公路在路网中的地位和作用、自然环境、用地条件、运营管理预测交通量、交通组成及服务需求等因素,确定公路服务设施总体设计方案。

(2)以保障基本服务功能为主,强化为驾乘人员提供停车、加油、充换电、饮水、如厕、休息、餐饮、购物等基本服务。提倡因地制宜开展旅游休闲娱乐、仓储物流服务等延伸服务,提升综合服务能力,满足群众多样化服务需求。

(3)服务区按照"基本功能+拓展功能"的发展模式确定用地面积、规模,最大限度地节约资源、保护环境,以适应整个公路运营期间的服务需求。

(4)打造绿色建筑,做好污水油污等收集处置,减少污染。

8.2 类型及选址

8.2.1 类型划分

(1)高速公路服务区按使用功能划分为中心服务区、普通服务区和停车区3种类型。

①中心服务区:指占服务主导地位,功能完善,规模较大,为人、车提供服务的场所。

②普通服务区:指配合中心服务区,占次要地位,功能较全,规模适中,为人、车提供服务的场所。

③停车区:指配合普通服务区,起加密作用,具有基本功能,规模较小,以停车为主的服务场所。

(2)普通国省干线可结合沿线社会服务资源和旅游资源分布情况,设置服务站、停车点及观景台。客运汽车停靠站、物流中心、邮政点可与服务站、停车点合址设置。

8.2.2 选址原则

(1)服务区(站)、停车区(点)选址除考虑间距要求外,还应分析其具体所在区域的公路技术指标、自然环境、人文景观、社会资源等因素,秉持以人为本、营造优美环境的理念,确定其建设位置。

(2)选址要充分考虑公路线位、构造物、地形地质等情况,避免机械地按照间距标准来确定位置,引起大填大挖,注重土地节约利用与周围景观融合,优先设置在视距条件良好路段,保证设施的高辨识性和车辆顺适驶出驶入。

(3)服务区可利用土地节约集约原则,在保证交通安全的情况下,与其他设施共建公用,减少占用土地资源。

(4)国省干线公路服务站、停车点的设置可与养护工区、管理站等既有公路管理设施合址共建,节约利用土地资源,便于运营管理和维护。

(5)公路服务区改扩建工程设计应充分利用现有设施,优先采用在原址改扩建的方案。扩建用地时,应充分考虑与原有场区内的交通流线和既有设施的布局情况。

8.3 功能设计

8.3.1 布局形式

(1)根据用地情况、周边自然景观、交通量情况、建设和管理等因素,服务区可采用双侧分离式、单侧集中式。双侧分离式的服务区可采用对称或非对称的布局形式。受地形、用地条件等因素制约或双侧交通量不均衡时,主线两侧服务区可采用不对称布局形式。各类布局形式见图8.3-1、图8.3-2。

图 8.3-1 双侧对称式服务区布局

(2)停车区可采用双侧分离式,受地形、用地条件等因素制约时,也可采用不对称布局形式或单侧集中式布局形式。

(3)服务站、停车点可采用单侧设置布局方式,一级公路服务需求较大路段服务站宜采用双侧设置布局方式。

图 8.3-2　单侧集中式服务区布局

（4）服务站、停车点与公路管理设施合建时，宜统筹考虑社会服务与管理养护等功能，实现同址分区设置。条件受限时，停车场、公共厕所可在不妨碍公路管理设施的办公秩序和正常使用情况下，尽量提供对外服务。

8.3.2　功能分区

（1）服务区内设施的布置应因地制宜，力求紧凑，科学分配各功能区的位置和建筑面积，灵活设计，提高土地利用率。

（2）各功能分区应做到布局合理，使用方便，流线简捷。各区应相对独立又相互关联，活动路线边界清晰，避免人流与车流的交叉，创造一个安全、便捷、舒适的服务环境。总体布局示例见图 8.3-3。

图 8.3-3　高速公路服务区各功能区总体布局模式

（3）配置车辆服务、人员服务、附属服务等基本服务功能，可同步配置旅游、休闲、娱乐、餐饮、居住等服务设施，拓展旅游服务功能。

（4）服务区内交通主干线，从入口匝道至出口匝道，与各功能分区应紧密联系，尤其是停车场与服务区其他功能性建筑之间应连接通畅。

(5)餐饮、客房、公厕等公共建筑门前设计一定空间的步行区,为使用者提供下车放松的便捷活动空间。

(6)污水处理设施、垃圾暂存转运及处理设施等附属配套设施应综合考虑风向、地形、管线布置、景观效果等因素,尽量设置在场区内隐蔽的位置。

8.3.3 交通组织设计

(1)服务区交通组织设计应人车分流,避免交叉,处理好为车服务的设施(停车场、加油站、修理所等)与为人服务的设施(餐厅、公共厕所等)之间的关系。

(2)车辆流线应按照小型车和大型车、客车和货车分别组织,避免停车车流、加油车流及维修车流之间的交叉。为内部经营业务服务的车辆流线,应避免干扰社会车辆流线。服务区流线设计示例见图8.3-4。

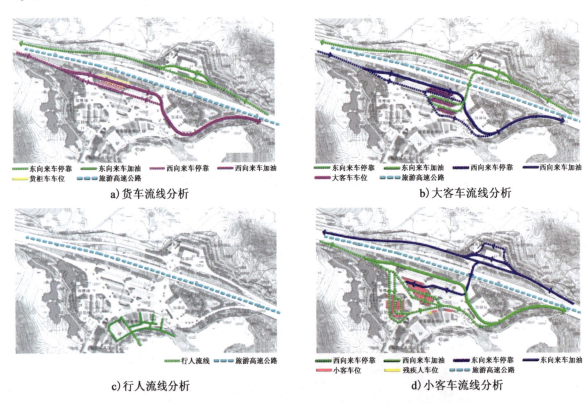

图8.3-4 服务区交通组织(货车、大客车、行人、小客车)流线设计

(3)行人流线设计应符合人员在公路服务设施场内的活动规律,根据各种设施的位置和出入口情况合理引导归并行人流线。

(4)加油站位置设置应考虑休息前加油、休息后加油、直接加油3种情况的车辆行驶路线,避免不同车辆流线相互影响。

(5)服务区总平面布置应设置交通导向标识,避免不同车型行车路线相互干扰,更应避免停车车流、加油车流及修理车流之间的交叉。

(6)大型车辆、小型车辆停车区域以及客货车停车场等区域应以醒目的反光标线划分,为驾乘人员提供安全的休息环境。

8.3.4 道路广场设计

(1)服务区场地内的道路应平坦坚固、宽度适宜、坡度平缓、线形流畅、经济合理。

(2)场地规划应结合绿化隔离带、生态挡墙、人文景观等功能规模实现"人车分离、大小分离、客货分离"安全布设,交通流线互不干扰。

(3)场内道路应采用单向行驶的方式组织交通,各类车辆行驶及停放应尽量采用顺进顺出方式,既要保证车辆行人安全,又要保证流线顺畅,给旅客提供一个舒适休闲的户外娱乐空间。服务区广场设计示例见图8.3-5。

图8.3-5 中间分离式停车区设置、休闲广场少干扰设计

(4)场地设施应满足公众需要,行人流线设计应符合人员在公路服务设施场内的活动规律,根据各种设施的位置和出入口情况合理引导归并行人流线,在人流穿行车行道的部位可设置人行优先按钮式信号灯、彩色立体标线等。

(5)场内可通过文化景观、绿化工程、工程外观等载体,突出当地自然和人文特色,以LOGO标识、雕塑小品、文化墙、绿化美化、旅游指示标识系统、公共设施等形式,展现当地特色文化,见图8.3-6~图8.3-8。

图8.3-6 服务区内设置的公路建设宣传文化墙

图 8.3-7　服务区内民俗雕塑小品　　　　图 8.3-8　公路驿站标识及信息引导牌

（6）宜提供儿童娱乐设施、无线 WiFi、安装监控系统等人性化服务设施，提供高速公路交通、天气、旅游、购物等服务信息，满足使用者多样化服务需求。

（7）鼓励开展自驾车房车露营地选址、规划及配套设施建设，增设加气站、充电桩等新能源车辆服务设施，保障公众个性化交通出行。服务区自驾车房车露营地及其他设施的示例见图 8.3-9～图 8.3-11。

图 8.3-9　服务区专门设计的房车露营地

图 8.3-10　服务区充电桩　　　　图 8.3-11　服务区 LNG 加气站

(8)为提高服务区的使用舒适度、缓解区域热岛效应,人行道、广场等宜采用透水地面铺装;道路路面铺地宜采用透水混凝土或透水沥青等铺装。大客车上下客处应设置遮阳、挡雨设施,为使用者提供舒适的驻足空间,见图8.3-12。

图8.3-12　服务区广场透水砖铺装及路面透水沥青铺装

(9)场内行车道路纵坡指标选取时应考虑排水问题,多雪严寒地区最大纵坡指标应满足防滑要求并设置相应的除雪防滑设备设施。

8.3.5　停车场设计

(1)停车场车位数是服务区、停车区服务能力最直接表现指标之一。停车场规模应能满足高峰时期停车休息要求。

(2)从使用便利性及安全性出发,小型车、大型客车停车位和大型货车停车位应分区设置,大车、小车停车位尽量分设综合楼前后场地。超长型车停车位、危化品车停车位和牲畜车停车位应独立分区设置,宜利用绿化分隔带、建筑或不同高程的场地等进行分隔。

(3)因势利用地形,减少土石方工程量。停车场宜设在同一高程上,如地形高差大,可考虑把停车场设置在不同高程平面上,或建地面立体停车场,提高土地利用率。

(4)具备条件的停车场可设置残疾人专用停车位及无障碍专用通道,其位置应靠近建筑物出入口处,并设置明显指示标志,与相邻车位之间还应留有轮椅通道。有条件的还可进一步设置女士夜间专用停车位。

(5)小车停车区宜采用生态透水铺装,危化品车辆停放区域应设置应急收集池,见图8.3-13。

(6)小车停车位鼓励采用太阳能光伏发电遮阳棚设施,见图8.3-14。

(7)停车位宜设置车位状况智慧显示系统,方便用户并可减少拥堵和污染排放。

图 8.3-13　环保、低碳功能的生态透水停车场设计

图 8.3-14　太阳能遮阳棚停车场

8.3.6　建筑设计

1) 设计原则

(1) 关注建筑全寿命周期。服务设施绿色建筑设计需综合考虑建筑全寿命周期技术与经济特性,采用有利于促进建筑与环境可持续发展的场地、建筑形式、技术、设备和材料。

(2) 适应自然条件。服务设施建筑设计时密切结合所处地域的自然气候条件、地理环境特征、资源经济情况和人文历史特质,因地制宜,灵活选择建筑形式,充分利用和展示地域特色。

(3) 规模合理。服务设施的建筑规模需与公路交通量相适应,提供安全、便捷、舒适的室内外环境。

(4) 加强资源节约与综合利用。重视废旧材料的再生循环利用,最大限度地减少建材开采数量。采用低碳、节能的建筑材料和设备,减少污染物和有害物排放。

(5) 坚持便利集中性原则,处理好整体规划和单体建筑关系,如厕、休息、餐饮、购物、休闲等功能宜集中设置在综合服务楼内,且各部分功能应做到分区明确、人流组织合理,坚持灵活设计和创作设计,见图 8.3-15。

图 8.3-15　多功能服务区综合楼设计

（6）强调建筑与环境的关系。处理好建筑与地貌、植被、水土、风向、日照与气候的关系，做好外围护结构系统，太阳辐射的控制与改善，自然通风与采光的利用，可再生能源的利用，高舒适度、低能耗的室内环境控制系统，优秀的建筑能源系统，水资源循环利用系统，智能楼宇自控系统，提供高舒适度的其他技术系统等设计。

2）建筑材料

（1）充分利用公路建设过程中弃土弃渣废料等可利用材料，优先选择再生建材和可降解建材，当地产量和储量较大、采购运输便捷、施工技术成熟的建筑材料。

（2）为降低日常维护成本，建材和管线等需提前做好材料的耐久性检测。

（3）采用保温、装饰一体化材料，简化施工程序，减少材料损耗，鼓励采用钢结构体系或者装配式建筑。

3）保温及通风采光

（1）建筑总平面的规划布置、建筑物的平面布置须有利于夏季自然通风和天然采光，宜利用冬季日照并避开冬季主导风向，减少空调使用和人工照明，见图 8.3-16。

（2）建筑物主朝向宜采用南北向或接近南北向，提高建筑围护结构的保温隔热性能，采用由高效保温材料制成的复合墙体和屋面及密封保温隔热性能好的门窗，并采取有效的遮阳措施。

（3）建筑窗墙面积比、围护结构热工性能、外窗性能、屋顶透明部分面积比等，须符合国家及当地等相关建筑节能设计规范，见图 8.3-17。

4）可再生能源利用

综合利用可再生能源、清洁能源及高效节能技术，如太阳能光伏技术、光热技术、地源热泵技术、光导照明技术、高效节能照明灯具及其控制技术等，见图 8.3-18。

薄膜太阳能电池具有美观、发电性能好、高温适应性强、弱光发电等优点，可以制作成各种形状和透光度，用于建筑屋顶或墙面、地面，也可应用于停车场及路侧隔声墙。

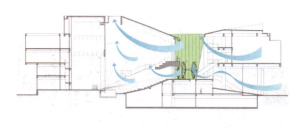

| 图 8.3-16 自然通风设计 | 图 8.3-17 自然采光设计 |

图 8.3-18 可再生能源利用设计

5) 轻型建筑

贯彻节约资源和保护环境基本国策,部分小体量服务设施建筑可采用可拆解、可循环利用的组合式轻型临时性设施结构,如集装箱建筑、轻型钢结构建筑、木框架建筑、膜结构建筑等,见图 8.3-19。

图 8.3-19 组合式轻型建筑设计

6）建筑风格

我国地域辽阔、历史悠久、民族众多、风土人情迥异。由于气候、地理环境、历史文化等不同，使得各地区建筑形式特征各有差异，南北地区建筑差异尤为突出，形成了多样化的建筑风格。作为线性廊道的重要景观元素，公路服务设施建筑应能起到具有较强识别性的身份名片和形象展示窗口作用。

（1）服务设施建筑设计应深入调研选址地区环境，运用类型学设计方法，总结、提炼并应用区域特有的、辨识度较高的典型地貌特征、民俗风情、人文历史等元素，见图8.3-20。

图8.3-20　地域特色风格建筑

（2）服务设施建筑组群除展示地域民居特色外，还应尽可能营造当地民俗及生活氛围，主体建筑风格应特色鲜明，突出识别性。配电房等小体量附属设施用房与主体建筑风格保持一致，或对外观修饰美化融入环境。

（3）建筑外观设计结合区域内环境及规划特征，提炼本土建筑特色元素，用于外立面装饰，展示地域特色、民俗人文风情及建筑自身个性，见图8.3-21。

图8.3-21　古典园林风格建筑立面

（4）打造特色文化景观，尊重原有人文风貌特点，结合沿线自然风光及旅游资源，与场地原有人文底蕴相融合，营造个性化的景观空间，见图8.3-22、图8.3-23。

图8.3-22 闽南传统建筑特色元素

图8.3-23 使用乡土材料的建筑立面装饰

（5）漂浮建筑。当服务区选址靠近水域且无通航等特殊要求的节点时，为节约土地资源，可利用水域设置轻型漂浮建筑。轻型漂浮建筑适用于内陆湖泊、水库，水流平稳的江河流域，特别在与风景区、度假区等景观条件较好、节点结合效果最佳的地方。水上建筑物不占用土地资源，是节约土地、充分利用空间的理想建筑方式。漂浮建筑可用于建设水上旅馆、水上餐厅等，见图8.3-24。

图8.3-24 水上漂浮的建筑设计

7) 室内环境

(1) 综合楼内驾乘人员服务设施可包括问询处、信息查询、电话、传真、信息发布屏、医疗救护、公共休息场所等。

(2) 餐厅内墙面、顶棚应色彩明亮,选用的材料和构造处理要考虑不易积灰,便于清洁,见图8.3-25。地面宜选用耐磨、耐腐蚀、防滑、易清洁的小型块状吸水砖地面。

(3) 公共厕所应优先考虑自然通风,屋顶应设置双层叠加屋面,设置透气窗,确保空气对流通风。各类公共厕所要进行视线遮挡设计,保证厕位不暴露于厕所外视线内,厕位之间设置隔板,有条件的地区可用植物美化环境,见图8.3-26。

图8.3-25 餐厅内顶棚装饰

图8.3-26 厕所内植物美化环境

(4) 建筑照明可采用反光板、棱镜玻璃窗等简单措施,导光管、光纤等先进的自然采光技术可将室外自然光引入室内,改善室内照明质量和自然光利用效果。

(5) 建筑设计优先考虑采用自然通风,当自然通风不能满足室内空间的通风换气要求时,采用机械通风或自然通风和机械通风相结合的复合通风。避免公共厕所、餐厅、厨房、地下车库等区域的空气和污染物串通到其他活动空间对活动人群造成影响,见图8.3-27。

图8.3-27 服务区建筑通风及自然采光

(6)建筑物内产生大量热湿以及有害物质的部位,优先采用局部排风,必要时辅以全面排风,厨房和卫生间应设置辅助排烟气设施。

8.3.7 生态环保

(1)服务区废气、废水、废渣、噪声应符合国家相关排放标准,同时还应达到服务区所在地环境功能区划规定的环境质量标准。

(2)生态环保设计以保护自然环境、维护生态平衡、资源循环利用、降低环境污染、服务高品质化为宗旨,结合当地自然环境、社会环境、交通需求、旅游需求、地区经济发展等条件,制定适用的生态环保设计方案,见图8.3-28。

图8.3-28 服务区内生态绿地设计

(3)"渗、滞、蓄、净、用、排"等方法并举,对服务区场区外地表径流、建筑物屋顶雨水进行收集,用于绿化灌溉或接入服务区中水管网用于冲厕,见图8.3-29、图8.3-30。

图8.3-29 服务区绿地内设置雨水收集系统　　图8.3-30 服务区雨水、污水收集处理系统

(4)污水处理设施、垃圾暂存转运及处理设施等附属配套设施应综合考虑风向、地形、管线布置、景观效果等因素,设置在场区内隐蔽的位置,见图8.3-31。

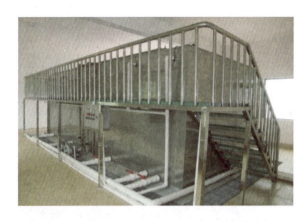

图 8.3-31　服务区多介质生物滤池与人工湿地设计

（5）服务区汽车维修等生产服务产生的废旧轮胎、废金属等，应分类储放，并运送有关地方妥善处理。

（6）场区竖向设计合理，排水系统通畅，铺装地面无积水。

（7）服务区生活垃圾应进行分类储存，并送附近垃圾处理场进行处理，见图 8.3-32。

图 8.3-32　服务区生态粒子垃圾处理装置

（8）服务区生活设施可安装双层玻璃，以减少噪声的影响。

（9）主线与服务区场区之间、人行空间与车行空间之间、大车停车场与小车停车场之间、房车营地之间、各类休息场地之间宜采用绿地进行隔离。

（10）场区内照明在满足眩光限制和配光要求下，采用智慧型、效率高的灯具，并尽可能采用分区域、分时段控制等节能手段。

（11）为了提高室外环境的人的舒适度，场区内设置绿化或者构造物时要考虑其对自然风流动的阻碍，避免形成无风区和涡旋区，阻止室外散热和污染物消散。

8.3.8　景观绿化

（1）服务区、停车区、服务站、停车点、观景台等进行景观设计时应充分利用场地周边自然景观,展开公路文化特色,并统筹考虑场地功能需求,景观布置、风格、色彩应与建筑物及周围环境相协调。

(2)景观绿化布置应考虑观赏与休憩造景相结合。停车场绿化重点考虑遮阴,辅助用房附近绿化重点考虑遮挡视线,见图8.3-33。

图8.3-33 停车场及休闲广场绿化遮阴设计

(3)物种选择应结合当地气候、土壤等自然环境条件,适地适树。重点选择生长稳定、易维护、观赏价值高、隔声降噪、利于净化空气等环境效益好的物种,物种搭配应符合植物间相克相生的生态习性。绿化配置以栽植枝冠发达、遮阴面积大的乔木为主,乔木、灌木、地被植物相结合设置。

(4)对场区内原有的名木古树及有价值的树木应予以保护、留存或移栽利用,对成片林木尽量予以保护、利用。

(5)服务区、停车区绿地应根据需要配置灌溉设施,灌溉用水宜利用中水,中水水质应符合国家相关标准的规定。

(6)绿地坡向、坡度应符合排水要求并与排水系统结合,防止绿地内积水和水土流失。

(7)室外休息区可结合周边自然景观和场区绿化,采用长廊、凉亭、步行道、花园等形式,与停车场分隔设置。硬质景观应与主体建筑风格相协调。步行道、长凳、凉亭的设置位置应根据场区行人流线确定。

(8)实现公路沿线自然和人文等景观资源的充分融合,开展以特色自然景观、特色文化展示为主要内容的个性化景观设计,通过对视觉、触觉、嗅觉和各种文化和艺术感受的心理设计与多种感官调动,给过往旅客留下当地文化、乡土景观的触摸感受,见图8.3-34、图8.3-35。

(9)坚持"自然融合"的景观设计理念,采用自然和谐的乔灌草花相结合方式绿化,合理选择绿化物种、绿化方式和搭配设计。绿化植被优选当地乡土植物,具有耐候性强、病虫害少、对人体无害、吸附或净化能力强、适合当地气候的种类。

图8.3-34 服务区景观绿地设计

图8.3-35 服务区环境艺术设计

（10）为提高出行舒适度，在小车停车位设置绿化隔离带，为驾乘人员提供遮阴、纳凉场所，降低能耗、隔绝噪声。分隔带根据绿化宽度可进行微地形设计，在此基础上选用干直、分枝点高、冠幅大的不遮挡驾驶员视线的乡土乔木为主进行绿化栽植，见图8.3-36。

图8.3-36 采用不遮挡驾驶员视线、高大乔木绿化的停车场设计

（11）合理设计下沉式景观绿地，合理选用耐旱、耐涝植被，实现景观与周边原有的自然景观及人文景观协调统一，见图8.3-37。

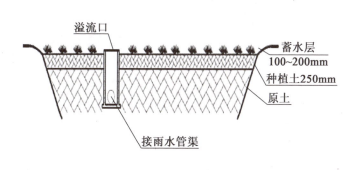

图8.3-37 下沉式景观绿地结构示例

（12）合理采用屋顶绿化、垂直绿化、斜面绿化等立体绿化技术，以在增加场地绿化面积的同时，改善屋顶和墙壁的保温隔热效果，降低能耗，见图8.3-38。

图8.3-38 服务区立体绿化设计

8.3.9 信息引导

1）标志标线

（1）服务区出入口及场地内须设置引导类和说明类的标志，并可根据需求设置安全警示类标志。

（2）停车场内人行横道附近、广场和步行道的适当位置应设置行人路径指引标志，停车场内人行横道附近的行人路径指引标志应指示公共厕所、餐厅、购物场所等设施，广场和步行道设置的行人路径指引标志应指示停车场以及距离较远的公共厕所、餐厅、购物场所等设施。

（3）服务区内须设置信息标识板，信息标识板应标识相关高速公路服务区布局现状及本服务区所处位置，提供本服务区情况简介。

（4）标志标识牌须指示清晰，并不得影响车辆的行驶或侵入各功能区的建筑限界。

（5）在服务区内道路线形急剧变化、临近陡坡、深水等危险环境及行人经常穿越的车行道等特殊区域应设置警告标志，见图8.3-39。

（6）未设置路障且高差较大的广场区域、紧临行车道的大面积低矮绿地、服务区内的深水景观等危险区域应设置禁令标志，见图8.3-40。

（7）人车共行的道路等区域应设置指示标志，在不同类别停车区的分区、距离目的地较远或路线易混淆等区域宜设置指示标志，见图8.3-41。

（8）周边有优质旅游景点和景区的服务区应设置景点介绍旅游标志。

（9）无障碍通道、无障碍停车位、建筑的无障碍出入口、无障碍厕所、休闲场地的无障碍出入口等无障碍设施旁应设置无障碍标志，见图8.3-42。

图 8.3-39　特殊区域警告标志

图 8.3-40　危险区域禁令标志

图 8.3-41　不同类别停车区分区指示标志

图 8.3-42　无障碍标志

（10）设有充电桩的停车位应设标志牌指示，见图 8.3-43。

（11）标线的设置应根据各功能区情况因地制宜、全面详尽、细致入微地设计。

（12）标线应与标志有机结合，功能相同或相似的标志、标线应根据设置位置统筹考虑，避免内容矛盾造成驾乘人员注意力的分散。

图 8.3-43　充电桩停车位标志

（13）人行横道线、导向箭头等标线结合当地的地域特色、自然环境、人文环境等可做适当的创意设计，见图 8.3-44。无障碍机动车停车位的地面应涂有清晰的停车线、轮椅通道线和无障碍标志，可配合立柱式的无障碍标志标识方便意向使用者辨识。

图 8.3-44　特色人行横道线

（14）标线的涂料可采用新型环保材料。

2）信息查询

（1）服务区公共区域可提供免费无密码的无线网络服务。

图 8.3-45　自助式（触摸屏）出行交通信息服务系统

（2）结合公众出行需求和高速公路信息平台数据，在服务区内人流量较大的区域选择合适位置，利用信息技术和触摸屏交互方式，向公众提供详尽完整的服务查询系统，包括实时路况、周边旅游信息、出行指南、服务区简介模块等，见图 8.3-45。

（3）鼓励增设出行路线、出入口名称、目的地位置、交通违章查询、通行费等出行信息，以及提供周边景点、旅游攻略、商旅订餐、促销活动等查询与预定等多功能服务。

8.3.10 能源服务

随着国家绿色能源战略的持续推进,服务区能源服务需求多元化,LNG 加液、加氢、汽车充换电功能等需求日益增多。服务区设计需合理布局清洁能源,有条件的地方可设置加气、加氢及充换电站提供综合能源服务。

(1)加油、加气、加氢站应与休息区保持安全距离,保证交通顺畅,减少车流与人流交叉。标识应明确,入口及出口处设有清晰明确的标志或专人引导车辆,避免不必要的排队拥堵(图 8.3-46)。

图 8.3-46 能源服务标识

(2)相关设施的建设或改造需充分考虑周围环境及工程特点,依据相应的规范和规程,制订设计、施工方案。

(3)可设置大小车分流的加油站,合理设计通道,提升服务效率和安全水平。货车应尽量采用通过式通道,选用大流量设备以提高效率。

8.3.11 功能拓展

(1)服务区在配置车辆服务、人员服务、附属服务等基本服务功能的基础上,可基于旅游服务等其他功能定位,拓展配置旅游休闲娱乐、客运换乘、仓储、物流服务等服务功能。

(2)对服务设施拓展旅游、物流等功能的改扩建时,不宜影响服务设施基本功能的正常运营。

(3)在旅客资源丰富的服务区可设立接驳站点,合理选址,减少班线客车与服务区、停车区内部车流、人流冲突。旅游主题服务区旅客接驳点设置应符合国家、行业、地方相关规范及旅游景区总体规划。视服务区自身条件针对较长时间停留旅客可设置停车专区和旅客休息专区。

(4)充分利用公路养护工区、场站等用地,科学设置服务区、路侧港湾停车带、路侧综合型停车区。因地制宜设计观景点、汽车露营地、房车营地及旅游服务站等旅游服务设施和慢行系统。增设服务区、停车区加气站和新能源汽车充电桩设施,满足公众个性化出行服务需求。

(5)在临近农副土特产品集中产地的服务区可提供相关物流仓储服务,合理选择位置,减少其对服务区内其他功能区及对环境的综合影响,并选择符合环境保护要求的材料、设备、产品等。

(6)鼓励差异化配置服务功能,单一廊道内因地制宜,深挖特色,提供多品类服务体验,丰富体验感受,提升公路形象满意度,助力地方经济发展。

(7)服务设施建筑根据服务定位,尽可能突出地域民俗特色,着力打造服务品牌。如服务区可引入当地口碑较好的海鲜大排档、特色农家饭等特色餐饮,服务品牌等开设公路旗舰门店,为过境驾乘人员提供品尝当地特色美食的便捷场所,使服务区兼作特色民俗体验区,有效带动乡村振兴发展和脱贫攻坚,见图8.3-47。

图8.3-47 服务区设置地域特色的民俗村店

(8)高速公路服务设施还可兼顾周边社会需求,在车辆物理隔离的前提下,与社会服务资源合址建设。

第9章 景观与环境保护设计

9.1 总体要求

公路景观环保设计主要实现两方面的目的,一是保护公路沿线的环境要素,使公路更好地融入自然环境;二是提升公路景观效果,为使用者提供良好的行车体验。景观环保设计需满足以下总体要求:

(1)坚持最大限度保护原真自然环境。

(2)因地制宜采用技术措施,有效防治污染、恢复生态。

(3)通过景观利用与营造,使公路与路域环境自然融合、和谐共生,并恰当展现地域文化底蕴。

(4)提供安全舒适的视觉体验,全面提升使用者的舒适感、愉悦感。

(5)以公路基本使用功能为主,避免刻意人工造景和雕琢的痕迹。

9.2 公路景观设计

公路景观主要指公路使用者可见的路内和路外景观,路内景观包括线性和节点上的构筑物景观、交通安全景观等;路外景观包括自然景观和社会人文景观。

9.2.1 景观规划

公路景观规划是以公路走廊带为基础,通过对廊道内景观、文化、生态等方面的深入调查、分析与挖掘,充分考虑使用者游憩需求、联通需求、体验需求,辨识路段景观要素、提取路段景观特征、确定景观设计主题,从景观、文化、视觉等角度提出具体区段、节点设计中的景观策略与要求,影响主体及其他附属设施建设方案的选择,保证项目整体景观设计的合理性、特色化和节奏感。

公路景观规划对公路特色具有总体把控作用。因此,景观规划在主体工程设计阶段参与到公路总体设计中,可以从景观美学的角度适度影响公路主体结构的美学设计、提出合理建议,如选线、桥梁外观、挡墙、隧道洞口、观景台选址等(图9.2-1),避免在后期设计中走弯路。公路景观规划主要包括沿线景观调查与评价、景观主题定位与段落划分、景观规划策略与设计要求。

图 9.2-1　主体工程的景观效果

1）沿线景观调查与评价

沿线景观调查应由景观及公路设计专业人员共同进行。评价可采用模拟评估法,根据景观调查表及特征照片,由公路及景观方面的专家、设计团队组成人员、使用者等共同组成的评价团队进行评价,每组景观应由 3 人以上进行打分,一定程度上提高评价的客观性。也可采用层次分析法等,建立评价模型展开评价。

(1)划分基本调查单元开展调查

利用航拍图或地形图,以一定范围(如 500m×500m)作为基本的调查单元;或在实际调查的基础上,结合现场实际情形,将此范围适度放大或缩小,以利于调查及资料收集。

调查内容包括:自然景观即公路廊道内的天然环境所形成的高质量的视觉风景,包括地质构造、天然地貌、化石、天然水体、野生动植物等;文化历史景观即具有见证地域历史变迁或人类社会发展历史的文化遗产观赏物,包括文物、建筑、非物质文化等;非物质文化即能够展示地方民俗和传统生活或展示科技、艺术成就的观赏价值,包括音乐、工艺、歌舞、活动、节庆等。

(2)景观质量评价

以公路沿线视觉景观质量(如景观生动性、完整性、和谐性等)、景观价值(如独特性、代表性等),以及视觉序列体验(如序列统一性、序列变化性、公路指引性等)为主要评估要素,对公路沿线景观质量进行评价。通过评估指标评分结果,并结合初步现场观察,共同确认路段内的景观质量。一般分为优良、一般、较差三类情况。

(3)景观特征分析

针对公路基本调查单元的地形条件及公路廊道沿线城市化水平,得出同类型路段形态,作为路段景观主要类型界定的参考。同类型路段延续长度可能为数公里至数十公里不等。在此基础上进一步考虑不同路段所处地域历史文化特征,总结不同路段的主要景观类型特征。

2)主题定位与景观段划分

(1)根据项目总体自然景观及地域文化特征,提炼景观设计主题。

结合评价、归纳项目公路景观及文化价值的主要特征,归纳要点包括:具有地域代表性、可使人产生深刻记忆、具有鲜明的景观格局;并根据项目建设的背景,提出总的景观设计主题,以把握项目景观设计的方向,突出项目特色。提炼主题时可以从以下三方面切入:

①基于功能分析。通过综合分析公路总体定位、区域历史沿革、沿线用地特征、周边环境特点和景观结构等因素,结合沿线用地特征,确定各段落景观营造的延伸范围,综合上述分析结果,明确该段落在景观营造工程中的突出的功能,确定核心主题。

②基于形象提取。根据公路沿线自然和社会环境的形象特征,基于美学要求,有选择性地提取各沿线特点突出的环境形象,挖掘深层次隐魂、气质、个性和精神,进行创作、扩展和延伸,作为该段落景观营造的主题。

③基于文化凸显。文化是公路景观设计的一个重要主题定位要素。以自然地理特征为载体,地域文化为内涵,展现和延续地方文化,实现景观与文化的融合。

(2)根据沿线自然与人文特征分析评估,划分景观主题路段。

分析内容包括沿线地形地貌、土地利用类型、地域文化,结合路段所处区位,综合确定路段特色,以划定路段景观主题,为后续局部展开景观营造、利用特色景观提供基础。公路各景观分段的主题定位应考虑依托公路整体主题,以分段范围及周边区域为对象,从居民、品牌、建筑、管理、环境、产业、社区、文化等8个不同维度,明确各分段主题。公路景观段落主题设计应加强与所在公路整体主题的联系,突出地域文化和景观风貌的挖掘。各景观段落应有重点的展现区域景观特色,体现差异化、个性化。通过运用动态视觉景观理念,根据车速与视点不断移动的特点,考虑动态视觉与心理效果,对全线景观空间进行划分(图9.2-2)。各景观分段宜采用粗线条、大轮廓、大色块、大尺度的品质化、精细化设计,这样不仅可以提升公路整体的景观品质,给驾乘人员留下深刻印象,也可以展示、宣扬地域特色,有效避免"千路一景"的现象出现。

图9.2-2 公路景观路段分别展现木雅和雪域文化

(3)根据景观质量评价结果,区分景观利用、优化、改善路段。

在整体风貌、特质及主题的定位确定的基础上,根据景观质量评价结果,评选确定公路不同形式,对不同形式路段采用不同景观设计手法,见表9.2-1。

表9.2-1 不同形式路段特性

路段类型	设计手法
景观利用路段	● 公路沿线具有特殊的人文景观或自然景观资源,并且具有一定的延续性,足以让游客行经时产生整体的环境印象 ● 公路沿线具有环境敏感性,不适宜增加过多的硬质设施 ● 公路景观及空间结构具有序列性变化
景观优化路段	● 公路沿线景观优质资源相对较不足 ● 公路沿线并非环境敏感地区 ● 公路景观及空间结构缺乏序列性变化
景观改善路段	● 沿线景观环境较差,如山体开挖、裸露,建筑杂乱,挡防设施景观效果较差等

3)景观规划策略与设计要求

(1)根据路段景观主题,分别针对线性和节点景观,提出打造策略和要求。

①对于线性景观,主要根据路段景观特征,分别提出路侧景观、中分带景观的关键设计策略,提出核心要求,保证后续具体设计中公路线性景观与环境视觉效果协调一致、顺畅衔接。

②对于选定的节点景观,则主要根据路段景观主题以及周边景观特征,结合使用者需求,提出关键设计策略及主要要求。如确定观景台设计如何与相关景区景点关联、是否增加科普展示或其他服务内容、采用自然式还是现代式设计手法等。

(2)根据路段景观质量,分别针对线性和节点景观,提出利用、优化和改善措施。

①对于景观质量优质路段,以驾乘人员充分感受和领略沿线的高品质景观为目标,在景观规划设计中应以保护与展现为主要手段,尤其要避免对路侧景观过度绿化美化,喧宾夺主,干扰路域景观展现,有时"无为即最佳",见图9.2-3。

图9.2-3 路侧的"简"更能展现路外的"美"

②对景观质量一般路段,可适当进行路侧景观优化,丰富景观,通过合理的设计手法和展示形式将此段落的自然、人文、生态等方面精髓进行展现与丰富,提升绿色公路整体景观水平与景观品质。如针对路域农田景观,既往景观利用中习惯密植行道树绿化,遮挡了乡村风光欣赏,也使路内景观单一,而通过点缀式栽植,在利用景观的同时,丰富其景观表现,见图9.2-4。

图9.2-4　适度的点缀性栽植可丰富路域景观

③对景观质量较差路段,以引导车辆安全、快速通过为主要任务,有条件时可协同地方政府部门优化路域景观,在路侧景观设计中可综合采用屏蔽、遮挡、美化等手段,改善通行体验和感受。如通过整齐划一的行道树遮挡路外的环境,同时压缩公路视觉空间,促使车辆以正常速度通过,见图9.2-5。

图9.2-5　整齐划一的行道树可起到遮挡作用

9.2.2　线性景观

公路线性景观主要包括路侧景观、高速公路中央分隔带景观。路侧景观包括土路肩、边沟、碎落台、边坡、截水沟、隔离栅等的景观。线性景观一体化主要是指基于驾乘人员行驶体验以及与沿线环境和谐统一的考虑,不区分路侧绿化部位,统一考虑植物选择、配置方式、地形整理、设计手法等,以形成完整、统一的路侧景观,并实现与周边景观的自然过渡、渐次融入。

1)路侧景观设计

(1)设计要点

①路侧景观自身一体化、与沿线周边景观一体化设计。在响应景观规划策略及设计要求的基础上,尽量选择乡土植物种类;植物配置方式与各路段自然植被群落变化保持一致;边坡地形整理采取圆弧形等模拟自然式边坡的形式;设计手法可选择漏景、透景、诱景等景观手法,营造安全、舒美、自然协调的公路景观,见图9.2-6。

图9.2-6 边坡与植被自然过渡

②路侧景观设计注重对驾乘人员视觉体验影响。通过绿化植物的种类选择和配置模式,从空间层次、季相变化、兴奋点营造等方面营建不同观赏效果的路侧景观,形成具有节奏变化的路线景观(图9.2-7)。在植被配置中还需要保障行车安全,避免路侧绿化遮挡交通标志,影响行车视线。

图9.2-7 沿线点缀亮点和文化

(2)挖方段路侧景观

①挖方段植物选择应兼顾近远期的景观观赏效果、前期固土护坡能力、远期植物的演替更新等,在景观优化或改善路段,为缓解驾驶员视觉疲劳、乘客旅途枯燥感,可适当

采用彩叶、草花等乡土植物,以丰富景观多样性,见图9.2-8。

图9.2-8 彩色植物与点缀植物丰富视觉体验

②一级碎落台需留出足够的路侧净区,以提高行驶的安全性。二级及以上碎落台在边坡生态恢复的基础上,适当点缀栽植有乡野特色的花灌木及攀缘植物,以柔化碎落台的生硬感、丰富路侧植物景观层次、提高边坡的植被覆盖度(图9.2-9)。此外,如果项目所在区域植被茂密,临近边坡坡顶保留有原生植被,则在公路占地界内、边坡坡顶可栽植处,丛植与原生植被相近的乡土灌木种类,实现公路内外的景观过渡,见图9.2-10。

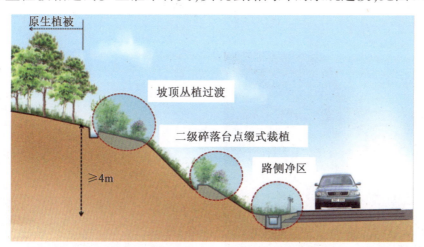

图9.2-9 挖方高度≥4m的路侧生态绿化断面图

图9.2-10 坡顶丛植过渡

③浅碟形生态边沟在实现排水功能的同时,能够与自然融为一体,景观效果良好(图9.2-11)。关于浅碟形生态边沟的设计方法可参见第3章路基设计部分。

图9.2-11 生态边沟的景观效果

④若所处区域气候条件适宜植被生长,对挡墙进行生态化处理,如在挡墙的墙角处和墙顶处栽植攀缘植物对挡墙进行覆盖,以弱化其生硬感;在临近城市路段,可将挡墙设置为生态挡墙形式,进行绿化栽植,见图9.2-12。

图9.2-12 挡墙的生态化处理

若挡墙所在区域历史文化沉淀丰厚,可通过凝练区域典型文化元素,尽量利用乡土材料和生态环保材料,在挡墙上进行大尺度的流线型表达,以增强绿色公路的文化底蕴和地域特色,见图9.2-13。

(3)填方段路侧景观

①填方路段一般视点较高、视线范围较开阔,在景观利用路段,应尽可能保持行车视线的通透,以充分体现两侧良好的农田、山峦、河流、村落等原始景观风貌。在景观优化和改善路段,应通过恰当的生态景观设计进行优化、补足或遮蔽,以营造优美舒畅的路内行车环境,见图9.2-14。

图 9.2-13　挡墙的地域化处理

图 9.2-14　填方段公路景观开敞与适当遮蔽

②填方段植物选择除应兼顾前期固土护坡能力、植物的演替更新规律外，还应注重路外人的视觉效果，可选用根系深、抗逆性强、多年生的乡土草本、灌木、攀缘植物，可见处可点缀乡土草花，见图 9.2-15。

图 9.2-15　选用乡土植物并注重路外景观

③护坡道景观设计中，当填方高度小于或等于 4m 时，可通过局部路段自然式丛植乡土乔灌木的方式遮蔽不良景观、丰富景观变化。当填方高度大于 4m 时，护坡道通常在行车道视线之外，其植物景观营造效果不明显，可直接通过撒播植草进行生态修复。同时应避免遮挡沿线良好景观风貌的行道树绿化形式。

2)高速公路中央分隔带景观设计

(1)中分带形式适宜性分析

目前中分带形式主要分为植物防眩类和非植物防眩类。我国地域辽阔,生态环境条件差异大,加之中分带立地条件差,并非所有地区都适宜采用植物防眩设置中分带。因此需在景观设计初期首先根据当地气候条件、降雨量、植物生存条件等判断在中分带进行植物栽植是否能保证其成活率、是否具有足够长的存活期,以避免经常性更新,例如在新疆、内蒙古等干旱、寒冷地区不适宜采用植物栽植的方式进行中分带设计。

(2)植物选择

由于中分带立地条件差、空间小、土层薄、污染重、混凝土沙粒多、夏季地表温度高,要求选择的中分带植物必须适应当地自然气候环境,首选适应性强、耐贫瘠、耐高温、抗风沙、抗旱力强、多年生的乡土植物种类。此外,从功能的角度考虑,应选择缓生、抗逆性强、耐修剪、枝叶茂密的常绿植物作为主要防眩树种;从缓解驾驶员视觉疲劳的角度考虑,可适当加入经过长时间驯化能够较好适应本地气候条件的彩叶或有花且非蜜源的园林植物,见图9.2-16。

图9.2-16　中分带植物选择

(3)植物防眩设计

①中分带宽度在3m及以下时,基于动视觉理论和视觉体验的心理影响,特别为缓解长时间单一信息引发的驾驶员视觉疲劳,中分带景观宜每隔6~10km变换一次植物配置方案。采用规则式的植物配置形式,主要包括一字形等距栽植、等距复合密植、绿篱密植、球柱间植、多层次复合栽植等形式(图9.2-17)。灌木宜种植在防撞护栏内侧,外侧采用地被类镶边,在不同灌木组合形式设计上,应大分段间隔设置,既要富有变化,又要避免杂乱无章,形成连续不断、动中有变的"绿色长廊"。

②防眩树种植物规格应满足遮光原理,防眩植物最小冠幅处直线路段遮光角不应小于8°,平曲线、竖曲线路段遮光角应为8°~15°,防眩植物高度宜1.6~1.8m(图9.2-18)。在山区高速公路转弯爬坡路段,中分带设计根据坡度计算防眩高度,植物高度需避免下坡车辆对对向上坡车辆产生眩光。

图 9.2-17 宽度≤3m 的中分带植物景观营造效果

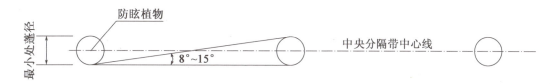

图 9.2-18 中分带防眩植物布置图

③中分带宽度大于 3m 路段,在满足防眩要求的前提下主要使中分带景观与沿线路域景观风貌吻合、融合。例如可使用乡土植物采用自然式布置形式呼应沿线原生植物群落形态,在戈壁或荒漠路段则不进行栽植而保留戈壁或荒漠的形态。在临近城镇的路段也可通过景观小品设施创意设计点睛式反应区域典型文化。此外,在条件允许的区域,可结合现场实际将地形生态化处理与雨水利用相结合,营造充满生机的微生态系统,实现雨水的有效收集和中分带环境的自我循环,见图 9.2-19。

a) 戈壁地带中分带加宽的高速公路是一段独特的苍茫旅途

b) 生态化处理和保留水体的加宽中分带　　c) 自然式栽植的中分带

图 9.2-19 宽度>3m 的中分带景观营造实例

(4)非植物防眩设计

当公路所处区域的气候条件不利于植物生长时,采用防眩板或防眩网的形式进行中分带的防眩。防眩板和防眩网的颜色不宜太过鲜艳亮丽,能够较好融入周边环境。但在重要路段或进入服务设施前后路段可变换防眩板或防眩网的颜色,为驾乘人员提示相关信息(图9.2-20)。防眩设计可结合项目所在区域的民俗文化特色,提炼项目所在区域典型历史文化元素,对工程防眩设施进行适度的地域文化的景观化表达,用恰当的景观表达手法进行展示,但要防止过度景观化以免对行车安全产生影响(图9.2-21)。

图9.2-20 具有提示和警示功能的防眩板设置

图9.2-21 具有地域文化特色的防眩板

9.2.3 节点景观

节点景观包括服务区(停车区)、观景台、互通区、收费大棚、收费站及管养工区、隧道口等景观。其中,服务区(停车区)、收费站及管养工区、隧道口等节点景观分别在第8章服务设施设计、第6章隧道设计等章节中予以体现,本章只对观景台、互通区景观设计进行介绍。

1) 观景台景观设计

(1) 选址

适宜的观景点位置一般需要在路线大致确定后,根据现场踏勘实际确定。在条件允许的情况下,景观规划时发现较为优质的观景位置,可建议总体设计或路线设计增加观景点,从而提升公路景观水平,见图9.2-22。

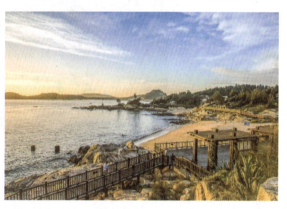

图9.2-22 观景台位置与周围环境融于一体,开阔壮观

此外,在工作前期还可结合GIS等工具叠加土地利用、地形、路线等地理数据信息,采用视觉分析的手段,辅助识别较为优质的观景点位置,为后期实地踏勘提供基础。

(2) 设计要点

①观景台的布局设计应突出其停车、观景、休憩等基本功能,并根据项目的具体特点,因地制宜设置诸如当地特产售卖、地域文化展示等功能区域。具体设计可借鉴景观设计方法,将建筑、植物、水体、环境设施等多元要素统筹综合,体现绿色公路要求和工匠精神,见图9.2-23。

图9.2-23 一处简单的观景台也可以发挥景观设计水平

②主线与观景台间的绿化隔离带宜进行适当的微地形营造,选用乡土植物及经过长期驯化的外来适生植物进行乔灌草的复合式配置栽植,并考虑植被建植初期的隔离、景

观效果，形成疏密有致、高低错落的植物景观，使观景台与主线行车空间形成较好分隔，互不影响，见图9.2-24。

图9.2-24 最大程度保留现状地形及植被

③根据现状实际及发展需求，合理确定观景台停车区规模，一般设置可供5～10辆车同时停放的停车区域，鼓励采用嵌草砖等生态型的铺装形式以最大程度绿化场地。应重视停车区域的遮阴树种栽植，不具备植物种植条件的地区可考虑设置太阳能停车棚等兼顾功能与低碳环保要求的功能性设施。

④统筹考虑场地条件、功能定位、地域特色、设计立意等因素，为使用者提供最佳、最舒适的观景空间和视角，于细节处体现设计水平和场地精神。点睛设置雕塑、景石等装饰性小品，烘托项目的文化内涵和艺术效果；若场地外侧临空并有大于0.7m的高差，应设置栏杆防护，见图9.2-25。

图9.2-25 有护栏的观景区

⑤休憩区应重视休憩座椅、景观亭、廊架等室外功能性设施的合理布设，其材质、颜色、形态应与周围环境相呼应。若场地附近出产当地特色产品，可在休憩区内设置展示和销售特色产品的区域，展示当地特色的同时带动沿线经济发展，见图9.2-26。

a) 符合乡土环境特点的休憩亭

b) 在迎车面醒目的位置设置标识性构筑物

图9.2-26 观景台休憩区

(3) 解说系统设计

①鼓励结合项目特点及场地特色进行解说系统的创意设计,注重解说设施与环境的融合,突出鲜明特色形象的展示。同一项目中应保持设计风格和元素的统一,并与主题相呼应。

②解说系统的设计应重点满足以下要求:

——规范性:版面颜色、形状、字体尺寸满足相关标准、规范要求。

——系统性:指路标志与旅游标志形成统一体系,指引信息分层指引。

——特色性:充分考虑项目所在区域的历史文化底蕴和自然生态特色,以构建文化内涵底蕴深厚、地域特色鲜明易识的标识系统,见图9.2-27。

图9.2-27 与地域融合的解说设施

③在满足规范要求的前提下,尽量采用乡土或自然材料,材质和色彩能够与周边环境较好融合,整体形象简洁、美观、大方,易于辨识。

2) 互通区景观设计

(1) 地形整理要点

①互通区的地形整理应注重互通立交与周围环境的高度融合,通过立交范围内的地

形整治形成合理的线形设计和地形骨架。如图9.2-28所示,通过利用项目的弃土弃渣,尽量将匝道环内的边坡放缓,结合互通区的排水需求进行匝道环内的地形营造,以形成平缓舒顺的互通区地形骨架,并与周边的平坦地形地势相呼应。

图9.2-28　互通立交匝道环内的边坡放缓及地形营造

②在匝道分流鼻端出口之前应保证满足判断出口所需的识别视距,通过适当的微地形营造并因地制宜配置具有一定提示引导功能的植物绿化(图9.2-29),有效减弱主线和匝道环的行车干扰,在合流鼻端之前应满足所需的通视三角区。

图9.2-29　互通区地形整理效果

③在不影响视距的区域,匝道环内的地形地貌、原生植被应最大程度原地保护和利用,提高互通的景观效果和水平,降低后期的绿化成本,见图9.2-30。

图9.2-30 互通立交匝道环内的原生植被保护

④如果互通区位于低洼、汇水区域,如所在地块原有湿地、稻田或坑塘,可结合互通区排水,创造汇水条件,通过人工湿地恢复的方式,利用匝道环内空间,恢复湿地生态景观,营造水体景观,见图9.2-31。

图9.2-31 互通立交匝道环内湿地恢复与水体景营造

(2)植物配置要点

①同一公路项目各个互通区内的绿化布局形式和植物选择宜在统一的设计风格下体现多样性和特色性,各互通区之间应有机联系、特色突出,并与周边环境协调融合。

②植物景观应追求大尺度的连续流畅效果,满足动态观景需求和不同角度的观景需求,并突出植物的季相变化。

③互通区应主要选用乡土植物和经过长期驯化的适生植物,通过自然式、群落式栽植,尽力营造生物栖息地以及舒适、协调的互通区环境,见图9.2-32。在城市入口型互通区,也可适当采用规则式栽植方式与城市景观环境相适应。

④匝道转弯内侧,不能种植高于2m的乔木或大灌木,避免遮挡驾驶员视线。

图 9.2-32　互通区转弯处保证实现通透,环内保留原生植被

⑤在互通区视觉焦点处进行诱导性栽植、标志性栽植,提升景观效果,使驾乘人员能更加安全和流畅地通过互通区域,同时应结合安全设施,避免出现遮挡标志牌等影响行车的现象。

⑥临近城镇或城市入口型互通立交的景观营造应注重地域文化的提炼和展示。例如在通往重要城镇或连接重要旅游资源的互通区,可在适当位置采用城市景观设计手法,兼顾信息提示和文化展示,见图 9.2-33。

图 9.2-33　临近城市互通区的城市景观设计手法

⑦匝道合流会车区域建议种植地被类植物,留出安全视距,保证驾乘人员安全。互通区域内都存在会车三角区域,在这个区域的种植应单独要求,避免安全隐患。

9.3　植被保护与恢复

9.3.1　重点区域植被保护

1）植被保护思路

公路设计中,应在广泛细致调查的基础上,明确植被保护目标与重点,遵循"保护优先"的原则避让目标植被类型;对受路线影响的天然植被与特色人工植被,可开展植被保护专项设计,根据目标植被位置、植被类型、生长特征、生活习性及移栽成活难易程度,针对性地提出就地保护或迁移保护方案;尽量通过采取加强施工防护措施,减少工程建设对目标植物的扰动,实现就地保护;当确需采用迁地保护时,应尽量安排在植物生长活动微弱的休眠期进行。

2)植被保护调查

调查对象应包括国家级重点保护野生植物、省级重点保护野生植物、原生天然林、古树名木、景观植物等具有较高生态价值的植物;对于改扩建公路,还应包括既往人工栽植的绿化植物。调查范围为路线内永久性用地和路线外临时用地,并应按照分布、清表方法,重点确定环保绿线范围内的保护目标植被。

调查方法包括遥感技术和现场踏勘法,采用遥感技术对公路沿线植被类型进行解译并对数据进行分析处理,掌握沿线植被基本情况,然后针对不同类型植被进行现场踏勘,确定保护植被详细清单名录。

3)公路不同结构设施建设植被保护

根据不同区域特点和不同结构设施因地制宜提出不同的植物保护方案,主要要求如下:

(1)路基建设中,重点保护路面边缘线到路基边坡坡口线之间的植物,古树名木等重点保护植被优先采用就地保护方案,其他有重要生态价值的植被可进行迁地保护。

(2)桥梁建设中,原则上只砍伐桥墩占地内林木,对桥梁下方树木资源可采取断顶、截枝等方法最大限度地保留。图9.3-1展示了某公路与桥梁基础位置不冲突的高大树木,采取断顶、截枝的办法最大限度地保护植被。

(3)隧道洞口开挖轮廓线外的植被尽可能保留,减少隧道开挖对原生植被的影响,见图9.3-2。

图9.3-1 截枝断顶,保护桥下树木

图9.3-2 隧道洞口植物保护

(4)边坡施工中,对边坡上方重要植物可采取收缩坡脚、工程防护、增大边坡坡度等措施进行保护。图9.3-3展示了某公路为保护坡顶天然林,边坡采用抗滑桩和锚杆框格防护措施,有效保护了坡顶天然林的生长环境。

(5)互通匝道环内、隧道鼻端区域、桥头锥坡区域等的原生植被,根据景观营建需要进行全部或部分保留。服务设施红线范围内可结合房建设施微调实现对重要目标植被的就地保护,对其他保护植物及具备观赏价值的乔木有必要时可以迁地保护,为景观营建回栽提供资源。

图9.3-3 采取工程措施保护坡顶天然林

(6)改扩建工程,重点对原服务设施、收费站与立交互通区等区域栽植的既有绿化植物进行调查、分类与保护。

4)公路沿线古树名木保护

(1)线外树木保护

对于临近施工红线的线外古树名木,应登记入册,建立档案,在树旁立牌标明树龄、树种、胸径等,进行围挡防护设计,施工过程中重点保护,避免施工过程损伤与破坏。

(2)线内大树

受线位扰动的古树名木,应结合树木所处位置与工程施工工艺制订保护方案。当古树名木位于征地线与坡口、坡脚之间时,可只对侵入行车净空的树枝进行截枝处理,实现保留;位于边坡之上时,可综合应用截枝、增加防护结构物等措施相结合方式进行保护,见图9.3-4。

图9.3-4 增加防护结构保护边坡上的古树名木

对位于路基上的古树名木进行迁地保护时,应制订古树名木移栽专项方案,合理选择移栽季节和保护措施,确保成活率。对于公路中线附近古树名木,可微调线路、异地移栽,低等级公路还可以大树为中心设分流岛,见图9.3-5。对于中央分隔带或立交范围内古树名木可采用就地保护方案,结合景观设计,将其纳入整体景观营建范围,见图9.3-6。

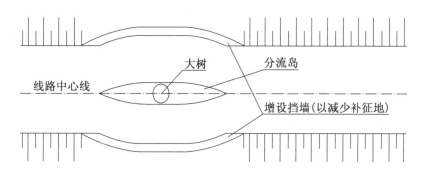

图9.3-5　设置分流道原地保护古树名木

图9.3-6　公路沿线古树名木的就地保护

5)高寒草甸草皮保护

高寒草甸草皮是一种宝贵的资源,公路建设中应尽力实现扰动区域草皮的剥离保护与利用。草皮保护与利用应贯彻尽早尽快利用、就近利用、分级利用、与表土协同利用等原则。尽快利用以减少草皮堆放时间,就近利用于水分条件相似的生态环境区,并按照不同等级进行分级利用。公路设计中应做好草皮保护规划,划定可剥离草皮的范围数量,同时配备草皮铺植需要的土壤资源。同时,还应加强以下环节管理:

(1)草皮剥离。草皮剥离重点区域主要集中在公路红线占地区域内及临时占地(拌和站、料场、施工营地等)等大片区域的草甸草皮,对于典型草甸、退化草甸、灌丛草甸等不同类型,可参考草皮块质量及石块含量多少,规划其保护与利用方式。对于石块含量多或盖度低、土质松散的退化草甸,可先用挖掘机等机械清理石块或直接剥离当作表土利用。对于灌丛草甸,可齐地面砍伐灌木之后再对草皮进行剥离。对于土壤与草皮块质量好的典型草甸,根据所在区域的地形地貌与机械化程度确定剥离规格大小与剥离方式,在地形平坦的平原区,可采用机械化剥离与搬运,剥离规格可适当大些,但最大不宜超过1m×1m;在地形起伏的山区,主要根据人工搬运可行性设定剥离规格大小,不宜超过0.5m×0.5m。

(2)草皮的堆放。根据堆放场地大小与草皮堆放面积,可采用单层堆放与多层堆叠两种形式,单层堆放占用空间大,在空间不受制约时优先选择。堆存时应将表土堆放在底层,单层草皮堆放在表土上方。多层堆叠节省空间,在缺少施工空间时优先选择。堆存时底层应垫土,并逐层码放草皮块,根据堆放时间,堆放层数以8层以下(当年使用)、3层以下(越年使用)为宜;在大型草皮堆四周可设置土袋临时拦挡,防护草皮根系层因风干而死亡。

(3)草皮堆养护包括堆体覆盖、浇水养护、翻堆通风等。堆体表面用遮阳网、无纺布或纤维毯等透气密目网覆盖,防风保水;堆放后加强日常洒水,保持湿润,土壤含水率在10%~20%之间为宜;翻堆通风主要为保证下层草皮土壤的通风和换气,在堆放期生长季,每2个月对草皮进行翻堆处理,人工将草皮堆上下轮换,使下层埋压草块间隔翻置于上层;对于堆放于地形低洼处的草皮块,还应加强雨季巡查,避免堆体积水浸泡。

(4)草皮回铺工艺。草皮回铺分为满铺式、间铺式两种类型,原则上应该采用间铺式铺植并与播种相结合的方式。间铺式草皮将草皮块分散铺植于坡面上,并在草皮块间撒播草籽,草皮可采用条带式铺植或方格式铺植,条带间及方格间撒播草籽;在土路肩上铺植拦水草皮带,在坡面上采用格式布置草皮带以层层拦截坡面径流,坡脚铺植拦水草皮带,条带式铺植沿坡面等高线平行铺植草皮带,草皮带间回填种植土并播撒草种,具体见图9.3-7。

a)方格式铺植　　　　　　　　　　b)条带式铺植

图9.3-7　两种间铺式铺植与播种结合形式

在铺植草皮前,要先进行坡面垫土,或选用挖方工程中产生的细沙土,避免将草皮铺植于碎石表面。在干旱缺水的路基边坡,应使路面径流能够补充到铺植草皮。对于间铺式工艺,还需撒播草籽,并覆盖无纺布或纤维毯,减弱太阳辐射,防止草皮块水分蒸发,保障撒播草籽的出苗。

6)公路沿线湿地保护

公路建设应避让湿地资源,实在无法避绕时,应对桥梁、涵洞、透水路基等不同构筑物对湿地影响的缓解效果进行比选评价,选择影响较小且切实可行的构筑物形式。

在鱼类或两栖类动物分布丰富、路侧植被发达、湿地生物多样性丰富的湿地,优先选择桥梁方案,并应尽可能减少桥墩的数量,减少湿地阻隔。若湿地路段过长,可采用桥梁、涵洞和透水路基相结合的方式。桥梁形式跨越湿地见图9.3-8。

图9.3-8　桥梁形式跨越湿地

9.3.2　表土资源收集与利用

1)表土资源调查

表土中含有丰富的有机质及土壤种子库,是植物生长基础,也是生态恢复的重要资源。公路设计中应充分调查土地利用类型、植被类型及对应表土厚度,分析不同类型表土养分结构特征,并根据调查分析结果,总结出各类表土质量、可收集性和收集厚度,指导公路施工清表和表土收集工作。

2)表土资源收集

根据不同地区、土壤类型、气候特点和地形特征等因素,结合工程特征和施工工艺,因地制宜地制订表土收集方案与计划。对于荒漠、戈壁等地区,可不进行表土收集,但须保护好地表结皮,保护区域生态。表土收集可结合公路施工场地规划设计,原地保存或保留表土,例如互通环内、隧道口两幅交叉三角区等区域的表土,在不影响施工作业的前提下,可不进行清表,也可作为表土堆放场地,见图9.3-9和图9.3-10。

图 9.3-9　公路表土剥离与暂存

图 9.3-10　表土收集

3）表土资源堆放

设计中应明确指定表土临时堆放地点，尽量利用互通立交区、服务区等公路永久用地进行表土堆放，并做好临时防排水以及扬尘控制措施。

表土堆场可按四边形形式，按上窄下宽的形式拍实堆放，并在周围围挡编织土袋，周侧做好排水设施，防止径流冲刷；表土堆放结束后应及时苫盖，堆放时间过长的还可撒播草籽临时绿化，防止雨水冲刷，见图 9.3-11、图 9.3-12。

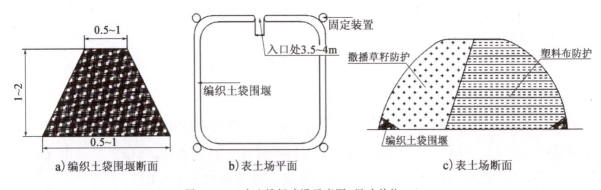

图 9.3-11　表土堆场建设示意图（尺寸单位：m）

4) 表土资源调配利用规划

遵循就近、经济、合理利用的原则,开展表土资源调配利用。对于缺土严重又无法内部调配的标段,可在表土资源富裕的临近标段适量调配。在规划设计中,分析公路沿线不同类型表土分布数量特征,并结合场地恢复工艺方案、表土利用限制因素等分析不同类型表土利用价值,提出表土资源调配利用规划方案。

5) 表土利用

表土利用可分为直接回填和筛分利用,应根据恢复场地的植被营建要求、植被建植工艺等确定利用方式。对于取弃土场、施工营地、拌和站、沿线裸露废弃地等场地可直接回填利用;筛分利用应结合机械、工艺要求,如对边坡客土喷播,可将表土过筛后用于喷播基材或配制喷播泥浆;用于装填植生袋、中分带、景观绿化场地表土回填时,可人工捡除表土中大块石头、枯枝等,见图9.3-13。

图9.3-12　公路建设表土暂存场

图9.3-13　公路表土回填利用

9.3.3　近自然植被恢复

1) 边坡植被恢复思路

边坡生态防护可根据区域气候气象条件、边坡坡度坡向、土壤质地等立地条件,因地制宜选择经济适用的技术。

按照自然植被演替规律与生态恢复基本原理,开展地形地貌营造、表土种子库利用、植物配置等方式诱导自然植被的恢复。边坡设计可因势就形,在确保稳定性的前提下放缓坡面,营造近自然的地形地貌。以植物防护、植物工程综合防护等为主要防护方式,按照适地适树(草)原则选择适生乡土植物种类,合理搭配先锋种、建群种与伴生种,实现最小化养护管理及坡面植被的良性演替,最终与周边植物群落和谐融合。在植被恢复设计中,还应采用有效的技术与管理措施防止周边放牧对人工植被的干扰破坏,确保目标植被的建成。

2）边坡植被恢复方式

根据不同边坡土质类型和坡度灵活选择工程技术。常见植被恢复工程技术及适用范围见表9.3-1。

表9.3-1　边坡主要植被恢复工程技术适用范围

技术类型	适用范围
湿法喷播绿化	适用于土质或土夹石质边坡,也可用于破碎的岩质边坡,对坡率没有严格要求,但植物生长处坡率一般宜在1:1以下
客土喷播绿化	适用于土壤成分少、土壤硬度高或岩质、岩堆、花岗岩风化砂土、碎裂岩、散体岩、极酸性土岩等无土壤边坡,坡率不应大于1:0.3
生长袋固土绿化	一般适用于已做工程加固(如方格混凝土肋)的石质边坡以及较低缓的石质边坡;配合相关加固措施还可应用于各种陡直的恶劣岩质条件边坡
钻孔栽植绿化	适用于各种类型石质、恶劣土质、土夹石坡面,要求坡面整体稳定
框架梁防护工程绿化	适用于风化较严重的岩质边坡和坡面稳定的较高土质边坡,每级坡高不超过10m
罩面网藤本攀缘绿化	适用于挖方路段,稳定性好而无须采用任何其他防护工程的微风化以上岩质边坡的绿化,边坡坡度最大可达到90°
阶梯式护面墙绿化	适用于难以恢复、但景观要求高的挖方路段
植物纤维毯护坡绿化	适用于各种类型的土质坡面,可以根据边坡防护的要求选择先覆盖植物纤维毯再播种绿化与先播种再覆盖植物纤维两种绿化方式
铺草皮	适用于需要迅速得到防护或绿化的土质边坡
土工格室固土绿化	适用于各种恶劣土质条件的泥岩、灰岩、砂岩等岩质边坡。土工格室对坡度与坡面平整度要求均较严格,坡率不应超过1:0.75,当坡率大于1:1时应谨慎使用
三维网固土绿化	适用于土质贫瘠的挖方边坡和土石混填的填方边坡,坡率不应大于1:1
植生带绿化	适用于坡度较缓、土壤条件相对较好的土质路堤边坡,土石混合路堤边坡经处理后可用,也可用于土质路堑边坡。常用坡率为1:1.5~1:2.0,坡率超过1:1.25时应结合其他方法使用。坡高一般不超过10m

续上表

技 术 类 型	适 用 范 围
人工播种	撒播法适用于土质较软边坡以及坡率小于1:1的边坡,人工播种可采用手摇式播种机进行;穴播法和条播法适用于硬质土或花岗岩风化砂土挖方边坡
苗木栽植	栽植一般适用于坡度较缓的土质边坡,或与客土喷播、打孔绿化等相结合进行石质坡面绿化
扦插	扦插一般适用于具有土质条件的边坡,对于当地或当季没有可供利用的种子资源时尤其适合采用扦插繁殖方式

3) 劣质边坡植被恢复

对于土壤成分少、土壤硬度高或岩质、岩堆、花岗岩风化砂土、碎裂岩、散体岩、极酸性土岩等劣质边坡,可因地制宜选用客土喷播绿化、生态袋固土和植物纤维毯护坡绿化进行植被恢复。

(1) 客土喷播绿化

客土喷播是以团粒剂使客土形成团粒化结构,结合加筋纤维,形成具有一定厚度的具有耐雨水、风侵蚀,牢固透气的多孔稳定土壤结构。客土基材材料、配比及喷播厚度应根据不同地质条件、施工天气、边坡类型、厚度及年平均降雨量等不同因素确定,做到"对症下药",用量各有不同。客土喷播技术绿化效果见图9.3-14。

图9.3-14 客土喷播技术绿化效果

(2) 生态袋固土

生态袋(是一种高分子生态袋,原材料为聚丙烯或聚酯纤维)内填充客土、肥料、保水剂等混合基质材料,在材料上表面均匀撒上混合草籽,形成生态袋单元,将袋体自下而上沿边坡表面层层堆叠,形成稳定的柔性护坡结构,达到牢固的护坡效果,见图9.3-15。

图 9.3-15　生态袋护坡技术绿化效果

(3) 植物纤维毯护坡绿化

以植物纤维(椰丝、秸秆等)为主要原材料,内附多样草籽、保水剂、有机肥料等,结合加筋衬网形成毯状,达到抗水蚀、风蚀、固化地表、防治水土流失、储存地表水的目的;根据坡面立地条件选择适宜的规格指标,如纤维毯强度、纤维毯厚度、分层结构、是否含草种等不同类别,见图 9.3-16。

图 9.3-16　植物纤维毯护坡绿化效果

4) 边坡恢复植物选择

植物选择应遵循以下原则:

(1) 适地适树(草)、宜树则树、宜草则草。护坡植物选择首先要考虑到繁殖材料在种植地区易于获得,种植方便易行,自生特性好,养护成本低;其次,要充分结合目标植被群落类型的建植需求,应与当地的自然植被类型相一致,植物的生态习性应与种植地区的生态条件相适应,不宜强行种植不适应当地环境气候条件的植被类型。在水分条件好、降雨丰沛的南方地区,合理选用乔、灌、草营造护坡植被;在北方干旱或半干旱地区,则宜采用灌、草营造护坡植被;在气候条件仅适于草本植物生长的高寒区及其他地区,则只宜选择草本植物。

乔、灌、草、藤、花、竹等用于边坡生态恢复的选择要求见表9.3-2。

表9.3-2 边坡恢复植物种类选择要点

植物种类	选 择 要 点
乔木	选择深根、抗风能力强、不易倒伏或折断的乔木类型;布置于远离路面边缘线的坡位,避免其对行车视线影响及对边坡稳定性的影响
灌木	选择根系发达、固土能力强、管理粗放、自生性强、枝繁叶茂、整体视觉效果好的灌木类型
草本	选择发芽早、分蘖迅速、成型快、根系发达或具有匍匐茎、固土效果好、休眠期短的草本类型
藤本	选择生长迅速、攀爬性能或悬垂表现好、覆盖范围大、观赏价值高的藤本类型
花卉	选择多年生或能自播繁衍、花期较长、花色艳丽、富有野趣的花卉类型
竹类	一般只在周围环境中有乡土种分布时,根据景观营建的需求进行选择利用

(2)先锋种、建群种相结合。通过生长快的先锋种抑制早期杂草的生长,并保护建群种的建成,其选择配比时应注意两者的结合,确定种子合理播种比例,防止先锋植物抑制建群植物。

(3)豆科与禾本科相结合。通过具有根瘤菌豆科植物,固定空气中的氮,增加群落养护,改善边坡土壤条件,减少植被的养护,增强其持续性能。

(4)深根型植物与浅根型植物相结合。通过深根植物,防止边坡浅层滑塌,与水保性能好的浅根植物相结合,提高坡面水土保持及水源涵养能力。

在生态环境敏感区域的植被修复,除了必要的物种多样性群落设计外,还应注意在分段采用不同目标群落类型,合理增加路段之间的变化性,避免群落类型过度单一,并减少病虫害。

5)营造近自然地形

地形设计须因势就形,做自然式过渡,对坡顶、坡脚以及端部的折角采用贴近自然的圆弧过渡处理,使边坡由常见的直线形变为仿山峦原貌的圆弧形,达到自然和谐的效果。图9.3-17为某公路土质和软石边坡坡顶及坡侧修整成大圆弧过渡,二级及以下边坡修整成自然山包形(曲化),多级边坡平台外侧边修整成小圆弧过渡,使坡面成曲线流线型,取得了良好效果。

6)利用表土及种子库恢复植被

充分利用分步清表收集的表土,结合相应的恢复技术进行植被恢复,改善植被生长条件,加速坡面植被稳定群落结构的形成,最终达到与周边环境一致的植被类型。

对于原生植被濒临消失的敏感区植被诱导恢复,可充分利用清表收集的土壤种子库恢复原生植被群落,根据土壤种子库特征进行群落结构配置,进行受损植被恢复。

图 9.3-17　边坡圆弧处理

9.4　注重敏感路段环保工程设计

9.4.1　野生动物通道设置

1）公路建设对野生动物的影响

公路建设对野生动物的影响主要包括栖息地影响、公路致死、移动阻隔与回避效应等,如图 9.4-1 所示。

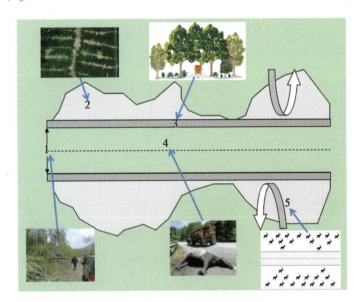

图 9.4-1　公路对野生动物影响示意

1-栖息地损失;2-栖息地退化;3-栖息地保护与恢复;4-公路野生动物致死;5-移动阻隔与回避效应

公路建设与运营对野生动物栖息地的影响包括栖息地损失、栖息地退化、栖息地保护及恢复三个方面,其中前两个为负面影响,后一个为正面影响。栖息地损失是指建设公路不可避免地要把用地范围内的林地、草地、湿地等原来的野生动物栖息地转变为建设用地,导致野生动物栖息地面积减少;栖息地退化是指公路建成运营,受车辆噪声污染和夜间灯光干扰等影响，路侧一定范围内声、光、温、湿等环境要素都会发生相应变化，会导致野生动物栖息地质量下降；栖息地保护及恢复是指公路建设可能会提高路域栖息地质量，从而更适宜于某些物种的栖息。

公路导致野生动物死亡或受伤是公路对动物影响的一个显著方面，公路致死野生动物对种群稳定性影响很大；移动阻隔会导致栖息地连接度的降低，会威胁到许多动物在不同栖息地板块之间移动以满足其基本生理需求的活动；回避效应是指公路路域范围内动物受到公路交通明显影响的范围，一般数倍于公路本身宽度，且边界是不规则和灰色的。

目前，用来缓解公路对野生动物造成影响的技术措施，主要包括设置野生动物隔离栅、设置上跨式或下穿式动物通道、设置警示牌、限速、栖息地改良、公众教育等。研究表明，设置动物通道和隔离栅的组合方式最为有效。野生动物通道对于动物的觅食、寻偶、交配，以及有效地扩散和寻找理想的栖息地等都具有较好的促进作用。

2) 确定目标物种

我国生态系统类型丰富，约有2340种陆生脊椎动物，超过世界总数的10%。我国分布的物种种类中约一半只分布于我国，包括许多拥有古老而独特的进化路线的物种，如大熊猫。我国陆生野生动物可分为7个区，分别是东北区、华北区、蒙新区、青藏区、西南区、华中区和华南区。动物类群主要分为8类，分别是寒温带针叶林动物群、温带森林/森林草原动物群、温带草原动物群、温带荒漠/半荒漠动物群、高地森林草原/草原/寒漠动物群、亚热带森林/林灌动物群、热带森林/林灌动物群、农田动物群。目标物种应针对每个分区内的动物类群，优先选择本地分布的野生动物物种，非本地物种不应该作为目标物种。

目标物种为设置野生动物通道的主要保护对象，针对不同的动物类群，一般选择保护动物、关键动物、本区优势种或常见种为目标物种。

具体通过资料收集、现场调研、专家咨询等方法确定该动物通道的目标物种，优先考虑保护级别最高或受公路影响最大的物种。

3) 通道选址

以野生动物行踪数据和公路致死率为依据，结合野生动物迁徙/迁移廊道的实际需求和总体生态格局，对野生动物通道的位置进行确定。野生动物通道的选址应由野生动物保护专业机构和交通运输部门合作完成。

(1) 通行热区判别

①对涉及公路经过区域的野生动物的特点及习性进行系统研究，从保护生态系统完

整性出发,研究项目建设和当地野生动物保护之间的关系。

②应根据公路沿线地形、植被、资源和人为干扰4个主要栖息地因子,将公路全线划分为不适宜路段、边缘路段、一般路段、适宜路段4种等级,将等级区间为"适宜路段"处判定为动物通行热区,动物通道应设置在通行热区范围内。

(2)移动路线和公路致死位置识别

在动物通行热区范围内,可凭借样线法/样方法、痕迹法、红外相机技术、无人机技术、GPS遥测项圈法等摸清目标物种沿公路的移动路线和/或识别目标物种沿公路致死高危点位,监测时间至少1年。

(3)选址点位推荐

①在动物通行热区内,将公路路线与目标物种移动路线进行叠加,选择出冲突点位,结合工程建设投资、沿线地形等实际条件,确定野生动物通道选址的推荐点位。例如,青藏公路藏羚羊通道桥的选址,首先确定通行热区是楚玛尔河大桥至五道梁段,在该段内,基于相关科研单位的长期观测,发现藏羚羊迁徙路线主要在K2996和K2998两个点位穿越公路,结合K2998处为河谷地形和投资情况,决定将该处路基改造为一桥梁通道(图9.4-2)。

图9.4-2　桥梁通道设置在动物迁徙路线上

②对于改扩建工程,基于识别出的公路致死高危点位,应增建或调整更为合理、有效和经济的野生动物通道。

4)专属通道设计

野生动物通道是公路建设中专门为野生动物迁徙/迁移而设置的通道,其主要功能是使野生动物能够安全穿越公路,从而保障动物的自然迁徙/迁移并降低公路致死率,保护野生动物和交通运营的双向安全。

(1) 确定专属通道的跨越形式

野生动物专属通道主要分为上跨式通道和下穿式通道。通过综合分析拟设通道位置周边的栖息地、地形和目标穿越物种习性等要素,来确定拟设通道的跨越形式。根据国际经验,推荐优先选用上跨式通道(类似于山区隧道上方通道,见图9.4-3)。若选用下穿式通道,需要综合考虑净空、噪声等条件,确保通道的有效性,见图9.4-4。

图9.4-3 山区隧道上方通道

图9.4-4 下穿式动物通道

(2) 确定拟设通道的净空

①野生动物通道应尽可能满足该区域体型最大物种的通行需求,并预留一定的空间。

②通过对目标物种的种类特征、穿越公路动物通道的监测、国内外类似习性物种的经验总结或专家咨询综合确定拟设通道的净空。

(3) 设置诱导生境

设置诱导生境是为了引导动物利用动物通道,故应在动物通道的出入口对动物的生活环境进行模拟设置。诱导生境主要包括植被设计、水体设计、微生境/脚踏石设计等内容。动物下穿式和上跨式通道诱导生境与辅助设施设计分别见图9.4-5和图9.4-6。

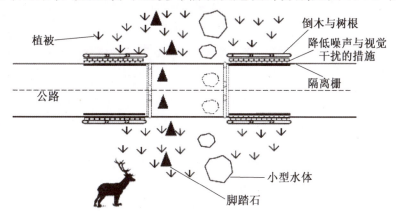

图9.4-5 动物下穿式通道诱导生境与辅助设施设计

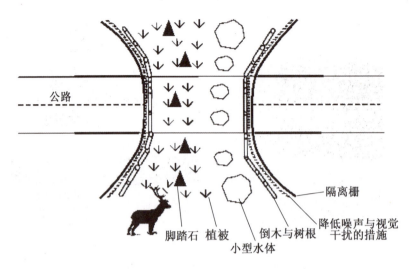

图 9.4-6 动物上跨式通道诱导生境与辅助设施设计

①植被设计。

a. 通道两侧的植被品种和密度尽量营造成动物熟悉的生境状态。

b. 可多种植目标物种的喜食植物(图 9.4-7),引诱目标物种靠近通道,可采用倒木和树根作为引导物和遮蔽物,设置成线形连通通道,引导两侧动物沿构造物穿越通道。

图 9.4-7 隧道上方通道"大熊猫走廊带"种植的秦岭箭竹

②水体设计。

下穿式动物通道多为鱼类、爬行类、两栖类和兽类动物设置,水环境的营造至关重要。在通道周边和通道内部下方设计小型水体,诱导动物靠近活动和穿越通道(图 9.4-8),并在通道内设置高于常水位的平台小道供非水生动物进入通道(图 9.4-9)。

③微生境设计。

通道表面的生境营造可引导动物顺利通过。微生境需要贯穿通道内部,同时连接两侧栖息地,起到"脚踏石"的作用。通道内部微生境种植动物喜爱的植物,通道表层采用倒木、树根、石块结合地形设计微生境(图 9.4-10),提高通道上的生境丰富性,吸引动物隐蔽休息。还可在通道上通过木板、塑料板、人工巢穴等营造爬行类动物栖息地(图 9.4-11)。

图 9.4-8　国外某上跨式通道表面设置的小型水体

图 9.4-9　动物下穿式通道内设置高于雨季高水位的平台小道

图 9.4-10　国外某上跨式通道表层利用树根营造微生境

(4)设置辅助设施

①设置隔离栅。

公路两侧应设置一定长度的隔离栅,一是阻挡动物横穿路面,避免产生公路致死,二是引导动物利用动物通道通行。

图9.4-11　国外某上跨式通道表层设置的爬行类动物的人工巢穴

对于喜欢攀爬的物种，隔离栅顶部端头向垂直于公路方向外侧弯曲约45°，防止动物攀爬（图9.4-12），目标物种如有多种，则将多种不同孔径的隔离栅相互叠加，构成复合型隔离栅（图9.4-13）。

图9.4-12　公路动物通道隔离栅顶端设计

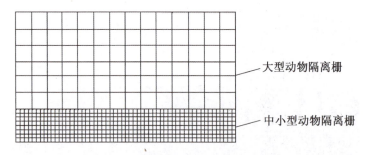

图9.4-13　公路动物隔离栅组合设计

②降低噪声和视觉干扰的设施。

公路的施工和运营会对动物产生噪声和感光的影响，宜采用生态型声屏障降低噪声和车辆灯光对动物通行的影响，例如利用弃土堆、石笼和植被带来设置声屏障（图9.4-14），设计上还可将通道附近路面设置为低噪声路面，或设置强制减速带迫使车辆减速从而减小车辆噪声。

③降低人为影响的措施。

在动物通道路段设置指示标志和警告标志,如设置动物出没的标志、禁止鸣笛的标志(图9.4-15)、进入保护区的标志等。

图9.4-14　国外某上跨式通道利用石笼构建声屏障

图9.4-15　大象标识警示牌

5)兼用通道要求

为实现节约利用土地资源,落实绿色公路通道集约利用措施,动物通道可采用兼用通道,兼用通道是指人群与野生动物共同利用的通道。当前我国公路建设中多数桥涵具有兼用通道的功能。桥梁同时为动物使用时,动物通行区域应保证开阔的视野,满足动物交流和判断的需要,设计上应避免采用实体墩及横向断面尺寸较大的桥墩。

(1)多功能上跨式通道

兼用通道作为允许人群和动物和谐共用该设施,其宽度比野生动物专属通道要窄,但应满足一些大型动物的迁移需要。具体设计要求如下:

①人群使用(如步道)应该尽量限制在通道的单侧,以留出较大的空间给野生动物使用。可栽植植被配合隔离栅隔离人群与野生动物(图9.4-16)。

图9.4-16　多功能上跨式通道

②通道两侧设置一定长度隔离栅,高度根据动物攀爬能力确定。

③在通道两侧使用土堆、植被或噪声墙等减少车辆的光线和噪声干扰。

④通道上模拟周边自然植被群落进行恢复,考虑目标物种的需求种植其喜食植物。设计倒木和石块能够为中小型动物提供遮蔽。

⑤通道内部的人行通道和野生动物小道之间不应该有障碍或隔离措施,两者的交界面应当尽可能自然。

(2)多功能下穿式通道

多功能下穿式通道与多功能上跨式通道类似,允许野生动物和人群共同使用。这些通道可以是针对野生动物通行改造的桥梁,或者是特别针对人群和野生动物共用而设计的通道(图9.4-17)。具体设计要求如下:

①人群使用(如步道、自行车道)应该尽量限制在通道单侧,以留出较大的空间给野生动物使用。可栽植植被隔离人群与野生动物。

②通道中较小的交通量对野生动物穿越的影响不大。尽量保持通道地面非硬化以及边缘种植乡土植被能够为下穿式通道及其临近生境提供生境连通性。

③通道内部设计排水系统以防洪排涝,通道设施附近的路面径流不应直接排入通道。

④公路交通造成的噪声和光照干扰要最小化。

⑤通道内部的人行通道和野生动物小道之间不应该有障碍或隔离措施,两者的交界面应当尽可能自然。

⑥通道两侧设置一定长度隔离栅,高度根据动物攀爬能力确定。

图9.4-17　国外某多功能下穿式通道,可供人群和野生动物共同使用

(3)缓坡通道

缓坡通道是通过改造路基,降低公路路基两侧的坡度,使野生动物经过路面穿越公路的一种通道形式。由于动物从路面直接穿越,面临潜在的公路致死的风险,同时对交

通安全也是隐患。因此,实际中要重视该风险。设置该类型通道通常具备以下条件:交通量小(通常建议小于2500辆/d)、路面窄(二级以下)、路两侧具有目标物种的适宜生境。同时,在通道前后设置配套的警告标志、减速标志、强制减速带、感应动物装置等,以警示驾乘人员,保障野生动物和交通运营的双向安全。

警告标志是较为经济、实用和简便的一项动物保护措施,在动物经常出没路段设置标志牌提醒驾乘人员注意应用也较为普遍(图9.4-18、图9.4-19)。建议配合监控、强制减速带等综合措施来进行路域野生动物保护的管理。

图9.4-18　公路沿线野生动物警告标志　　图9.4-19　公路路侧野生动物减速标志

9.4.2　声屏障设计

声屏障是目前治理公路交通噪声的最主要工程措施之一。根据防护对象的高度和需要降噪量的大小,确定声屏障的结构与形式,满足降噪目标值要求,达到减缓交通噪声影响的目标。

(1)声屏障设计应包括声学设计、结构与形式设计、安全设计、材料设计、景观设计与养护设计等内容。

(2)声屏障形式从外观造型上可分为直立型、折角型、弯弧型和封闭型,见图9.4-20。

(3)适用条件。公路单侧或两侧建筑物较低、距离较近路段,低于6m高的声屏障可以达到屏蔽噪声效果的,按造型可考虑设置直立型、折角型或弯弧型声屏障;公路单侧或两侧有高大建筑群且距离较近路段,设置6m高的其他造型声屏障而无法达到屏蔽噪声效果时,应考虑设置封闭型声屏障。

(4)绿色理念解决疑难问题。声屏障设计的高度与长度往往受到地形条件、原路构筑物形式、屏体材料性能及整体工程造价等限制,使得声屏障工程投入使用后仍存在耐久性和可靠性不足的遗难问题,耐久性问题主要体现在声屏障的结构安全性与声学材料功能耐久性方面,可靠性问题主要体现在声屏障的设置高度与长度方面。

a) 直立型

b) 折角型

c) 弯弧型

d) 封闭型

图 9.4-20 声屏障外观造型

绿色理念指导下的声屏障设计思路是从功能提升、材料耐久、资源节约、建养便捷与景观融合方面提出增强声屏障的耐久性,降低声屏障的整体成本与造价,进而提升声屏障可靠性的方法。

1) 提升声屏障功能,促使低碳高效

通过提高声屏障的整体吸声性能,增加其有效高度与长度,在减少总体建造数量上促使低碳高效,主要方法是增加声屏障顶部绕射声吸收效果和提高声屏障屏体的吸声能力。

(1) 顶部结构吸声设计

顶部结构吸声主要是通过有效吸收顶部绕射声波,以达到增加声屏障有效高度的作用,经测试,在声影区内可降低噪声 3dB 左右。顶部吸声结构一般采用 T 形、圆筒形或六棱筒形等,见图 9.4-21。

a) T形顶声屏障

b) 圆筒形顶声屏障　　　　　　　　c) 六棱筒形顶声屏障

图 9.4-21　声屏障顶部结构吸声

(2) 屏体吸声结构设计

屏体吸声结构设计与以往的设计不同之处在于将屏体的外表面设计成具有一定吸附声能的构造形式,将更多的反射声进行吸收,增强屏体的整体吸声效果。屏体吸声结构尺寸由声学设计验算取得,见图9.4-22。

 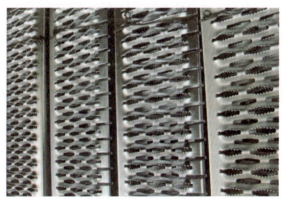

a) 尖劈形屏体构造　　　　　　　　b) 阵列形屏体构造

图　9.4-22

 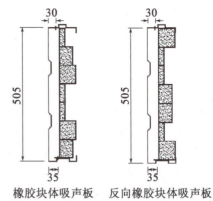

c) 橡胶矩阵块屏体构造

图9.4-22 声屏障屏体吸声结构(尺寸单位:mm)

(3)复合功能声屏障设计

复合功能声屏障就是在声屏障主要隔声功能外另附加一些其他功能,提高其综合效能,从而实现低碳高效,最典型的是光伏声屏障、防撞击声屏障等,见图9.4-23。

a)光伏声屏障　　　　　　　　　　b)防撞击声屏障(护栏一体式声屏障)

图9.4-23 复合功能声屏障

(4)有源声屏障的设计

有源声屏障是指在特定条件下通过感应交通噪声频率,从有源发射器发射声波对交通噪声进行干扰消减的一种特殊声屏障,测试显示声屏障可降低噪声2～3dB,降低声屏障高度1m以上,见图9.4-24。

2)推进声屏障生态设计,满足生态环保要求

通过应用低能耗材料、废旧材料再生利用及与植被结合等方式的屏体设计推进生态型声屏障的更广泛应用来满足生态环保要求。

(1)低能耗非金属型声屏障设计

常见的低能耗非金属声屏障有水泥混凝土生态声屏障、陶粒混凝土声屏障等,相对一般的多孔金属板声屏障,具有更好的隔声效果,可以大大节省工程造价,并具有便于配置攀缘植物进行景观优化等特点,见图9.4-25、图9.4-26。

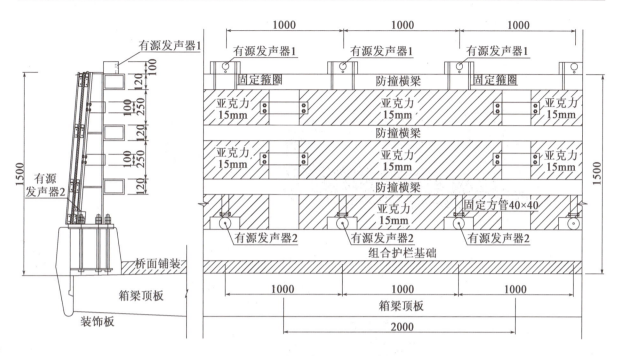

图 9.4-24 有源声屏障设计(尺寸单位:mm)

图 9.4-25 水泥混凝土生态声屏障

图 9.4-26 陶粒混凝土声屏障

（2）废旧材料再生利用型声屏障设计

再生型声屏障设计的屏体采用废旧轮胎橡胶、煤灰渣料、弃土弃石作为主要的屏体材料，可提高施工废料利用率，实现生态环保，见图9.4-27。

a）橡胶再生型声屏障

b）煤渣砌块体声屏障　　　　　　　　c）弃土堆砌声屏障

图9.4-27　废旧材料再生利用型声屏障

（3）植被结合型声屏障设计

植被结合型声屏障主要通过分层种花平台墙、攀缘绿植砌块墙及砌筑植生袋绿植坡等方式来实现生态环保，同时兼具降噪与绿化美化功能，见图9.4-28。

3）结合景观特点，优化景观要素，促进景观融合

声屏障既是环境景观的破坏者，又是环境景观的创造者，应结合当地的环境景观特点，统筹考虑声屏障的造型、色彩、光线及植被覆绿美化等景观要素与环境景观的协调共生，促进景观融合。

（1）造型设计

增加集中透光面积，弱化声屏障景观视觉冲击，见图9.4-29。

（2）色彩设计

声屏障的色彩、质地、图案等以及组合设计要与周围景观色彩主色调协调，与环境主基调和谐共生，见图9.4-30、图9.4-31。

设计篇/第 9 章　景观与环境保护设计

a) 分层种花平台式声屏障

b) 攀缘绿植生态式声屏障

c) 植生袋绿植声屏障

图 9.4-28　植被结合型声屏障

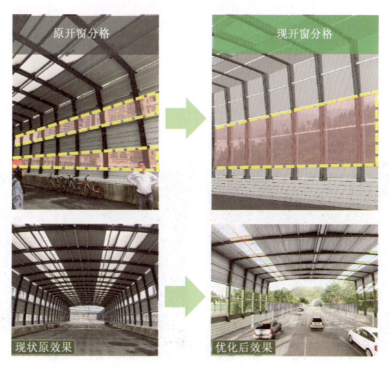

图 9.4-29　增加声屏障透光率

图 9.4-30　声屏障色彩与周围景观协调的优化案例

图 9.4-31　声屏障景观与环境主基调和谐的优化

①色彩协调。

②与环境主基调和谐。

(3)亮化设计

对于需要把声屏障创造成为单独景观的情况,要进行单独的亮化设计,尤其夜间景观要符合城市夜景的统一风格,见图 9.4-32。

图 9.4-32　某大桥全封闭声屏障亮化工程

(4)植被覆绿美化设计

声屏障覆绿美化措施应考虑绿化植被和声屏障整体设计风格相协调,并尽量避免植被物种选择过于单一,将乔、灌、花、草有层次的进行搭配与分布,见图9.4-33、图9.4-34。

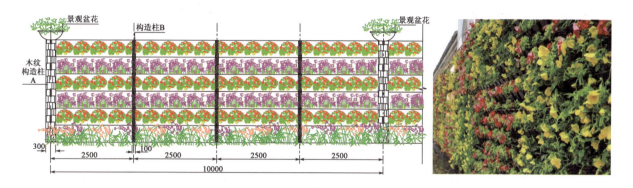

图9.4-33 花台式植被型声屏障设计(尺寸单位:mm)

图9.4-34 植被点缀型景观墙设计(尺寸单位:mm)

4)落实声屏障标准化设计,实现建养一体化

落实声屏障标准化设计,要求基础设计统一化、上部结构设计规范化、屏体产品设计标准化、施工工艺设计装配化,做到声屏障部件可拆、可换,施工与养护简便,实现建造与养护一体化。

(1)基础设计统一化

声屏障基础设计统一基础间距、安装螺栓孔距、外观尺寸,并要求基础与上部支撑结构与屏体采用可拆卸方式连接。

(2)上部结构设计规范化

声屏障上部结构设计的形式应一致,材质要求及处理工艺应明确,安装方式应简单。

(3)屏体产品设计标准化

屏体材料的设计应优先考虑选择可进行工厂化生产的产品,明确材质与加工工艺要求,同一种材料尽量统一产品规格,安装简便。

(4)施工工艺设计装配化

施工工艺设计应优先考虑可装配化,连接部位设计全部采用螺栓栓接或榫卯插接的结构。

9.4.3 水污染防治专项设计

针对公路运营期沿线附属设施产生的综合污水、公路路桥面危化品泄漏及初期雨水径流,应设计并建设处理设施,对其进行有效处理后才能达到保护水环境的要求。水处理工程设计需根据公路运营期污水排放的水质、水量特征和处理要求,结合公路管理养护水平,确定合理的处理工艺和结构形式。

1)附属设施污水处理

附属设施污水主要来源于服务区、停车区、养护工区、收费站、管理中心及隧道管理站等,其中,服务区是附属设施中人流最大、功能最复杂的区域,其污水产生量最大、污水来源也最复杂,因此,是关注的重点。

以服务区为代表的公路附属设施,当其周边建有市政污水管网时,宜优先将污水排入市政管网,依托市政污水厂集中处理;当污水无法接入市政管网时,应自行建设污水处理设施,将污水妥善处理后达标排放,或进行深度处理后作为中水回用。

(1)设计中应重点关注的内容

①合理确定水量及水质。

a.处理水量和水质的确定。

处理水量和进水水质是污水处理设施设计的基本参数,需注意不同服务区的污水处理量和水质可能会有较大差别。

不同服务区的车辆驶入量差别很大,会导致污水处理设施处理水量有较大不同。设计中应合理确定污水处理设施的处理水量,对于新建服务区,可调查同路段、相邻区域服务区污水产生量,并结合服务区规模、车流量及驶入率、给排水设施建设水平进行估算,处理水量可按服务区设计用水量的80%~90%折算;对于改扩建服务区,可调查现状污水产生量,并结合近远期规划确定。

服务区污水来源于冲厕废水、盥洗废水、餐饮废水、机修废水、加油站清洗废水等,这些废水的性质差别较大,在服务区中所占比例不同,导致不同服务区的水质存在一定差别。特别是某些污水量小的服务区,冲厕废水所占比例高,水质更恶劣。污水处理设施的进水水质宜根据经验数据或试验数据确定,无资料时可参考表9.4-1中数据取值。

表9.4-1 典型服务区污水处理设施进水水质(单位:mg/L)

化学需氧量 (COD_{Cr})	五日生化需氧量 (BOD_5)	悬浮物 (SS)	氨氮 ($NH_3\text{-}N$)	总磷 (TP)
350~800	150~350	80~200	30~100	3~10

b. 出水水质执行标准的确定。

污水处理设施出水水质是污水处理设施设计的重要参数。根据受纳水体功能不同,适用不同标准,项目中具体执行哪个标准,须遵照环保批复要求执行。总体来讲达到的标准按严格程度递增分为以下四种:

——用作农田灌溉水时,执行《农田灌溉水质标准》(GB 5084—2005);

——执行国家标准时,执行《污水综合排放标准》(GB 8978—1996);

——当地有污水排放地方标准时,应执行地方标准,需特别注意某些地方标准中对总氮、磷有更严格要求;

——污水处理设施出水回用于绿化、冲厕、洗车、冲洗路面等用途时,应达到《城市污水再生利用 城市杂用水水质》(GB/T 18920—2002)标准要求。

②选择合适的处理工艺。

服务区污水处理系统属于小型、分散型污水处理系统,可采用多种工艺,但每种工艺都有一定的适用范围。服务区污水处理工艺的选择不仅要适应服务区污水的水质与水量特征,其建设投资、占地面积、管理水平、区域适用性等还要充分考虑到满足公路附属设施建设养护的需求。

a. 工艺选择原则如下:

——抗冲击负荷能力强,运行稳定。天气、季节、时段及其他一些特殊状况等均会造成服务区驶入车辆随机性波动,导致服务区污水水质水量发生很大变化,所以选择的污水处理工艺应具备较好的抗冲击能力,在水量大或水质恶劣的情况下也能可靠运行。

——操作简单,易管理维护。在目前服务区不设置专人运营维护污水处理设施的情况下,普遍缺乏污水处理设施建设运行所需的专业技术型人才。在选择污水处理工艺时,应尽量简化工艺流程,减少复杂机电设备的应用,减少栅渣、污泥的人工清理工作量,工艺应满足自动化运行水平高且稳定可靠。总体来讲,应尽量选用易于管理维护的污水处理工艺。

——工程造价合理,运行费用低。污水处理设施一次投资建设通常需要运行十年甚至更长时间,单纯追求工程造价低,与高速公路的建设发展水平不相适应,也会为今后长期运行留下隐患,因此应当选择适当先进的处理工艺,工程造价合理。另外,污水处理设施运行费用高一直以来是困扰服务区管理者的难题,在目前没有专项运营资金保障的情况下,低运营费用是推动污水处理设施正常运营的重要条件。

——因地制宜,灵活考虑占地条件。服务区污水处理设施的占地大小应结合服务区场地条件灵活考虑,选择适宜的污水处理工艺。占地面积大小不是工艺选择的绝对条件,因地制宜地结合场地条件选择工艺才是应重点考虑的问题。比如,在绿化面积较大的服务区,完全可以结合景观要求采用潜流人工湿地工艺,湿地种植的植物可以部分替代绿地的功能;在山区高速等占地受限的服务区,则可以选择MBR工艺,节约占地;污水处理设施若采用常规生化处理工艺的地埋式结构(地埋式一体化设备),可以在其上方进行绿化。

——充分考虑气候、地质等自然条件。需要结合当地的气候、地质等自然条件,选择适宜污水处理工艺。比如,寒冷地区宜采用适合于低温季节运行的或在采取适当的技术措施后能在低温季节可靠运行的处理工艺;地下水位高、地质条件差的地方则不宜选用水深大、施工难度高的处理构筑物。

——技术成熟可靠。服务区污水处理工艺应该尽量选用针对性强、成熟应用、运行安全可靠的工艺。应积极审慎地采用高效经济的新工艺,而且在应用前应进行科研试验和验证,以获取可靠的设计、运行参数,确保应用效果。

b.可供选择的工艺。我国服务区目前采用的污水处理工艺比较见表9.4-2。根据前期对我国服务区污水处理运行情况调研,以下工艺可供选择:

——出水排放执行《污水综合排放标准》(GB 8978—1996)时,可采用接触氧化、A/O等工艺。

——出水排放执行的地方标准对总氮、磷有严格要求时,可采用A2/O工艺,气候条件适合时可采用生化预处理结合人工湿地处理工艺。

——出水作为再生水回用执行《城市污水再生利用 城市杂用水水质》(GB/T 18920—2002)时,可采用MBR工艺或在达标排放工艺后增加深度处理单元。

(2)污水处理达标排放

①常规处理技术。

从目前污水处理设施采用的结构形式上来看,有地埋式一体化装置和分体式钢筋混凝土构筑物两种形式,通常以地埋式一体化装置为主,见图9.4-35。

表 9.4-2 公路沿线设施常用污水处理技术

比较项目	工艺类型						
	厌氧-好氧（A/O）	序批式活性污泥（SBR）	接触氧化	土壤渗滤	人工湿地	曝气生物滤池	膜生物反应器（MBR）
进水要求	无严格要求	无严格要求	对于悬浮物含量有一定要求	对于悬浮物、有机物含量均有要求	对于悬浮物、有机物含量均有要求	对于悬浮物含量有要求	对于悬浮物含量有严格要求
操作维护	涉及硝化液回流，机械设备增加，操作维护要求一般	时序运行，自动控制要求高，操作维护要求较复杂	存在填料更换问题，操作维护要求一般	不涉及机械设备的运转，操作维护要求最简单	不涉及机械设备的运转，仅涉及湿地植物的季节性收割，操作维护要求综合考虑	存在填料更换问题，操作维护要求一般	存在膜定期清洗及维护问题，操作维护要求复杂
工程造价	较低	较高	适中	低	适中	较高	高
运行费用	较高	较高	较高	低	低	较高	高
工程占地	占地较大	占地较小	占地较小	占地较大	占地大，但湿地植物的种植可结合景观效果综合考虑	占地小，适合室内地上设置	占地最小，通常需要建设设备间室内设置
污泥处理	污泥产生量较大	污泥产生量大	污泥产生量较多	无污泥排放问题	无污泥排放问题	污泥产生量较少	污泥产生量极少
出水水质	出水水质一般。有机物及NH₃-N及总氮的去除效果较好，P的去除效果较差	出水水质一般。有机物及NH₃-N的去除效果较好，总氮及P的去除效果较差	出水水质较好。有机物及NH₃-N的去除效果较好，总氮及P的去除效果较差	出水水质较好。有机物、NH₃-N的去除效果一般，总氮及P的去除效果较差	出水水质较好。有机物、NH₃-N、总氮及P的去除效果较好	出水水质好。有机物及NH₃-N的去除效果较好，总氮、P的去除效果一般	出水水质非常好，可以达到回用标准要求
气候适应性	气候条件对处理工艺有影响	气候条件对处理工艺有影响	气候条件对处理工艺有影响	气候条件对处理工艺影响很大	气候条件对处理工艺影响很大	室内设置时，气候条件对处理工艺影响较小	通常室内设置，气候条件对处理工艺影响较小
对于服务区的污水处理的适用性分析	可以采用，尤其适合排放标准中对脱氮有严格要求的情况；也可作为中水回用的前处理工艺	不适用，脱氮除磷能力差，不易满足达标排放要求；自动控制要求高，运维管理工作量大	可以采用，可以满足排放标准要求；也可作为中水回用前处理工艺	谨慎采用，可用于对出水水质较低的服务区	可以采用，但应注意对进水悬浮物、有机物的控制；寒冷地区不适用；占地大，需保证足够场地空间	可以采用，可以满足排放标准要求；也可作为中水回用前处理工艺	可以采用，在中水处理回用上最具优势，是出水水质最有保障的工艺。但应注意维护管理要求高，运营费用高

a) 某服务区污水处理地埋式一体化装置

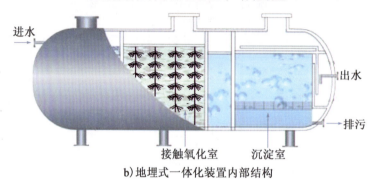

b) 地埋式一体化装置内部结构

图 9.4-35　地埋式一体化装置

这类处理装置具体的处理工艺和运行参数不尽相同。从处理系统采用的污水处理工艺来看,地埋式一体化装置采用的具体工艺为接触氧化、厌氧-好氧(A/O)、厌氧-缺氧-好氧(A2/O)三种;水解酸化-接触氧化或 A/O 工艺可满足《污水综合排放标准》(GB 8978—1996)达标排放要求,A2/O 工艺可满足某些地方标准中对脱氮除磷的要求。在我国中部及南部地区的服务区,只要对污水处理设施进行良好的管养维护,保证这些工艺的正常运转,通常污水处理达标排放不存在问题。

②生化与生态组合处理工艺。

人工湿地是一种简便有效的污水生态处理技术,是指人工筑成水池或沟槽,底面铺设防渗层,填充一定深度的土壤等基质,种植水生植物,污水在基质的孔隙或表面流动时,利用基质、微生物和水生植物之间一系列物理、化学和生物的协同作用净化污水的系统,见图 9.4-36。

服务区污水处理主要采用以接触氧化、A/O 为核心工艺的地埋式一体化装置,其运行能耗的 70% 以上来源于鼓风机曝气,且脱氮除磷的效果有限。从降低运行能耗、提高处理效果考虑,可以将接触氧化、A/O 等生化处理与人工湿地串联组合,形成优势互补。生化处理仅作为人工湿地的预处理,可以降低其污染负荷,并节约运行能耗;通过生化预处理,极大地降低人工湿地的进水污染物负荷,人工湿地因有机物负荷高而发生堵塞的问题可以得到有效解决。

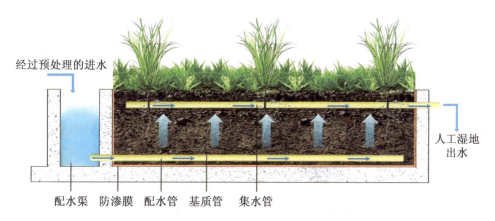

图 9.4-36　人工湿地处理技术

组合处理典型工艺流程见图 9.4-37,某建成项目实景效果见图 9.4-38。

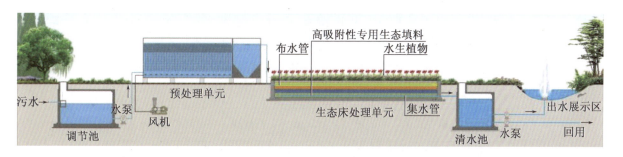

图 9.4-37　接触氧化结合人工湿地处理工艺流程图

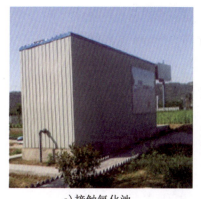
a) 接触氧化池

b) 人工湿地

c) 出水展示

图 9.4-38　接触氧化结合人工湿地处理技术实景图

接触氧化预处理结合人工湿地的组合处理工艺,具有运行成本低,管理养护简单,出水水质好等特点,同时兼具景观美化效果,可起到美化服务区环境的作用,在气候适宜地区可在服务区推广应用。

(3) 污水处理回用

污水处理回用体现了优水优用、低水低用的原则,可实现水资源的高效利用、节约利用、循环利用。服务区用水除了生活用水必须采用地下水或市政供水外,冲厕、绿化、洗车、路面冲洗均可采用污水经严格处理后的再生水。

①优先采用污水处理回用的情况。

服务区污水处理应经技术经济比较后确定出水达标排放或处理后作为再生水回用,以下情况宜优先考虑作为再生水回用:

a. 服务区位于水环境敏感区域,根据环保要求污水不允许外排;

b. 服务区采用自备井水源,取水困难或取水深度深(如超过100m,此时取水能耗很大);

c. 服务区用水量大(如单侧污水产生量大于100m³/d),或服务区采用市政供水(用水费用较高)。

②处理回用的工艺选择。

污水处理回用技术的选择,主要有两种组合形式:

a. 在常规二级生化处理工艺后设置混凝沉淀、过滤、消毒等单元的组合方式,进一步去除有机物、悬浮物、细菌等,典型工艺见图9.4-39。

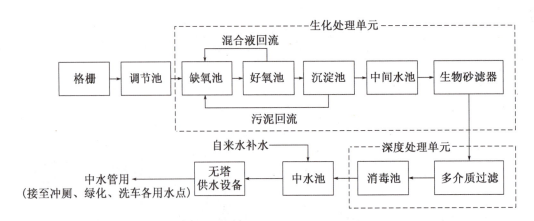

图9.4-39 生化处理结合深度处理典型工艺流程图

b. 将二级生化处理与深度处理工艺集成,在同一个高效反应单元完成,最有代表性的就是MBR工艺,典型工艺见图9.4-40。需要注意的是,目前服务区管理人员对MBR工艺的认可度并不高,除了其建设投资较高外,最主要的是运行费用高、膜组件易污染。因此,该工艺适合在运营管养水平比较高的服务区采用,其突出优点是出水水质优良,可确保达到回用要求。

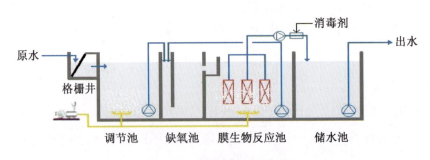

图9.4-40 MBR典型工艺流程图

③再生水供水系统。

据调查,因再生水供水管路系统不完善,目前服务区再生水大多仅用于绿化浇灌。绿化用水量非常有限,且季节性变化大,再生水单纯作为绿化用水,回用率一般不足20%;冲厕用水量全年与服务区排水量的变化规律一致,并且在各类用水量中所占比例最高,有些服务区的冲厕用水量甚至占到60%以上,因此服务区再生水回用于冲厕,其水资源节约效益才更加显著。

为保证再生水回用于冲厕、绿化等多种用途,应设置完善的再生水供水系统,保证再生水供水的稳定性。宜在污水处理设施的再生水储水池中设自来水或深井水补水管路,当水池低液位时自动补水,再通过变频供水设备将再生水送至冲厕、绿化等各用水点,提高再生水的利用率和供水稳定性。

(4)特殊气候区域污水处理

污水生化处理中发挥重要作用的是嗜中温微生物,低温会抑制其生长,从而影响处理效果。我国地域宽广、幅员辽阔,不同气候类型的区域,公路服务区污水处理系统进水温度存在显著差异。在东北等寒冷地区,冬季污水处理系统的进水温度通常在10℃以下,在污水处理系统中长时间停留水温会更低,因此应选择适应低温条件的污水处理技术。北方寒冷地区污水处理设施建设可考虑采取以下技术措施:

①对管道及设备进行保温。

对污水排放管道进行保温,并将处理设施置于设备间内。这些措施可减少排放污水进入处理设施过程中的温度散失,具备条件时再辅以一定的增温措施(如板式换热),可以有效提高冬季污水处理效果。

②采用适宜低温污水处理的工艺。

同接触氧化工艺相比,曝气生物滤池工艺的容积负荷高、占地面积更小,适合在室内建设;同时生物膜内微生物量稳定,生物相丰富,降解速度快,尤其是曝气生物滤池一旦挂膜成功,可较好地适应较低的进水水温。

③采用新型固定化微生物技术。

固定化微生物技术是通过化学或物理手段,将微生物固定在载体上使其高度密集并保持其生物功能,在适宜的条件下增殖并满足应用所需的一种新的生物技术。这种技术具有微生物密度高、反应迅速、微生物流失少、产物易分离、反应过程易控制等优点。因此,采用固定化微生物技术,将耐冷菌高度富集在特定载体系统中,可提高寒区冬季污水处理效果。该技术在我国吉林省服务区已经得到成功应用。

2)路桥面径流处理

对水环境敏感路段的路、桥面径流及隧道排水进行收集,并排入后续储存设施;具备条件时,储存设施可兼顾净化初期雨水径流的功能。

(1)桥面径流处理

①储存处理设施功能。

通过设置完善的桥梁排水设施收集桥面排水,并引入后续储存设施:

a.储存设施应具备临时应急储存各类污水的功能,须保证有效容积满足要求,一般不低于80m³,容积过大时可考虑分池灵活设置;应设置手动或自动放空装置,以满足降雨后及时放空池体,保障后续收集能力。

b.具备条件时,储存设施可兼顾净化初期雨水径流的功能,强化对路面径流中悬浮物、有机物等污染物的去除,可以采用沉淀池、人工湿地、土壤渗滤及多功能处理池等。

图9.4-41为河南某高速公路的多功能径流净化池。该池内设置折流挡墙、卵石挡墙及集油池等结构,汇集的桥面径流在池内发生多级折流沉淀反应,具有更好的沉淀效果,集油池等结构能起到隔油除油作用,卵石挡墙就地取材,利用原生态的鹅卵石建设,兼具沉淀、吸附、生物降解等功能,增加系统的净化效果。

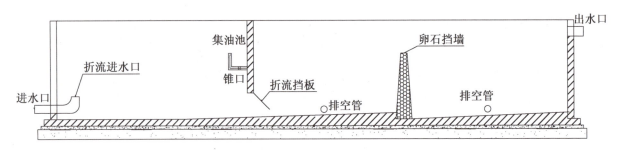

图9.4-41　桥面径流多功能处理池

人工湿地多采取表面流人工湿地形式,一般适用于南方地区。湿地内可栽种芦苇、千屈菜、风车草、香蒲、羽毛草等水生植物,通过沉淀截留、土壤及植物的吸附净化作用去除路面径流中的悬浮物或溶解态污染物质。广州绕城高速公路采用人工湿地处理桥面径流,见图9.4-42,人工湿地内部采用砾石作为填充材料,填料粒径为60~100mm的砾

图9.4-42　用于处理桥面径流的人工湿地

石,砾石填充深度为250mm,填料表层铺设250mm厚度的腐殖土,以利于湿地植物生长,提高水质净化效果。

②储存处理设施建设形式。

储存处理设施按照建设形式可分为一体化系统与分体式系统,一体化系统是在同一池体单元中同时实现事故存储与径流处理功能,桥面排水全部引入一体化池体;分体式系统是事故储存、径流处理分两个独立池体单元建设,危险化学品事故排水与初期径流雨水分别引入两个独立的池体单元。

图9.4-43为江西某高速公路建设的桥面径流净化应急三池系统,由储存调节池、隔油沉淀池和事故应急池三池及监控控制系统构成。降雨产生的桥面径流首先进入储存调节池,起到缓冲作用,并对桥面径流进行预处理;当未发生危化品泄漏事故时,桥面径流通过自流入隔油沉淀池,对路面径流的沉淀过滤净化后排入周边水体;当发生泄漏后,打开储存调节池中通往应急储存池阀门,使泄漏的危险品及其稀释液经调节池流入应急储存池内,待相关部门后续处置。

图9.4-43　分体式处理储存设施

(2)路面径流处理

①储存处理设施功能。

路面径流通过边沟、排水沟、渗沟收集,汇入到储存处理设施。与桥面径流雨污水防范要求相同,设施有效容积应满足要求,一般不低于80m³;应设置手动或自动放空装置,以满足降雨后及时放空池体。

储存处理设施可采用蒸发池,避免径流外排,典型设置见图9.4-44;也可采用多功能处理池、人工湿地等,对雨水径流进行净化处理后排放。

②储存处理设置要求。

储存处理设施位置一般根据汇流量和地形进行布置,与路基边沟边缘的距离不得小于5m,外围设置隔离网、踏步等安全防护设施。多功能处理池、蒸发池应采用防渗混凝土修筑。储存处理设施的设计水位应低于排水沟沟底高程,容积能满足及时完成渗透的要求,并考虑雨水径流排空结构,选择合理的排放去向,不得排入敏感水体。

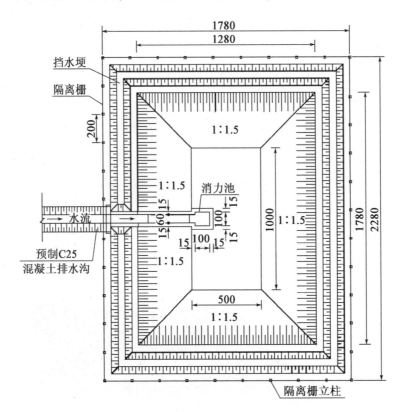

图9.4-44 蒸发池平面图(尺寸单位:cm)

(3)隧道事故排水处理

隧道内危化品泄漏事故通常不需要考虑雨水径流和危化品泄漏的叠加效应,但需要考虑在特殊情况下,能够通过防渗边沟将危化品泄漏液引出隧道,排到相应的路基或桥梁的处理储存设施,满足有效容积的要求。

(4)危化品泄漏事故监控与自动响应

具备接电条件及监控能力的路段,可设置视频监控,并与公路管理处监控中心联网,通过视频监控加强风险防范能力。

图9.4-45为吉林某高速公路设置的桥面径流池监控系统。在监控中心设置专门的跨敏感水体监控显示屏,对敏感水体路段运营安全情况进行全天候跟踪监测,并设置智能自动化监控识别系统,能够实现桥梁处人与物的异常行为及车辆非正常滞留的自动识别、跟踪和预/报警;根据危化品泄漏事故预判结果,对处理储存设施设置的电控阀门等装置的开启、关闭进行远程自动控制,从而缩短应急反应时间,降低影响范围和程度,提高运营的安全保障能力,减轻管养工作。

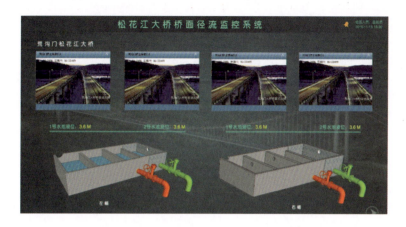

图 9.4-45　某大桥桥面径流监控系统图

第10章 旅游功能拓展设计

10.1 总体要求

拓展公路旅游功能是新时期应对大众旅游时代以及人民群众对美好生活向往与追求的重要抓手与着力点。在进行公路旅游功能拓展时,一是要充分了解用路者的出行心理及生理需求,设置功能适宜、规模适当的配套设施;二是要因地制宜、优化和完善配套设施设计,并强调其管养与维护的便利性与可行性;三是着力推行"政府引导、部门协同、共赢发展"的建设与运营管理模式。

总体要求如下:
(1)科学评判公路旅游价值。
(2)合理分析旅游出行需求。
(3)因地制宜拓展旅游功能。
(4)设施设置坚持经济适用。
(5)设施布设关注建养统筹。
(6)突出和彰显文化特色。
(7)注重部门协同与学科融合。

10.2 公路旅游价值评价

公路旅游品质是影响其旅游功能拓展的核心要素,公路旅游价值是判别公路旅游品质的标准。通过科学的公路旅游价值评价,可判别一条公路是否具有拓展旅游功能的潜力,能够拓展哪些旅游功能,以及拓展到什么程度。

(1)公路旅游价值评价是指对区域内旅游资源价值及廊道景观价值的综合评价。旅游资源价值评价是考察项目影响区域内的旅游资源品质,廊道景观价值评价是考察旅游者在公路出行过程中所能直观体验或欣赏的廊道景观品质。

(2)公路旅游价值宜由专业单位进行评价,以确保公路旅游品质判断的准确性。

10.2.1 旅游资源价值评价

旅游资源是指项目影响区域内能够吸引旅游者产生旅游动机,并可能被利用来开展旅游活动的各种自然、人文客体或其他因素的统称。旅游资源主要包括自然风景旅游资源和人文景观旅游资源。

旅游资源评价时可重点参考《旅游资源分类、调查与评价》(GB/T 18972—2003)及《旅游景区质量等级的划分与评定》(GB/T 17775—2003),对项目路侧20km范围内景区及非景区旅游资源按照表10.2-1开展评价,从而判定该项目的旅游资源价值。

表10.2-1 旅游资源评价内容

评价因子	具体描述	结果
景区品质	每100km路侧20km范围内拥有5A级景区1处以上或4A级景区2处以上或3A级景区3处以上	高
	每100km路侧20km范围内仅有2A级及以下景区或无景区	低
非景区资源品质	每100km路侧20km范围内具有5级资源1处以上或4级资源2处以上或3级资源3处以上	高
	每100km路侧20km范围内仅有2级及以下资源或无资源	低

根据上述评价内容,旅游资源价值评价结果可分为:
(1)景区品质或非景区资源品质高,则项目旅游资源价值高。
(2)景区品质及非景区资源品质均低,则项目旅游资源价值低。

10.2.2 廊道景观价值评价

廊道景观是指项目视域或直接体验范围内能够展现视觉、自然、文化、历史、休闲娱乐等价值的景观内容。可参照表10.2-2,从视觉、自然、文化、历史、休闲娱乐等五个方面开展廊道景观价值调查与评价。

表10.2-2 廊道景观价值评价指标及释义

评价指标	释义
视觉价值	来自于公路廊道视野中的自然和人造景观,可以提升视觉体验。此类景观是引人注目且独特的,可以提供愉快且难忘的视觉体验,包括地形、水流、植被和人造景观等
自然价值	指视觉环境中完全未受到人为干扰的特征。这些特征于人类到达之前就存在,包括地质构造、化石、地形、水体、植被和野生动物等。若有人类活动痕迹,其自然特征必须呈现最小程度的干扰
文化价值	是当地人风俗传统的证明和表现,其载体包括手工艺、音乐、舞蹈、仪式、节日、演说、特殊事件、本土建筑风格及种族习俗等

续上表

评价指标	释　义
历史价值	指过去的、可以清晰地与风景中自然或人工的景观元素相联系的元素,通过其历史意义来引导观赏者对过去进行欣赏。历史元素反映了人类的活动,可以被详细记录、标注和解释说明,包括建筑物、聚落形态和其他人类活动的历史痕迹等
休闲娱乐价值	主要由户外休闲活动产生,该活动与周边的自然和文化要素相关,并具有季节性特征,包括皮筏艇、划船、钓鱼、徒步等;或该线路本身就能给人带来娱乐的体验

根据廊道景观价值指标及等级划分(表10.2-3),对调查对象进行评价。

表10.2-3　公路旅游廊道景观价值评价指标及等级划分

价　值	等级	评价指标
视觉	优	具有较强的整体感和连续性,形成具有地方代表性的主题特质,给人以深刻印象和协调的愉悦感受
视觉	良	有整体性和一定的连续性,可通过整合总结具有当地代表性的主题特质,给人以记忆和可欣赏的感受
视觉	差	缺乏整体性,很难带来审美感受
自然	优	具有世界或全国罕见的独特性,保持完整的原始自然状态
自然	良	具有省或县市级少见的独特性,保持完整性的原始状态
自然	差	缺少独特性,有人工干扰
文化	优	具有地方文化代表性的各类事物存在或延续的区域及场所
文化	良	具有区域文化代表性的事物存在或延续的区域及场所
文化	差	缺少具有文化价值的事物存在或延续的区域及场所
历史	优	国家级文物保护单位、历史文化名城名村名镇、历史景点;有国家影响的重大历史事件
历史	良	省级文物保护单位、历史文化名城名村名镇、历史景点;有区域影响的历史事件
历史	差	缺少可表述的历史内涵
休闲娱乐	优	国内著名的具有休闲娱乐功能的景点或场所
休闲娱乐	良	省内或县市区域内有名的具有休闲娱乐功能的景点或场所
休闲娱乐	差	无休闲娱乐功能的景点或场所

根据上述评价内容,廊道景观价值评价结果为:

(1)视觉、自然、文化、历史、休闲娱乐价值其一及以上在该项目中平均每20km有5km以上路段达到"优"级,则其廊道景观价值高。

(2)视觉、自然、文化、历史、休闲娱乐价值其一及以上在该项目中平均每20km有5km以上路段未达到"优"级,但有10km及以上路段达"良"级,则其廊道景观价值高。

(3)其他情况视为廊道景观价值低。

10.2.3 公路旅游价值综合评价

根据旅游资源价值及廊道景观价值评价结果,按以下原则判定公路旅游品质类别:

(1)公路高旅游品质:旅游资源价值及廊道景观价值评价均高的公路。

(2)公路中等旅游品质:旅游资源价值低但廊道景观价值高的公路或旅游资源价值高但廊道景观价值低的公路。

(3)公路低旅游品质:旅游资源价值及廊道景观价值评价均低的公路,不纳入拓展公路旅游功能范畴考虑。若项目主要以货车通行为主(在交通量组成中,货车比重高达50%以上),则不应纳入公路拓展旅游功能范畴。

10.3 做好项目前期策划

针对具有旅游功能拓展价值的公路,应重点做好旅游交通需求分析、项目主题定位、总体布局及设计策略等前期策划工作。

10.3.1 相关背景、资料调查研究

(1)收集国内外类似典型项目并进行案例研究,总结其项目策划所涉及的内容和角度,作为本项目旅游功能拓展的参考内容。

(2)调研收集当地相关上位规划,提炼本项目及周边地区旅游业发展的重点与特色要点,作为上位要求。

(3)收集项目影响区域内的旅游资源情况(包括成熟和潜在的旅游景区景点等资源),并开展现场踏勘,对相关特色村镇、廊道景观、旅游资源及特色产业等进行重点梳理。

10.3.2 公路旅游价值评价与特征归纳

(1)按照公路旅游价值评价方法,对项目进行公路旅游价值评价,判别公路拓展旅游功能的类型。

(2)结合上位要求,分析项目对地区社会经济、旅游业发展,以及生态环境等可能产生的正、负面影响。

(3)归纳项目公路旅游价值的主要特征,重点包括:是否具有地域代表性,是否能使旅游者产生记忆深刻、特色鲜明的景观格局。

10.3.3 旅游交通需求分析

旅游交通需求分析,主要用于充分了解道路使用者的心理、生理等全方位需求,以此

为基础进行公路旅游功能拓展的相关设计。旅游交通需求分析包括旅游交通出行调查、旅游交通出行者需求分析及旅游交通量分析三个方面。

1）旅游交通出行调查

旅游交通出行调查是进行公路旅游功能拓展的重要环节。按照旅游交通出行的基本特征与特点，可重点调查公路沿线重要景区景点旅游者的基本信息（包括主要流量及流向）、旅游行程安排、出行方式选择、对景区和旅游交通的满意度及旅游景区的意向建议调查等五个方面，详见表10.3-1。

表10.3-1　旅游交通调查项目及目的一览表

调 查 项 目	调 查 目 的
出游者基本信息 （来源地、人均消费、旅游人次）	探讨个人属性与出行行为的关系
旅游基本信息及行程安排 （起终点、旅游交通方式、旅游路线）	掌握旅游现状，分析出游者的旅游特性和旅行模式
旅游出行选择行为 （出行方式选择、旅行时间费用等）	分析旅游者出行方式的选择特性，得到旅游者旅行所花费的时间费用信息
旅游者满意度 （旅游交通和旅游景区的服务水平）	分析旅游景区交通的便捷性和可进入性，了解旅游者对旅游景区服务的满意度
意向建议调查 （对公路提级改建，或对新建公路的态度）	了解公路建设对居民出行的影响

2）旅游交通出行者需求分析

（1）对特色旅游资源的好奇心与求知欲

在进行公路旅游功能拓展时，要注重对特色旅游资源的引导和宣传，满足游客对新鲜或新奇事物的好奇心与求知欲，使游客能够在旅途中获得丰富的体验。

（2）对特殊景观资源的亲近感

在旅途中，旅游者对于沿线特殊的自然和人文景观或高品质的景观资源有着天生亲近的欲望。因此，可设置一定的游览支线，通过自行车或步道等方式沿支线前往特殊的景观资源，满足旅游者的亲近欲望，增强体验感。

（3）对沿线服务设施便利性与多元化的需求

旅游者在游览过程中，多数是通过公路完成整个旅程。因此，对于公路沿线的配套服务设施，既要能够满足旅游者的生理需求，提供吃、住、购、娱等设施；又要体现便利性，让旅游者能够快速到达；同时还要注重功能的多元化，要让旅游者在有限的空间内尽可能多地体验当地文化与特色。

(4) 对旅游信息获取丰富度与便利性的需求

随着信息时代的快速发展，旅游者在旅途过程中往往希望获取尽可能丰富的旅途资讯，包括天气、停车、餐饮、景区景点分布及客流量等信息。这些信息不仅要求及时、准确，而且要丰富、多样。因此，公路拓展旅游功能时一定要注重旅游交通信息的丰富性、及时性与准确性。

3) 旅游交通量预测分析

(1) 旅游交通量应在传统公路交通量的基础上，统筹考虑周边景区景点分布及带动、节假日出行影响等因素，具体预测方法可参照交通量预测方法执行。

(2) 在进行公路旅游服务设施布局时，要充分考虑旅游者的主要流量流向，同时与旅游交通量紧密衔接，科学判断服务设施的合理规模，避免浪费或规模不足等情况。

10.3.4 明确项目主题及目标

(1) 在公路项目旅游价值评价的基础上，结合不同项目的功能差异和自身特点，提炼和策划出项目的旅游功能拓展主题与定位。在主题确定时，首先应对项目特点准确把握，且做到亮点突出。主题确定后，可应用于项目景观营造、建筑设计及标识系统设计中。典型主题示例详见表10.3-2。

表10.3-2 公路旅游主题策划示例

公路名称	主题策划	主题释义
海口东寨港红树林滨海旅游公路	"幽然东寨 饕餮演丰"——滨海红树林生态体验线路	本项目沿线分布有国内最大、品种最丰富、保护最完整的一处红树林自然保护区，应体现生态保护与体验并重的特色
五指山旅游公路	"海南屋脊 黎苗风情"——五指山雨林风情体验线路	以五指山风景旅游为代表，热带雨林地貌景观特色和原始生态系统为基底，体验南叉河边安居千年的黎族小镇
荔波绿宝石风景道	"绿宝石上的金丝带"——绚丽绿宝石、多彩民族风	项目所在地为贵州黔南州荔波县。荔波为世界三大喀斯特地区的核心区之一，被联合国教科文组织列入《世界自然遗产名录》。荔波被誉为地球腰带上的绿宝石，是同纬度喀斯特地貌上最美的一抹绿色，同时还具有独特的少数民族风情

(2) 根据项目上位要求及特点，提出项目的建设发展目标。目标应适度超前，但不应超出该地区在相应阶段的发展水平。

(3) 根据项目特点及对地区经济社会、旅游业发展及生态环境的影响，提出项目的建设原则。原则应具有针对性和可操作性。

10.3.5 确定项目总体布局

（1）根据对沿线村镇、廊道旅游资源及景观的整体分析，提炼沿线村镇中可利用或可融合的资源，如公共设施、可利用土地等；选取在公路旅游中可直接体验（视觉体验、进入体验、慢行体验等）的旅游资源；通过生态安全评价选取生态敏感区段及节点；通过视觉评价，筛选廊道内视觉敏感区段及节点。

（2）选取或划分主体设计重点路段。如对地方旅游产业拓展有利的区段或具有可体验性旅游资源的路段，应重点关注线位是否能与产业或资源有效关联；生态敏感区段则应选用对生态环境影响最小的线位方案等。

（3）结合慢行需求和慢行交通量分析结果，确定慢行系统设置路段及设置的主要方式（与主线同断面，或专用道，或利用硬路肩等）。

（4）结合公路特点及服务半径等，确定服务设施类型（服务站、停车点及观景港湾停车带）以及布局形式，同时大致明确各个服务设施的主要功能与定位。与村镇、景区融合的服务节点应对村镇景区的产业拓展影响进行阐述。

（5）结合公路旅游特征，筛选需进行人工干预的景观营造段落及节点。

（6）针对项目特点，设计项目 LOGO，并按照解说设施类型在主线中进行位置布局。

10.3.6 提出项目设计策略

（1）资源带动发展策略。结合布局，梳理拓展公路旅游功能将会影响的资源范围，分析可能产生的正负面影响，在未来经营管理方面提出正向的发展策略，并采用预测数据进行展望。

（2）主体工程建设策略。针对重点设计路段，逐段提出主体工程建设要求。如设计速度的选定、路线的选择、横断面的组成（如有慢行系统则考虑设置方式）、排水及防护自然形式选择、桥梁美学景观设计、隧道洞口形式选择及特色标识系统选用等方面。

（3）服务设施建设策略。重点提出服务设施建设中需要控制的内容，包括建设规模、具体功能、自身特点打造、与周边社会及自然环境的融合方式等。

（4）景观风貌保护策略。拓展公路旅游功能时应以发挥自身天然禀赋为重，人工景观营造重在改善不良景观、补充视觉体验。此外还应注重保护地区人文景观风貌，维护地方特色，不宜采用外来文化元素等。

10.3.7 项目主要设计要点

公路拓展旅游功能时，应遵循设计目标和设计理念，做到特色突出、主题明确、功能适宜、自然和谐、舒适愉悦。重点关注以下几个方面：

（1）与普通公路相比，此类公路设计时应特别重视主体设计灵活性、安全设施有效性、服务设施多样性、公路景观舒适性和环境保护高水平等内容。

（2）应根据公路旅游价值及公路旅游特点等，确定主题，并根据主题进行创作设计。

（3）应特别重视项目选线，通过选线充分展现公路旅游价值，确保公路旅游品质。选线时应统筹与周边景区、景点及旅游资源的关系，做到"近景而不进景"。

（4）为满足旅游者行进途中休闲、游憩、赏景等慢行需求，设计速度应与路段旅游价值相适应。根据周边旅游资源点的分布以及前述旅游价值评价，灵活选用设计速度及其他指标。在景观价值较高路段，可适当降低设计速度，以便司乘人员能够更好地欣赏和体验沿线旅游资源。

（5）为突出灵活设计理念，往往需要适当放宽指标限制，但在一定程度上会影响行车安全，需通过增设安全设施来进行弥补和保障。在指标灵活处理的过渡路段，应加强安全设施设置，采用与自然融合程度高的设施类型以及多种设置手段，如彩色标线、设计感较强的简洁标识、缘石护栏等。

（6）服务设施应结合周边服务条件，进行全线规划。根据项目长度、场地条件，进行设施类型选择，合理布局。选址应在不破坏资源的前提下，尽可能靠近具有较高价值的旅游资源点，充分结合原始地形，使资源价值得以展现。具体设计应根据项目主题，深入挖掘地域特色，同时考虑旅游经营等可能性。

（7）可进行公路特色旅游标识设计，将标志元素通过服务设施、解说系统设置贯穿项目始终。

（8）宜根据主题及视域范围内的景观条件，对全线景观进行分段规划设计；可通过线形设计、方案比选等手段，充分借景；尽量通过保护和利用，营造怡人的视觉效果。

（9）公路经过或临近自然保护区、风景名胜区等环境敏感区时，须符合相关规定，严格履行审批程序，尽量避绕环境敏感区，最大限度避免对环境造成破坏，同时注重环境保护措施的设计与应用。

10.4 合理设置慢行系统

10.4.1 设计原则

为满足旅游者慢行需求，增强旅游者在慢行途中对当地环境的深度体验，需遵循下列原则设置慢行系统：

（1）适宜性。在路段坡度较小，地形条件允许，且路段预测慢行交通量较高的情况下选择性设置。

(2)安全性。机动车交通量大的路段,重点考虑路侧安全问题,需采用适当措施将慢行系统与机动车道隔离。

(3)可体验性。满足旅游者慢行体验,避免以最短路径通达的设置方式,尽可能串联有地方特色的优质景观风貌或景点。

(4)可接驳性。考虑与沿途服务设施、公共交通系统以及景区(景点)之间的接驳、转乘,并对不同交通方式的换乘做出细节设计。

10.4.2 类型划分

按照路权,慢行系统分为表10.4-1中四种类型,典型示例如图10.4-1～图10.4-3所示。

表10.4-1 慢行系统设置类型

类 型		设置条件(同时具备)	备 注
自行车道	并行自行车道	(1)机动车交通量较小; (2)路侧空间难以单独设置慢行系统; (3)与其他方案比选时有经济优势	与机动车并行自行车道
	自行车专用道	(1)机动车交通量较大; (2)骑行交通量较大,是骑行者的主要线路; (3)廊道范围内有设置空间; (4)其他方案比选时有综合优势	交通量预测中人行交通量少或无,则单独设置本类型
自行车、人行共用专用道		(1)机动车交通量较大; (2)骑行交通量较大,是骑行者的主要线路; (3)有一定的人行交通需求; (4)廊道范围内有设置空间; (5)与其他方案比选时有综合优势	一般在城镇路段或临近城镇路段设置,可参照《城市道路工程设计规范》(CJJ 37—2012)(2016年修订)执行,本章节不论述
步道		(1)路段内景观条件极佳,或是主要的徒步旅游线路,有较大的步行交通需求; (2)廊道范围内有设置空间	(1)一般在大型景区内或服务设施周边有可观赏景点的区域设置; (2)如有徒步观景需求或条件可单独设置,也可与自行车专用道并行设置

10.4.3 自行车道设计

1)几何设计

(1)设计速度

自行车道设计速度的选用应根据其使用功能和类别,结合地形、气象、预期骑行速度和沿线土地利用性质等因素综合论证确定,见表10.4-2。

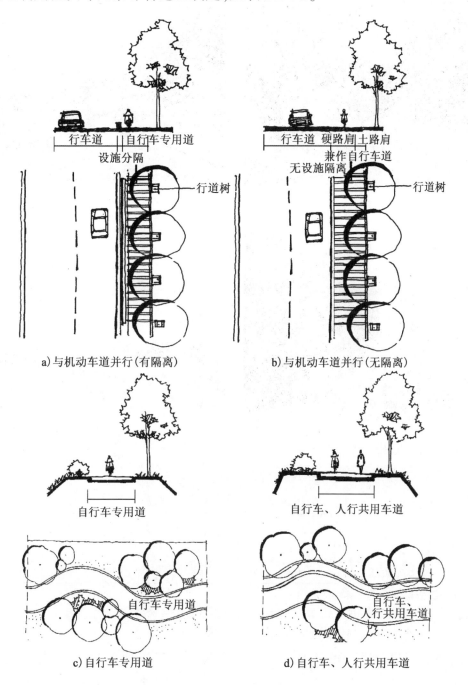

图 10.4-1　不同类型慢行车道结构示例

表 10.4-2　自行车道设计速度

自行车道类别	自行车专用道				并行自行车道			
设计速度(km/h)	40	30	20	15	20	15	10	5

注:自行车道设计速度应首先根据其使用功能(使用对象)和类别选用,条件受限制路段,经安全、经济和实施难度论证分析后,可降低一档选用设计速度。

图 10.4-2 并行自行车道示例

图 10.4-3 自行车专用道示例

（2）自行车道宽度

自行车道宽度宜符合表 10.4-3 的规定。

表 10.4-3 慢行系统宽度取值

类　　别	并行自行车道			自行车专用道	人行道/步道（共用专用道）
	单向（1人）	单向（2人）	双向	双向	
宽度（m）	≥2.00（1.20）	≥3.00（2.00）	≥3.00（2.50）	≥3.50（3.00）	≥1.50（1.00）

注：1. 括号内数值为条件受限制时的极小值。
　2. 城镇段人行道、自行车道按《城市道路工程设计规范》（CJJ 37—2012）执行。
　3. 自行车道与公路主线分离设置时等同于自行车专用道。

慢行系统路肩宽度不宜小于 0.25m。二级公路在非机动车交通量大的路段，可论证采取加宽硬路肩的方式设置慢行系统，慢行系统宽度不宜小于 3.50m，并设置必要的交通安全设施，以确保非机动车行驶安全。

（3）自行车道平纵线形指标

自行车道的线形指标可参考表 10.4-4、表 10.4-5。

表 10.4-4 自行车道平面指标

设计速度（km/h）	40	30	20	15	10
最小圆曲线半径（m）	50	30	10	5	3

表 10.4-5　自行车道不同纵坡的最大坡长

纵坡坡度(%)	<3	3	4	5	6	7	8
最大坡长(m)	—	500	200	100	65	40	35

(4) 安全净高

慢行系统采用同一净高。慢行系统净高应不小于 2.50m。

(5) 侧向安全净宽

自行车专用道与机动车道应有一定的安全距离。对于机非车道采用非物理隔离形式,机动车道边缘与自行车道边缘宜相距 1.5m 以上,最少不得低于 1m,以确保自行车专用道的安全。

与障碍物(如建筑物、围墙、护栏、交通标志杆、路侧树木等)保持 0.2~0.5m 的净距(可视为自行车道路肩)。

在停车位旁安全净宽至少为 0.75m。

2) 路基设计

(1) 自行车道路基设计洪水频率应不低于 10 年一遇,同时还要考虑沿线河堤、城镇防洪标准等级综合确定。

(2) 路基高度应满足防洪标准要求,满足不小于设计洪水频率计算水位+壅水高+波浪侵袭高+0.5m 的高度要求。路基高度应考虑地下毛细水作用,保持路床范围内路基土处于中湿或干燥状态。

(3) 在满足路基防洪标准、路基路面稳定耐久要求的前提下,尽量采用低路堤设计方案。

(4) 路基各部位压实度应满足如下要求:路床范围压实度不小于 94%;路堑边坡范围压实度不小于 93%;路堑边坡及地基土范围压实度不小于 90%。

3) 路面设计

(1) 在满足耐久性和使用要求的前提下,应遵循因地制宜、合理选材、节约投资的原则,选择技术先进、经济合理、安全可靠、方便施工的路面结构方案。路面结构设计需满足耐久性,对于改扩建公路应考虑废弃料的再生利用。

(2) 自行车道铺装宜坚实平顺,表面宜平整防滑,其种类选择应考量后续维护的难易与兼顾环境可持续性。

(3) 自行车专用车道的铺面宜与人行道采用不同种类的材质、颜色以示区别。

(4) 路面类型及颜色选择应根据功能定位、景观主题、区域文化特征、环境保护、工程造价等因素综合论证后选用,应尽可能与沿线环境相融合。如乡野路段尽可能采用灰色铺装,城镇路段可采用红色或绿色铺装,见图10.4-4。

a) 乡野路段灰色铺装

b) 城镇路段绿色铺装

图10.4-4　不同环境下的自行车道铺装

（5）自行车道常见颜色及路面类型有：彩色沥青混凝土路面、彩色水泥混凝土路面、砌块路面、人造荧光石路面及木板路面等。路面选材应注重环保性。

（6）铺装设计以透水性铺设为优先考量,透水性不佳的路基,需在碎石层下增设过滤砂层。

4) 排水设计

（1）路拱坡度是路面排水的重要组成部分,自行车道及步道横向排水路径较短,路面汇集降雨可迅速排除,同时考虑骑行安全和舒适性,路拱坡度一般不超过1.5%。

（2）慢行系统路面排水一般采用横向散排方式,宜配合土路肩和边坡防冲刷措施；汇水量大、路堤高且边坡易受冲刷的路段,需考虑集中排水。拦水带选材、泄水口间距及形式可参照《公路排水设计规范》(JTG/T D33—2012)第4.2.2条、第4.2.3条、第4.2.4条。

（3）自行车道上应避免设置排水沟进水格栅或盖板,无法避免时,进水格栅应与自行车行进方向垂直,开孔短边（格栅净距）宜小于1.3cm。

5) 护栏设计

（1）考虑骑行安全,宜在路基高度大于1.5m、滨水、桥梁等路段设置自行车道安全护栏。

（2）护栏设计高度及形式需重点考虑安全性与景观可视性,结合地形地貌、自然景观、人文特色等,护栏设计高度宜介于1.1~1.4m。

（3）自行车道护栏是长距离线形景观的一部分,对道路景观影响较大,形式应具有景观通透性,造型宜简单,材质需尽可能与地域环境相融合,并对使用者具有较强的亲和性,其连接件等突起物不应对人造成伤害。护栏宜更贴近自然物,给人以亲切感,有较好的手感和质感(图10.4-5)。

图 10.4-5　自行车道护栏

(4) 护栏应尽可能设置于自行车道侧向安全净宽外。

6) 隔离设施设计

隔离设施主要设置于机动车与并行自行车道之间,包括实体分隔与非实体分隔。实体分隔指用路缘石、护栏、绿植等方式进行的分隔方式,非实体分隔指以交通标线进行的分隔方式。

自行车道与机动车道并行时应尽量采用实体分隔(图 10.4-6)。仅在地形条件或硬性条件所限无法采用实体分隔的情况下,采用非实体分隔。

图 10.4-6　机动车道与非机动车道分离设置

10.4.4　步道设计

步道是为满足旅游者以步行方式深度体验地方景观风貌及人文环境的需求所设置的慢行设施。

当某路段步行者人数达 100 人/d 以上,则可设置步道。若路段临近景点景区,则亦可设置步道连接。

路面铺装尽可能选用具有地方特色的自然材质,用透水铺装的方式设计,并保证路面的平整与防滑。步道常见路面材料包括:防腐木、片石、条石、砾石、卵石、透水砖等,见图10.4-7。城镇路段步道可采用透水性沥青路面。

图 10.4-7 步道的铺装类型示例

步道宽度选取时需考虑下列因素:

(1)硬化路面基本宽度应根据人行流量决定。如条件允许,步道宽度不小于 2.0m (可供两人并肩舒适行走),条件受限路段不小于 1.5m。在步行人流较低的情况下,为降低造价节约成本,步道宽度可按表10.4-6 取值。

表 10.4-6 步道硬化路面宽度

项　　目	一般值	极限值
路面宽度(m)	1.0	0.8(0.5)

注:括号内数值是考虑设置不小于 0.25m 宽的土路肩情况下的极限值。

(2)需考虑保护和支撑的路面结构,一般考虑设置宽 0.25m 的土路肩;若要设置护栏、标志牌等设施,尚需考虑设施设置宽度要求。

(3)步道安全净高应符合下列要求:永久建筑物最小净空不应小于 2.25m;路灯、树木、标志牌等非永久建筑物最小净空不应小于 2.5m。

10.5 灵活布设服务设施

公路旅游服务设施是在公路沿线设置的供旅游者短暂休憩停留的设施场地,可以是单独的场地配以简单的景观小品,也可以是具体的建筑物配备一定的旅游休闲游憩功能,目的是满足旅游者在出行过程中休憩、拍照、如厕、餐饮及购物等多种需求。

10.5.1 设置原则

1) 充分利用、减少新建

充分利用原有或原规划的公路服务设施、管养设施(管理用房、道班等)、沿线景区设施、村镇设施、闲置设施等资源,尽可能减少新建工程,以达到资源集约、节约的目的。

2) 因地制宜、灵活设置

充分考虑不同地区的环境特点和交通需求特点,因地制宜地采用差异化设计,服务多层次需求;在不违反规范规定的前提下,灵活设定服务设施用地、布局、功能和规模,使旅游服务设施与周围环境相和谐,满足可持续发展的需要。

3) 功能适当、规模适度

要充分结合沿线景区景点分布及旅游者主要流量流向情况,科学确定各类服务设施的功能定位与规模设置,要做到功能恰当、规模适度,不盲目贪大求洋,不追求高档奢华,切实考虑后续管养维护的便利性与可持续性。同时,在符合长远发展规划的前提下,可适当创新,结合新时期信息技术的发展,提供多元化、个性化的信息服务。

4) 文化融入、特色鲜明

服务设施设计要最大限度融入地方文化元素,注重对地方文化的提取和发掘,将文化元素进行充分展现。推行差异化、地域特色鲜明的服务设施设计,全面提升公路建设品位。

10.5.2 类型划分

从服务目的、功能需求、配套设施、占地规模等要素出发,公路旅游服务设施可分为服务站、停车点和观景港湾停车带三大类。这三类旅游配套服务设施相互承担相应的服务功能,共同构成公路旅游服务设施体系。

1) 服务站

服务站是以普通公路沿线服务区为基础,融合短暂休憩、汽车维修、加油、观景、餐饮、购物、住宿等多种功能于一体的服务设施。

结合服务设施所处场地条件,以及所需满足功能的不同,可将拓展旅游功能的服务站分为普通公路服务站、驿站和其他三大类。

(1)普通公路服务站。即指普通公路沿线结合已有养护道班基础上改造的公路服务站。该类服务站主要以满足基本公共出行服务为主,不拓展新增占地。主要满足来往车辆短暂休息、车辆基本维修、如厕、了解沿途出行及旅游资讯等功能(图10.5-1、图10.5-2)。

图10.5-1　G108国道(北京段)沿线公路服务站(养护道班改造)

图10.5-2　G108国道沿线公路服务站(河北、陕西)

(2)驿站。该类服务站是公路拓展旅游功能时的重要服务设施。主要设置在旅游资源价值较高路段,除为旅游者提供完善和优质的综合服务外,必要时还要承担交通集散和转运功能(图10.5-3~图10.5-7)。

①驿站内拥有一定体量的建筑设施。除满足餐饮、购物、游憩、观景等特色旅游需求外,个别地方还可满足加油及住宿等功能。

②驿站的占地规模和包含功能根据所处位置、沿线旅游者出行需求以及场地条件而定,不宜一概而论。

③驿站在与旅游功能相结合时可设在景区开发度高,人流密度大的区域。

图 10.5-3　贵州遵义赤水河谷旅游公路茅台驿站

图 10.5-4　浙江台州三门横渡驿站

图 10.5-5　浙江台州花前驿站

图 10.5-6　河北承德天成号驿站

（3）其他。在公路拓展旅游功能的过程中，在个别特色路段，结合旅游业发展的实际需要，还可因地制宜设置自驾车露营地等设施，可以单独设置，也可以与其他公路服务设施合并（图 10.5-8）。该部分设施由旅游部门投资修建。另外，公路沿线结合景区景点建设的游客服务中心也可成为公路旅游者出行的重要服务设施（图 10.5-9）。

图 10.5-7　河北承德康熙饮马驿站

图 10.5-8　自驾车露营地示例

2）停车点

具有旅游功能的公路沿线停车点主要包含观景平台和慢行系统服务设施两大类。旨在为旅游者提供特色的旅游服务,结合需要可配置自行车租赁服务等。

(1)观景平台。适用于场地面积相对较小区域,结合临时停留观景需要而设置的服务设施。其内没有大体量的建筑,仅有观景亭等小型景观建筑、信息解说亭和信息解说铭牌等辅助设施(图10.5-10、图10.5-11)。

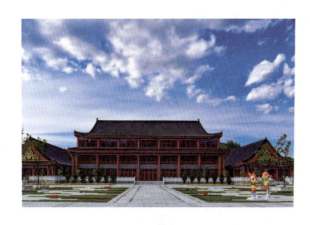

图10.5-9　河北承德永太兴游客服务中心　　　　图10.5-10　G108国道北京段路侧观景平台

(2)慢行系统服务设施。是慢行系统沿线根据旅游者生理及心理需求,结合距离及场地条件,为骑行及步行者短暂休憩提供的必要服务设施。根据需要及场地情况可以单独设置,也可以与驿站和观景平台合并设置(图10.5-12)。

图10.5-11　浙江台州黄岩环库路(黄前线)路侧观景平台　　　图10.5-12　慢行系统服务设施示例

其中,观景平台主要满足基本的停留、游憩、观景等基本需求,慢行系统服务设施主要满足停留、信息咨询和休憩等基本需求,两者均可设在景观资源优质、人流密度较大的位置。

3)观景港湾停车带

观景港湾停车带是指在公路路侧可利用空间内设置的可供车辆短暂临时停靠的狭

长型区域。视场地大小,一般可供停 2~5 辆车左右。

(1)主要为满足车辆临时停靠、赏景和休憩等功能;

(2)场地面积较小,其内无任何景观建筑及小品;

(3)可在不影响停车空间内设置小体量的信息解说牌。

各类型观景港湾停车带如图 10.5-13 所示。

图 10.5-13　各类型观景港湾停车带示例

10.5.3　类型选择与布局设计

1)基于功能需求的服务设施类型选择

根据需拓展旅游功能的公路类型,考虑其与周边主要旅游城镇及其他旅游服务设施的位置关系,确定该类型公路需设置的服务设施类型(表 10.5-1)。

表 10.5-1　服务设施类型选择

服务设施类型		公 路 类 型	
		具有交通与旅游双重功能的公路	以旅游功能为主的公路
服务站	普通公路服务站	根据公路周边已有设施状况,结合服务半径及出行需求可设一处或多处	(1)一般免设; (2)若节点处有重要旅游景区或旅游集镇,可结合景区服务中心设置

续上表

服务设施类型		公路类型	
		具有交通与旅游双重功能的公路	以旅游功能为主的公路
服务站	驿站	在景区开发度高、人流密度大的区域设置;可结合特色村寨、特色景区或游客服务中心等设置	(1)一般免设; (2)长于20km的项目可选择设置
	自驾车露营地和游客服务中心	视周围环境、景区情况设置	结合周围景区景点及旅游特色资源分布因地制宜设置
停车点	观景平台	结合赏景需要,在有条件的地方尽可能设置	结合赏景需要,在有条件的地方尽可能设置
	慢行系统服务设施	根据慢行系统设置内容选择设置	(1)免设; (2)设置慢行系统的特殊路段可选择设置
观景港湾停车带		有条件的地方尽量设置	有条件的地方尽量设置

2) 总体布局要点

(1)服务设施需满足国内外旅游者日益增长的出行需求。

(2)各类服务设施设置时应做到因地制宜、实事求是、量力而行、尽力而为。服务设施在进行整体空间布局时应分析全路段的重要交通节点、旅游节点、符合服务设施服务半径的服务节点以及景观视觉节点等,综合考量各类服务设施的布设位置及数量。

(3)公路服务站的设置应首先考虑公路是否连接有重要景区,若有可在旅游者流量集中处设置。服务站一般选择在里程较长的公路沿线布设,若为改建项目,应结合现有公路养护道班资源,选择条件较好的道班进行开放式改造扩建,提高资源的利用率。新建项目应选择设置在有相应需求但周边缺少住宿、休憩功能,且环境相对幽静的区域设置,如景区内或景区附近环境优良处。

(4)停车点在旅游资源富集路段可设置多处,注意路段的车流特点与旅游者的行程方便,可按照车速推算不超过30min间隔确定间距。

(5)一般公路均可因地制宜设置观景平台,观景平台应选择在景观效果好、安全条件具备的地点设置,且要注重交通流交叉组织的协调便利。在景色优美的地段宜设置观景平台,使得因观景需求的停留不对正常交通通行形成干扰和造成安全隐患。

(6)自行车道服务设施通常每隔约10km提供一处,步道服务设施每隔约5km提供一处。位置选点应结合优质景观资源点,并统筹考虑沿线村镇和公路服务设施。

(7)慢行系统服务设施基本设施包括:休憩座椅、遮阴设施、自行车停车空间(独立的步道仅提供遮阴的休憩座椅即可),根据功能需求选择场地设施,需场地面积约5~

$15m^2$。有长途骑行者需求的驿站点还可增设物资补给点、简易维修设备、洗手台、紧急救护设备、信息指引、厕所和淋浴等设施,需场地面积约 $15\sim75m^2$。

(8)慢行系统服务设施一般不设置建筑,设施材质和形式应考虑与景观的协调性,如滨海地区应考虑防晒、防风沙堆积或大浪侵袭等。造型宜简单,避免复杂的装饰,材料可选用自然式、耐候性强的材质。

(9)服务设施布局还必须考虑以下限制或可组合因素:公共服务设施、车流类型、解说系统、服务质量及日常维护等。

3)选址要素

(1)从交通技术角度,沿线服务设施应与主线线形相适应,避免设置在主线小半径曲线段或陡坡路段,以免遮挡休息设施的视线和妨碍车辆出入的顺畅。

(2)沿线服务设施的选址要考虑给水水源及电力供给条件的影响。在沿线服务设施选址时也应考虑沿线服务设施内的雨水、污水等排出系统。

(3)沿线服务设施设置位置一经确定,应分析沿线服务设施所在区域的基础条件、自然环境、人文景观等因素,从以人为本、营造优美环境的理念出发,最终确定其修建位置。

(4)沿线服务设施的规划选址除考虑间距外,还要尽量选择风景秀丽、山水迷人的地方。结合具体的地形条件,根据工程建设费用投资和使用两方面综合分析确定。

(5)在确定服务设施的面积、范围以及位置时,要考虑公路今后可能的拓宽和设施的扩建,必要时应选择留有扩建余地的地点,以便未来可持续发展。

(6)服务设施如用地较大,应尽量避开地质条件较差等地区。

4)规模确定

参考《公路工程技术标准》(JTG B01—2014)中规定,服务设施建设规模应根据公路设计交通量、交通组成等计算确定。具体确定方法应结合公路旅游功能等特点,从旅游者实际需求出发,综合考虑旅游交通量及旅游资源、旅游业态发展等相关情况,使计算出的服务设施规模更加符合公路旅游功能拓展的实际情况。

5)具体设计

(1)在旅游服务设施设计过程中,应注重旅游者的实际需求,格外关注旅游者使用时可能遇到的问题,更加注重细节设计,体现人性化场所的要求。旅游服务设施及场区布设参见表10.5-2。

(2)对主要场地要素进行再评估,明确场地要素间的功能关系,在此基础上进行功能区布局与设计。具体措施如下:

①划分不同功能区的功能关系:

表 10.5-2 公路旅游服务设施构成

服务设施建设内容	所含设施	服务站		停车点			观景港湾停车带
		普通公路服务站	驿站	自驾车露营地	观景平台	慢行系统服务设施	
分离式车道		可选分离岛式	景观岛,使用植物,巧工或二者结合将停车区与车道平行隔离	可选分离岛式	可选分离岛式	无	无
停车场形式	公共停车场	大小车停车位在同一停车区内	大小车停车位在同一停车区内,与自行车区隔离	停车位分散设置,与营位结合	仅作临时侧方停车	仅考虑自行车	仅作临时侧方停车
	自行车停靠区						
停车场规模		根据需要设置,最多可设置 10 个小车停车位,2 个大车停车位	根据需要设置,最多可设置 20 个小车停车位,2~4 个大车停车位	视情况而定	平行停靠 3~5 辆小车,根据场地条件可设置 1 个大车停车位	无	平行停靠 2~5 辆小车
停车场设施		硬化场地,单侧道牙,设置隔离带或将停车区和人员活动区分开,简易地下排水设施	硬化场地,单侧道牙,设置隔离带或将停车区和人员活动区分开,简易地下排水设施	硬化场地,地面散排	硬化场地,地面散排,如果设置人员活动区,应与停车区隔离	无	无
卫生间		水冲式厕所或化学抽水马桶	水冲式厕所或化学抽水马桶	按需设置	一般不需要	整体式厕所	无
人行步道		根据需要和现场情况灵活设置	至少两级步道系统	根据需要和现场情况灵活设置	根据需要和现场情况灵活设置	穿过式	无
用餐区		视情况而定	可有,可仅在有洗手池的区域设置	根据需要和现场情况灵活设置	无	无	无

续上表

服务设施类型及功能设置要求

服务设施建设内容	所含设施	服务站			停车点		慢行系统服务设施	观景港湾停车带
		普通公路服务站	驿站	自驾车露营地	观景平台			
	文体活动场地		文化,历史展示,观景区等具备	文化,历史展示,观景区等具备			无	无
	休憩点	因需而设			有,以景观亭廊式构筑物为主	有,以景观亭廊式构筑物为主	有,以景观亭廊式构筑物为主	无
景观设计	观景点/区				有	有	有	无
	场地绿化				简易,恢复为主,配置为辅	简易,恢复为主,配置为辅	简易,恢复为主,配置为辅	无
	无障碍设施				有,结合场地及需要	有,结合场地及需要	有,结合场地及需要	无
解说设施	说明牌	场地指示式,科普解说式,地图解说式等	场地指示式,地图解说式等	科普解说式,地图解说式	科普解说式,地图解说式等	科普解说式,地图解说式等	科普解说式,地图解说式等	科普解说式,地图解说式等
	旅游信息栏	旅游信息解说牌或信息查询机	旅游信息,有关部门批准的永久性宣传牌	旅游信息,有关部门批准的永久性宣传牌	简易旅游信息,以标志标牌或电子信息为主	简易旅游信息,以标志标牌或电子信息为主	简易旅游信息,以标志标牌或电子信息为主	无

续上表

服务设施类型及功能设置要求

服务设施建设内容	所含设施	服务站		自驾车露营地	停车点		观景港湾停车带
		普通公路服务站	驿站		观景平台	慢行系统服务设施	
	管理处	无	有	有	无	无	无
	旅游咨询	无	有	有		无	
	住宿	视需求	视需求	视需求		无	
	售卖点	有	有	有		无	
	治安消防设施	有	有	有		无	
建筑设计	医疗急救设施	有	有	有		有	
	安全防护设施	有	有	有		有	
	无障碍设施	有	有	有		有	
	公厕	有	有	有		有	
	自行车租赁点	无	有	有		无	
	餐饮点	无	有	视情况而定		无	

续上表

服务设施建设内容	所含设施	服务设施类型及功能设置要求					
		服务站			停车点		
		普通公路服务站	驿站	自驾车露营地	观景平台	慢行系统服务设施	观景港湾停车带
	污水处理	经卫生部门认可的设施	经卫生部门认可的设施	经卫生部门认可的设施	无	经卫生部门认可的设施	无
	垃圾处理	在停车利用餐区设置垃圾桶	在停车利用餐区设置垃圾桶	在停车利用餐区设置垃圾桶	设置垃圾桶定期清理	设置垃圾桶定期清理	设置垃圾桶定期清理
	节能环保	污水处理及循环利用、固废处理、节能照明设施、节能建筑应用	污水处理及循环利用、固废处理、节能照明设施、节能建筑应用	污水处理及循环利用、固废处理、节能照明设施	节能照明设施	节能照明设施	节能照明设施

协调关系——如野餐区和风景优美的休憩区；

冲突关系——如野餐区和垃圾回收设施。

②采取措施缓解不同用途之间的冲突，包括：

缓冲——如用景观岛减轻噪声；

遮挡——如在野餐地和不良景观间进行种植；

物理分割——如在不同的用地性质间用空地进行分隔（图10.5-14）。

③采取措施增强协调用途间的联系。

关联用途但分隔位置以加强美学体验。如在停车场旁设立洗手间，确保其间距适宜，使人们既能够享受停车环境，又可以通过设置座椅使人们在等候的同时能够欣赏停车场与洗手间之间营造的场地景观。

④加强场地和建筑之间外在与内在联系。

主体建筑形式适宜，突出实用，且具有当地特色，与环境融合（图10.5-15）。内外联系包括：建筑的朝向、建筑出入口、建筑形式，以及可包含在建筑设计中的场地特征，如岩石、坡度、现状植被、视野或背景等。

图10.5-14　停车场和休憩区之间关系舒适而又存在分隔　　图10.5-15　具有地方人文特色和自然风格的休憩区建筑

⑤完善停车区场地大小、形状及总体配置。

——根据使用情况设计停车位，避免停车场大量闲置。

——在停车区为残疾人提供便利，利用侧石方便人们从停车场到达人行通道系统。

⑥确定每个特殊功能或设施的位置，注重细节，如图10.5-16～图10.5-21所示。

⑦确定一个分层级步道系统。

——主路应该连接停车场、建筑和主要景点。

——次级路应服务于野餐区及附属设施，并提供散步的机会。

——第三级路应该更加质朴，用于通过林地/草地或其他未经改造的地方。

主路和次级路应能达到残疾人使用的国家建筑标准。

图 10.5-16 利用微地形与栽植简单而巧妙
分隔停车区与行车道

图 10.5-17 考虑到天气情况的休憩区设置

图 10.5-18 满足必要需求不盲目追求规模的慢行驿站

图 10.5-19 设置可供选择的开口

图 10.5-20 符合乡土环境特点的休憩亭

图 10.5-21 在观景平台迎车面醒目的位置
设置标识性构筑物

(3) 布局形式

多数情况下,旅游服务设施为平面设计。如遇特殊情况,在路侧场地条件有限的情况下,可设置双层的服务设施(如双层观景平台),如图 10.5-22、图 10.5-23 所示。

图 10.5-22　一层路侧观景平台示例

图 10.5-23　双层路侧观景平台示例

10.5.4　景观与外部交通设计

1)景观设计要点

(1)应充分考虑场地原有条件,最大限度地保持原有植物群落稳定性,进而进行景观规划,全面改善原有生境。

(2)服务设施内的景观规划应有合理的方向指向以及识别性、引导性,保证使用者对于各项服务设施能够一目了然,便于接受各项服务。

(3)植物的配植不影响交通视线,对于原有古树名木尽可能地予以保留。

(4)在停车场以及餐厅可透进视线的地方,创造合理、优美的景观,利于视线的引导,巧于因借窗外的景致。

(5)景观小品作为公路凸显旅游特色的景观设施,在发挥各自实用功能的同时,也应具有组织空间、引导游览、点景、赏景及添景的作用。景观小品造型与摆放位置应满足人的心理习惯与活动规律的要求,设计风格和结构组合与整体观景设施相协调,满足适用性、方便性、安全性的要求,数量和规模根据旅游者流量大小而定。充分丰富景观小品的形式、色彩、比例关系,创造赏心悦目的景观形象,同时不宜装饰过度。注重地域文化的引入,创造出富有文化内涵的景观小品,为公路使用者提供历史文化信息和审美体验(图10.5-24~图10.5-28)。

图 10.5-24　某公路慢行系统路侧特色雕塑

图 10.5-25　公路沿线休息廊亭效果图

图 10.5-26　四川广安邓小平故里至华蓥山景区旅游公路慢行系统沿线景观小品设计方案1

图 10.5-27　四川广安邓小平故里至华蓥山景区旅游公路慢行系统沿线景观小品设计方案 2

图 10.5-28　四川广安邓小平故里至华蓥山景区旅游公路慢行系统沿线景观小品设计方案 3

2）外部交通设计要点

(1)服务设施外部的交通组织主要包括服务设施与主线的顺接,主线车流进出时的交通引导,以及可能与对向车流的交通冲突、交通设施设计等方面。

通过设置部分交通工程设施来规范车辆进出服务设施时的行为,以达到安全畅通的目的。主要包括设置进入服务设施之前的指示标志,车道渠化分隔设施,服务设施与公路主线的隔离设施等。

(2)应提前设置服务设施的指示标志,并根据运行车速合理确定标志的前置距离,方便驾驶员和乘客提前知晓。服务设施的位置和相应的服务内容应在指示标志上明确标出,同时也可配以路侧广告牌等,诱导车辆尽可能多地前往服务站停车休息。

(3)在公路服务站等服务设施的连接路段上,应综合考虑进出口加减速车道的设计,标志、标线的设立等,以保证车辆进出和停放的安全便利,且不影响主路的正常行驶。通过设置警告标志、施划减速标线等措施,使车辆在进入服务设施前将速度降下来。也可以通过设计加宽渐变段、或对公路进行渠化、设置隔离设施等,确保车辆安全进入服务设施(图 10.5-29、图 10.5-30)。

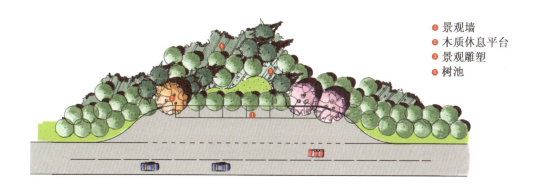

图 10.5-29　观景平台等进入口要与主线工程进行圆弧衔接,满足车辆加减速驶入需要

（4）驿站及观景平台应结合加、减速车道进行设计,从而不影响主路交通,并在大量提示标志的指导下给驾驶员留下充足的反应时间。

标识出入口与场地间的联系,可利用现状或设计地形及植被,降低交通速度（图 10.5-31）。

图 10.5-30　创建限制岛及曲线入口道路

图 10.5-31　标识出入口,以保留植被分割内外空间

10.6　做好特色标识及智慧信息系统

10.6.1　特色标识系统

公路旅游特色标识系统是在保障公路基本出行的基础上,综合考虑旅游出行需求、旅游者文化感知等新需求而构筑的更加人性化、多元化及特色化的标识系统。

通过深入挖掘公路沿线各类旅游文化元素及沿途景区、自然景观及地貌特征等,概括提炼出项目独有的元素符号,通过形象、颜色、材质等方式,以标识系统作为展示窗口,成为项目的视觉印记名片。

1)特色标识类型

公路旅游特色标识主要包括：公路旅游身份标识、景区景点类标识、服务设施标识、文化解说标识、特色村寨标识及慢行系统标识等六大类。

(1)公路旅游身份标识

通过公路起终点标志、标识标志、地面图形标线、公路里程碑、界碑共同实现。公路旅游身份标识标志设置在道路起点和入口，路段每隔 3~5km 设置一处。公路旅游身份标识 LOGO 设计需深入挖掘文化元素，结合本区域独有的环境、历史、民俗特点，提炼元素符号印记，形成公路旅游身份标识(图 10.6-1~图 10.6-3)。

图 10.6-1　公路预告标识

图 10.6-2　公路起点标识

图 10.6-3　公路旅游身份识别标识

(2)景区景点类标识

通过景区标识符号和景区标识景观小品共同实现。特色景区标识符号采用 LOGO 或者标识性照片。普通景区根据类型，采用规范统一图形标示符号(图 10.6-4)。

(3)服务设施标识

由服务系统导引图、预告指示标志和景观标识小品共同实现，应体现不同服务系统的功能，体现路段景观、文化特色(图 10.6-5)。

图 10.6-4　特色景区、景点类指示标识

图 10.6-5　服务设施指示标识

（4）文化解说标识

文化解说标识主要设置于驿站、观景平台及慢行系统路侧等特殊环境节点。以简明的语言配以形象的区位照片，旨在介绍当地区域文化、突出人文关怀、讲好公路故事。文化解说标识主要分为景区景点类解说标识、地域文化信息类解说标识、欢迎语标识和行路文化交流类标识。

①景区景点类解说标识。设置于观景平台及驿站等关键节点，配合服务设施、景观小品介绍展示公路沿线历史文化、民族文化、风土人情、地方特产、科普知识等地域文化信息（图 10.6-6）。

②地域文化信息类解说标识。设置于步道、自行车道、观景平台、驿站等重要路段和节点，配合绿化及景观小品介绍附近传统村落、历史沿革、名人轶事、民俗风情等文化资源，并配以实景照片，提示引导旅游者拍照赏景的最佳位置（图 10.6-7）。

图 10.6-6　景区景点类解说标识

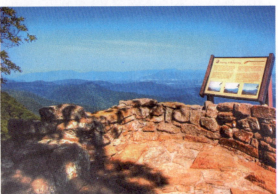

图 10.6-7　地域文化解说信息类标识

③欢迎语标识。设置于行政地理边界线附近。可考虑在省界处或市界处设置,充分展示地方形象,突出文化内涵和特色(图10.6-8)。

图10.6-8　欢迎语标识

④行路文化交流类标识。设置于公路慢行系统沿途路侧,以标志、标语、岩画、雕塑等形式传递行路文化,与行路人进行情感交流(图10.6-9)。

图10.6-9　行路文化交流类标识

(5)特色村寨标识

一般村寨通过地名标识实现,应进行统一规范化。旅游景区村寨通过地名标志和村寨门户标识实现,允许体现民族特点和个性化(图 10.6-10)。

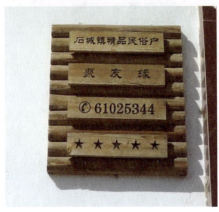

图 10.6-10　村寨标识

(6)慢行系统标识

通过慢行系统路面材质、颜色及各类慢行系统起点标志、路侧标志、地面标记和路侧景观小品等共同实现。慢行系统标识设置在各类慢行系统起点或入口处,路段每隔 3~5km 设置一处(图 10.6-11)。

图 10.6-11　慢行系统指示标识

2)特色标识设计案例

结合公路沿线特色的自然资源与人文历史等文化资源,提炼相关元素,用于公路全线身份识别标识(LOGO)的设计中。身份识别标识后期可应用于项目全线的各类特色标识,也可服务于后续项目旅游产品开发与设计中。

(1)身份识别标识设计

【示例一】 贵州黔南州荔波绿宝石旅游风景道

贵州省黔南州荔波县位于贵州南部的黔桂边界,是贵州省首批优先发展重点旅游区、国家第三批生态示范县、革命老区、国家级卫生县城及全域旅游示范县。境内有举世闻名的国家级茂兰喀斯特森林自然保护区和风光秀丽的荔波樟江国家重点风景名胜区。荔波为世界三大喀斯特地区的核心区之一,被联合国教科文组织列入《世界自然遗产名录》。荔波是地球腰带上的一颗绿宝石,是同纬度喀斯特地貌上最美的一抹绿色。

荔波绿宝石风景道是连接国家级茂兰喀斯特森林自然保护区和风光秀丽的荔波樟江国家重点风景名胜区的重要道路。沿线分布了布依族、苗族、水族和瑶族四个少数民族。同时,沿线也有红七军板寨会师旧址和黎明关等革命遗址,具有丰富的文化资源。结合绿宝石旅游风景道沿线独特的山水资源、红色文化与民族文化,设计出符合该项目特色的身份识别标识,具体如图10.6-12、图10.6-13所示。

【示例二】 浙江台州三门县健跳至外岗旅游风景道

浙江省台州市三门县位于台州市东北部沿海,西枕天台山,东濒三门湾,北接宁海县,南毗临海市。三门位于中国黄金海岸线中段的三门湾畔,地处杭州湾产业带和温台沿海产业带的重要节点。人文底蕴深厚,历史上人才辈出,县内名胜古迹众多,丰富的历史积淀和传承,赋予了三门独特的县情和文化特质。

三门健跳至外岗旅游风景道现状是村道,四级公路,全长7.8km。项目起点位于健跳镇政府所在地,终点为核电站,沿线分布有沙滩、滩涂、岛屿以及外岗村、平岩村等。本项目在进行旅游身份识别标识设计时,充分结合了沿线沙滩、滩涂、岛屿以及特有的白鹭(鸟类)资源等元素,形成了东部沿海地区旅游风景道的特色标识。同时,该标识也成功应用于后续相关旅游产品的设计中(图10.6-14、图10.6-15)。

(2)文化解说标识设计

道路沿线文化解说标识在设计时,一是要尽量选择与周围环境较为贴合的材质及色彩,注重与周围环境的融合和融入程度;二是要尽可能凸显地域文化元素及地方特色。具体示例如图10.6-16所示。

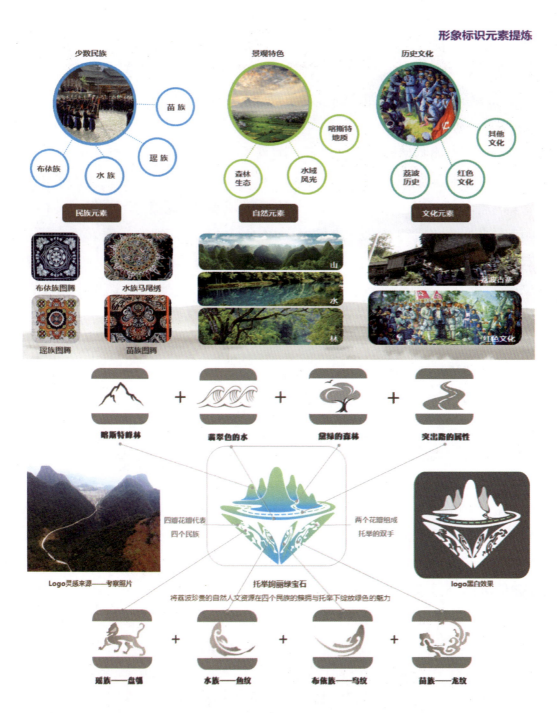

图 10.6-12 荔波绿宝石旅游风景道身份识别标识设计示例

10.6.2 旅游智慧出行信息系统

旅游智慧出行信息系统重点是指在已有道路信息采集与发布设备的基础上,增添与旅游出行紧密相关的信息告知、信息提示、信息交换与信息共享等资源。重点包括交通基本出行信息系统和旅游智慧出行信息系统两大类。

设计篇/第 10 章　旅游功能拓展设计

图 10.6-13　荔波绿宝石旅游风景道身份识别标识

图 10.6-14　浙江台州三门县健跳至外岗滨海旅游风景道身份识别标识设计方案

图　10.6-15

图 10.6-15　浙江台州三门县健跳至外岗滨海旅游风景道身份识别标识设计方案应用

图 10.6-16　浙江安吉美丽农村路路口解说标牌

1）交通基本出行信息系统

主要包括路网路段监控、采集系统，实时天气、路况预告系统及紧急救援系统等。

（1）路网路段监控、采集系统。主要用于区域路网路段实时监控，便于管理部门对突发状况采取应急措施。可分为视频采集系统、交通流量采集系统及交通运行状态监测系统。

（2）实时天气、路况预告系统。主要用于区域内天气及道路通行状况的实时监控和发布，便于出行者提前做出判断和选择。可分为气象及运行状态检测系统、可变信息发布系统与会车提示系统（图 10.6-17~图 10.6-20）。

图 10.6-17　气象运行状态监测设备

图 10.6-18　雨量监测发布展板

图 10.6-19　可变信息情报板

图 10.6-20　会车提示系统

气象及运行状态监测系统针对重点路口、路段进行全天候的气象及运行状态监测，并配合交通信息发布。可变信息发布系统主要向出行者提供准确的在途信息，实现出行信息化。会车提示系统主要设置在存在较大安全隐患的山区 U 形回头弯路段及视距不良路口、路段处，及时为不易发现对向来车的出行者提供会车信息，避免交通事故的发生，消除安全隐患。

（3）紧急救援系统。主要为慢行系统服务，布设于偏僻路段的驿站、观景平台和慢行系统服务设施等处。慢行系统中部分路段地处人流较少但景观相对较好的幽静路段，出现突发状况时不易呼救，特殊路段需设置紧急救援系统。

2）旅游智慧出行信息系统

旅游智慧出行信息系统属于公路旅游的拓展功能，也是体现智慧出行服务的重要环节。

在设计和建设时应充分发挥社会力量，以政府部门为主导，旅游部门重点参与，公路部门进行配合，做好旅游者出行过程中的各类信息提示与告知，提供更加便捷、高效的出行服务，增加旅游者旅途中舒适的出行体验。

（1）旅游智慧出行信息系统主要提供沿线驿站、观景平台位置及距离查询，景区、景点位置距离查询及门票预订，自行车自助租赁，旅游巴士班次查询及购票，全线游乐项目查询及预订，沿途酒店、农家乐等住宿情况查询及预订，以及少数民族特色餐馆查询等综合性旅游出行服务（图 10.6-21、图 10.6-22）。

（2）设置旅游 App。通过扫描二维码等方式实现有效服务，便于旅游者提前制订游览计划，临时制订最优路线，缩短排队等待、问询找路时间，是旅游出行的绿色通道。

图 10.6-21　旅游智慧出行信息展板　　　　　图 10.6-22　自行车自助租赁系统

施 工 篇

第1章 总 则

1.1 总体要求

公路工程施工对环境的影响主要体现在施工作业对自然生态环境的扰动和施工过程中废水、废渣、废气、扬尘、噪声等污染物排放两个方面。绿色公路施工就是要在保证施工质量、安全的前提下,通过科学制订施工方案、精细严格管理和技术创新,最大程度地减少施工对环境的影响和破坏,提高资源利用效率,减少污染物排放,主动保护生态环境。

(1)科学组织施工。通过合理制订施工组织方案,协调不同专业的施工工序,统筹利用资源,提高施工效率。

(2)统筹场站建设。从空间、时间两个维度统筹规划场站建设,空间上做到"布局紧凑",时间上做到"衔接有序",整合利用土地资源,减少临时工程占地数量。

(3)提高信息化管理水平。建立智能联网联控的公路建设信息化管理系统,提高公路建设的自动化、智能化、可视化水平,提升管理效能,落实质量安全责任,方便应急管理。

(4)推广使用先进工艺和设备。积极推广使用节能、节地、节水、节材的施工工艺,实现资源高效利用,减少施工场地废水、固体废物、噪声、尾气排放。

(5)严格环保施工管理。在招标文件和合同条款中落实相关环保要求,制订特殊环境敏感点专项环保施工方案,加强对施工人员的教育和培训,切实提高生态施工意识,规范作业行为。

1.2 做好设计核查

为避免设计方案与现场实际情况脱节,减少设计方案中的差错碰漏,防止出现重大工程质量或环境保护问题,开工前须对设计方案进行核查、优化。

1.2.1 室内设计图纸核查

(1)路基工程

核查逐桩坐标;核查通道、涵洞排水设计是否完善,能否和排水系统总体设计有效衔接;核查路基防护设计与填挖高度是否匹配,防护工程和构造物的衔接是否顺适美观。

(2)桥梁工程

核查桩基桩位坐标,各部位设计高程,通道、涵洞及天桥的位置及净空;核查桥台台前防护和台后排水设计是否完善。

(3)隧道工程

核查隧道地质纵断面图中是否标示有断裂、断层、涌水等不良地质段落,隧道纵、横断面及平面线形是否与路基段衔接顺适;核查中心排水沟、集水井设计是否符合规范要求。

(4)路面工程

路面排水设计是否完善,与全线排水系统是否有效衔接;特大桥桥面排水设施设计是否完善、合理。

(5)交通安全设施

核查交通标志设置能否满足公路功能发挥的要求,应重点关注城镇过境段、路网复杂路段、驾驶条件复杂路段的指路标志和警告标志设置合理性;核查沿线交通标志与机电工程门架是否冲突;核查标志标线是否反映、吸收了相关部门的意见。

1.2.2 施工现场设计核查

(1)一阶段设计核查

核查施工图设计与现场地质、水文、地形及地物等的符合程度;核查道路、管线、灌溉渠、防洪堤坝等与主线交叉的设计方案是否合理;根据放线后桥涵、防护等构造物的具体位置及路线横断面情况,核查桥梁长度,通道、小桥涵及防护工程的位置、数量、结构形式;核查高填深挖路段的线位、高程、填挖方的高度、坡度等是否符合设计规范的要求;核查隧道洞口与桥梁起终点相接是否符合现场实际情况;核查隧道明洞长度、洞门形式、明暗交界位置是否与地形相适应;隧道边仰坡设计是否切实可行;隧道洞口是否存在偏压、滑坡、坡基基体围岩崩塌等不良地质情况;核查隧道中心排水沟与洞外排水相结合的处理措施是否符合实际情况。

(2)二阶段设计核查

根据已完工程及现场的地质、水文、地形、地物等实际情况核查全线排水系统是否完善、是否有效衔接、排截水沟断面尺寸是否满足需求;核查边坡防护工程是否"安全稳定、经济美观",端头是否与实际地形、地貌有机结合;核查桥梁工程与路基衔接是否顺畅、岸坡防护排水工程是否完善、是否安全稳定;核查桥梁、路基工程先期预留、预埋的各种机电工程管线是否合理;核查弃土场的防洪抗灾能力,中小桥、通道、涵洞等排水结构物的排泄能力是否满足需求；核查临河结构物（挡墙、桥头防护、狭沟墩柱）抵御冲刷、洪水顶冲的能力，是否有堵塞河道的潜在风险。

（3）三阶段设计核查

对交通安全设施、机电外场设备进行核查，重点对机电管线通过隧道、通过桥梁、横穿路面等进行核查，对隧道通风、照明等机电设施预留预埋工程是否完善进行核查。

1.3 加强动态设计

受勘察深度限制，设计方案难免会出现与现场地形、地质、地貌、地物不协调、不匹配的情况。为使设计方案更好地与地形相吻合，更好地适应地质条件，更好地保护环境，更好地提高施工效率，减少资源消耗，鼓励结合现场实际情况进行动态设计。动态设计应做到依据充分、方案科学、程序规范。

1.4 注重永临结合

永临结合是节约资源，避免重复建设的重要手段。施工单位应重点考虑临时施工场站，施工便道、便桥，施工用电、用水等临建工程与永久性工程的结合，还应考虑施工中临时支挡防护、排水等措施与设计方案的结合。

（1）鼓励利用已有道路作为施工便道，完工后将施工便道交给地方使用。坚持"不降低原有功能"的原则，对施工重载车辆造成的损坏及时修复；对当地道路不满足施工要求的，可根据需要局部提升技术指标；施工便道修建尽量与当地的路网规划和交通出行相结合。

（2）办公区、生活区可租赁沿线质量可靠、安全合格的房屋，减少临建用地；驻地用房在工程完工后可移交当地继续使用。

（3）与地方电力部门合作建设施工电网，施工结束后转为当地民用；施工用电与服务区、隧道机电等设施的永久用电合并建设。

（4）隧道供配电应统筹规划，按施工和运营期永临结合的方式、一次设计分期实施的原则，实现供电一次接入，永久使用，降低投入成本，避免重复建设。

1.5 集约布设施工场地

施工场地应统筹布设，集约利用土地资源。施工前应充分调查沿线可利用的场地，结合建设方案、工期、地形等特点，灵活规划场站场址，布局设计要考虑施工运输便利性，并兼顾污水排放、抑尘、降噪等环保要求。

（1）同期施工场地尽量合并设置，分期利用的施工场地，如桥梁预制场和沥青混合料拌和站等，可先后使用同一场地。

（2）条件允许情况下，预制厂与混凝土拌和厂、钢筋加工厂可综合布置，受地形、运输条件限制时，可与相邻标段共建。

（3）条件允许时，可将拌和站等设置于匝道区内，减少临时用地，节约土地资源。

（4）施工便道宜尽量利用现有道路，新建施工便道应严格控制用地数量，尽可能在征地红线内路基坡脚修建。

（5）临建设施宜采用工厂预制、现场装配的可拆卸、可循环使用的构件和材料，尽量减少建筑垃圾。

1.6 加强施工期环境保护

1.6.1 保护动植物、表土资源及文物

1）保护植物

严格按照设计文件确定的征地范围，对地表植被进行清理。控制临时用地、路基开挖、隧道洞口开挖施工作业面，避免超挖破坏周围植被。

（1）推广"环保绿线"和二次清表技术，实施分步清表，先按照路面宽度清理出作业面，再对边坡及隔离栅界进行选择性清表。

（2）对征地界内的特色景观植物，包括古树名木、珍稀濒危植物、风景树林等，通过优化施工工艺进行保留或移栽。设置醒目的保护标示牌，提醒施工人员注意保护古树，并在临近拟建公路和施工临时便道附近的古树四周设置钢筋围栏加以保护，围栏与树干的距离应不小于3m。禁止在古树名木附近设置取土场、弃土场、施工营地等临时工程。

（3）高度重视生态脆弱地区原生草皮保护工作。施工前应对草皮进行有效剥离，覆盖堆放及养护，提高堆放成活率，根据草皮量与水土流失控制要求，综合应用各种扩繁铺植形式。

（4）加强施工人员管理，禁止采挖受保护的野生植物，禁止施工人员进入保护区活动，避免对保护植物生境产生不利影响。

2）保护表土资源

表土层是难以再生的宝贵资源，将建设所占优质耕地、林地的表土有计划地剥离，用于土地复垦、土壤改良、造地及景观用土等用途，是实现土壤资源占补平衡目标的有效途径之一。

（1）表土剥离深度需根据土壤质地而定，一般在20cm以上，剥离需采用正面分层剥离、分开堆放、覆盖和管理，防止土壤养分流失，剥离过程中不能造成土壤和环境污染。原生草皮剥离要根据工程区实际情况，确认可剥离的草皮下垫面腐殖土厚度和面积，严格控制好开发的深度，必须开挖到根系层并保留一定富余度。草皮的剥离应尽量选择在气候较湿润、降雨较丰富的季节，最好是春夏季节，便于草皮存储、养护和成活利用。

（2）综合考虑安全、运距、利用等因素，并结合工程特点，选择在主线两侧地势平坦、便道通畅、便于管理的地方进行土壤储存。土壤存储区应进行清基、整平，堆土时进行坡面修整，堆放完成后，对土堆表面进行植被、土工布、密目网或塑料膜覆盖。

（3）运输过程中要避免不同类型的表土层土壤的混杂，避免对剥离区土壤的压实，并做好遮盖防扬尘处理，禁止在雨天运输土方。

（4）公路建设工程剥离的表土和原生草皮宜优先用于主线边坡绿化工程，如路基填挖方边坡、中央分隔带、护坡道、隧道出入口、互通立交、服务区绿化设计等区域，以及临时用地复垦工程，多余方量可用于工程沿线土地开垦项目的土壤改良工程。

3）保护野生动物

根据《中华人民共和国野生动物保护法》第八条和第三十一条的规定，严格规范施工队伍的行为，禁止非法猎捕和破坏国家野生动物生存环境。

优化施工方案，减少对野生动物的干扰；在工地及周边设立爱护野生动物和自然植被的宣传牌，并对施工人员进行教育。

做好水生生物保护：施工营地生活垃圾和生活污水禁止排入附近水体，生活垃圾集中堆放，统一处理。施工用料应远离沿线河流堆放，若在桥位附近堆放，应在材料堆放场四周设置明沟、沉沙井或挡墙，防止材料被暴雨径流冲入水体，影响水质。

4）保护文物

对需要保护的文物，应在文物单位的指导下提出监测保护方案，通报文物保护单位，并进行监测保护，严防损毁文物古迹。在施工过程中发现文物时，应暂停施工，保护好现场，并立即报告当地文物管理部门研究处理，不得隐瞒不报或私自处置。

1.6.2 强化污水处理

施工污水、废水排放应符合国家相关标准要求，并对排放水质进行检测。施工单位要积极主动采用经济适用的设备或技术，做好废水处理与循环利用工作，不得直接排放污水。

（1）新建大型施工营地应建设生活污水处理设施，小型营地应建化粪池收集生活污水;"两区三厂"应设置截排水沟及多级沉淀池,施工废水经沉淀处理后循环使用,禁止将施工废水直接排入沿线水体。处理后的施工废水可用于施工场地洒水降尘或混凝土搅拌。

(2)化学品等有毒材料或油料储存,应按相关要求严格做好隔水层、渗漏液收集和应急处理设计。

(3)筑路材料(如沥青、油料、化学品等)运输要防止洒漏,料场不得设在水库、河流岸边50m范围内,应采取有效措施避免雨水将材料带入水体,造成水污染。

(4)鼓励选用先进的施工机械和设备,减少跑、冒、滴、漏形成的含油污水量,降低机械设备维修次数。机械、设备及运输车辆维修保养尽量集中进行,以方便含油污水的收集与集中处理。

(5)尽量采用固态吸油材料(如铺垫细沙、棉纱、木屑等)将废油收集到固态物质中,避免产生过多的含油废水;对渗漏到土壤的油污应及时采用刮削装置收集封存。

(6)雨水径流池、蒸发池、坡脚排水沟等,应和路基同步施工,并按照"高接远送"的原则与路基急流槽和天然沟渠相接。

(7)岩溶发育和断层破碎带隧道施工,应坚持"以堵为主"的防排水原则,采取有效措施防止地下水流失。应对隧址周边居民饮用水源点进行监测,发现水量下降明显时应及时采取注浆堵水等措施,控制地下水流失。

(8)隧址位于水源保护区时,隧道进出口除设置废水沉淀池外,还应增加隔油气浮处理设施及净水设施,未处理的废水不能直接排放。

1.6.3 加强固体废物处理

施工单位应本着减量化、资源化、无害化的原则,对固体废物收集、处理、综合利用进行专项设计,减轻对环境的影响,营造清洁、清爽、清净的施工环境。

(1)施工场地内应设置生活垃圾集中收集与清洁储运设备,处理程序符合相关要求,严禁随意丢弃生活垃圾。生活垃圾集中堆存点应远离水体,并在周围设置防风垛,避免在风力作用下随处飘散,垃圾应集中运至城镇垃圾填埋场处理。拆迁的建筑垃圾应全部运至弃渣场或建筑垃圾填埋场处理。

(2)工程废渣应严格按照设计规定进行弃渣作业,不得随意堆放。水库附近路段的建筑垃圾、工程弃渣、弃土等宜在24h内运离,运送时应采用袋装或密闭清运的方式,冲洗干净运输车辆,并采取围挡、遮盖等措施防止固体废物散落。

(3)施工作业产生的废机油、空油桶、空油漆桶、焊条头等属于危险固体废物,施工单位应进行收集并临时存放,定期交由有资质的单位进行处置。

(4)采取新设备、新工艺对固体废物进行综合利用。可将施工中的伐木、树根等有机材料作为坡面绿化植生基材或作为边坡防护材料进行利用;可将废弃水泥混凝土面板切割后,用于挡墙等圬工体;可采用砂石分离系统回收混凝土余料,重新作为原材料使用。

1.6.4 严格控制扬尘

在居民区、医院、学校、野生动物保护区等环境敏感区域施工,应强化清洁运输、清洁施工与烟气控制,降低施工作业对周围敏感目标以及施工人员健康影响,原则上做到施工不扬尘。

(1)料场、拌和站等容易产生扬尘的施工场地应尽量远离人口密集区(直线距离应大于300m),并设置于人口密集区的下风向。料场堆体及料场出入口应布设自动化喷淋装置,保证物料清洁堆放。

拌和站应进行有效密封,并加装二级除尘装置。沥青拌和站应配置二次除尘设备以及沥青烟气处理装置,倡导使用全封闭式拌和站,减少环境污染。

(2)施工便道应保持平整、整洁。建议常设施工便道养护、维修人员,及时洒水清洁,保持路况良好,减少扬尘。根据天气情况,合理安排裸露的施工便道和施工场所洒水频次。

(3)土方、水泥、石灰等物料露天堆放地点尽量远离居民,设于主要风向的下风处空旷地区。石灰、粉煤灰宜采用袋装、罐装方式运输,防止材料散落,运输和临时存放应采取防风遮挡措施,减少扬尘。

(4)采用粉状材料作为路基填料或对路基填料进行现场改良施工时,应避免在大风天作业。挖填土方、裸露坡面、黄土曝露2d以上,应采用密目网进行苫盖。应加强回填土堆放管理,根据实际情况,分别采取土方表面压实、定期喷水、覆盖等措施控制扬尘。

(5)选用符合国家卫生防护标准的施工机械和运输工具,确保废气排放符合相关标准,不符合排放标准的运输车辆应加装尾气净化装置,控制污染物排放。加强对机械设备的养护,运输车辆和施工机械应保持良好的运行状态,减少不必要的空转时间,控制尾气排放。

(6)水泥、石灰、土方、渣土和施工垃圾运输应使用密闭式运输车辆,或采用篷布遮盖,运输前后车辆应进行冲洗。

(7)隧道施工应注重采用综合措施防尘。应加强检查,定时量测粉尘和有害气体浓度。钻眼作业宜采用湿式凿岩方案,干式凿岩应有捕尘设备,钻眼时应先送水再送风,爆破后需进行喷雾或洒水。出渣前可采用喷淋系统降尘,长大隧道宜在压入式出风口设置喷雾器,降低掌子面附近粉尘浓度,结合洞内二次衬砌养生,采用雾化喷淋系统减少粉尘、净化空气。

1.6.5 减少噪声污染

针对产生噪声与振动的关键环节与工艺,结合区域社会环境第三区(居民区、学校等)、自然环境敏感区(尤其是野生动物栖息地)等,综合应用敏感目标防护、爆破减振降噪、机械工艺降噪等手段,控制施工噪声与振动的影响幅度与时段。

(1)现场噪声排放不超过《建筑施工场界环境噪声排放标准》(GB 12523—2011)的相关规定。

(2)制梁场、拌和站等易产生噪声污染的施工场地应尽量远离居民区、学校、医院等敏感区,施工场界距敏感区的距离大于200m,并将噪声级较高的施工机械布置在远离噪声敏感区的一侧。

(3)施工单位应选择低噪声的施工机械和工艺。振动较大的固定机械设备应加装减振机座,同时加强各类施工设备的维护和保养,保持其更好的运转。

(4)合理安排施工作业时间,降低夜间车辆出入频率。夜间施工避免使用高噪声机械,尽量避免机械集中使用形成噪声叠加。必须连续施工作业的工点,应发布公告,最大限度地争取民众支持,同时采取移动式或临时声屏障等防噪声措施。

(5)应对强振动或爆破施工影响范围内的民房进行监控,防止发生安全事故,对受工程施工振动影响较大的房屋建筑采取必要的补救措施;实施爆破前要召开相关单位和居民参加的协调会,通报爆破时间和警示信号,对影响较大的临近居民进行疏散。

(6)隧道施工应选取合理的爆破参数降低爆破振动,改善爆破作业条件,宜选用低爆速的炸药,优先应用水压爆破技术。

1.6.6 及时恢复场地

未做永临结合处理的施工场地,施工结束后应根据建设协议进行复垦或绿化。桥梁下部结构施工和隧道洞口边仰坡施工,引起山体植被扰动的,应在施工结束后及时对原地貌进行恢复。

(1)土地复垦应当坚持科学规划、因地制宜、综合治理、经济可行、合理利用的原则,复垦的土地应当优先用于农业。施工单位应在施工结束后对临时用地进行植被恢复或复垦。

(2)植被恢复所选植被对土质要求不宜过高,应具有较强的气候适应性,耐瘠薄,根系发达,固土效果好,生长快,落叶期短,对地表覆盖能力强,价格低,当地常见,无须养护或便于养护。

(3)取、弃土场复垦可采用农业复垦和渔业复垦等形式。对于取土场,应首先进行场地平整,有一定坡度的,可按梯田分块处理。场地平整后,将预先剥离的表土对整个场地进行覆土,覆土厚度以 50~60cm 为宜,对于养分流失严重的表土,可以采用化肥改良;对于弃土(渣)场,应合理设置挡土墙或拦渣坝,并对弃土、渣进行压实,满足复耕或绿化要求。平原区取土坑可考虑渔业复垦。

(4)对于需要拆除的"两区三厂"等临时工程,应进行拆除方案设计。拆除方案包括:拆除结构工程概况、施工计划、施工准备、拆除方案(拆除顺序、注意事项)、安全保证措施、质量保证措施、文明施工保证措施、扬尘防控保障措施、应急预案、设计图纸、拆除单位资质和作业人员证件等内容。

(5)未硬化的施工便道,施工结束后可根据沿线居民需求,碎石硬化后移交居民使用或将压实的土壤层进行翻松处理后恢复绿化。

(6)施工对沿线农田灌溉系统造成损坏的,应及时修复;对地表径流产生扰动的,应做好堤岸的防冲刷防护,并应及时清理河道,防止淤积。

第 2 章 路 基 施 工

2.1 总体要求

(1)施工组织设计应将绿色公路建设的要求贯彻到各相应章节,使得施工组织能够满足绿色施工的要求。对于系统性、整体性绿色公路建设要求,宜设置专门的章节,特殊的绿色工程施工技术要编制专项施工方案。

(2)占用耕地的耕作层土壤应安排剥离、存储,并进行合理利用。

(3)征地红线和临时用地范围内的经济林木、特种林木、花卉苗木等能够移栽的,尽量移栽。

(4)路基填筑和边坡开挖宜与防护、排水、绿化等工程同步施工,减少施工过程中水土流失。

(5)按照"零弃方"的设计思路,统筹路基土石方调配方案。在经济运距范围内有多余土石方的,不得进行线外借方。

(6)严禁擅自变更取(弃)土场的位置和规模,取(弃)土结束后应及时进行工程防护和植被修复。

(7)提倡固体废物综合利用,有条件的区域鼓励利用建筑垃圾作为路基填料。

(8)推广应用绿色低碳、节能环保方面的"四新技术"。

2.2 淤泥原位固化利用

淤泥地基在各等级公路施工中比较常见,传统的置换、打桩、强夯、塑料排水板等处理方法不但周期长、污染大,而且由于土体中的水分并未完全排出,还存在使用一定年限以后再次软化的风险。淤泥原位固化技术,是用专用设备在淤泥中掺入适量的水泥和固化剂并搅拌均匀,经过物理、化学反应后形成固化板体,使淤泥由"憎水"的工程废方变为"亲水"的筑路材料,避免淤泥废弃占用土地、污染环境,从而获得较好的环保和经济效益(图2.2-1)。淤泥原位固化利用技术适用于二级以下新建公路或改扩建路基施工淤泥量较大、土地资源紧张、外借材料困难的情况。某项目淤泥平均深度2m,黏聚力8.62kPa、天然含水率55.8%、天然孔隙比1.562、饱和度98.0%，地基承载力较低，施工机械进场困难。经过项目多方论证，推荐采用淤泥全深度原位固化处理方案（图2.2-2）。淤泥固化施工前，按照水泥:粉煤灰＝3:1的比例调配复合固化剂，然后采用专用深层搅拌设备，将复合固化剂按8%的掺入量掺入淤泥中，边掺入边搅拌。待固化后用雷达检测固化土层厚度，进行淤泥固结静载试验和CBR承载力试验，固化土7d不排水抗剪强度不小于100kPa后方可进行下道工序。

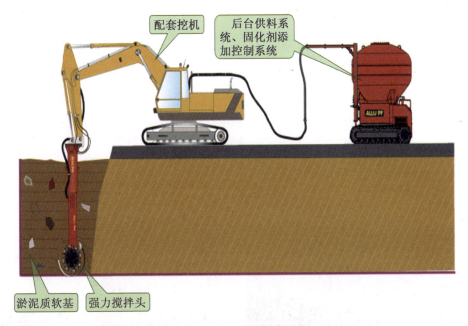

图2.2-1 淤泥原位固化示意图

图2.2-2 淤泥原位固化

2.3 深路堑"四同步"施工

雨季边坡失稳是深路堑施工中较为多发的问题。多级边坡的连续失稳，可能诱发小型滑坡、泥石流等次生地质灾害，对施工安全构成威胁，对自然环境、公路景观造成破坏，修复的难度和造价均较高。

深路堑"四同步"施工,是在路堑施工中采用开挖一级、排水一级、防护一级、绿化一级的"四同步"施工工艺,可避免深路堑边坡失稳、诱发次生灾害的风险,同步实施坡面绿化防护,还可减少施工期间的坡面冲刷和扬尘。某项目黄土路基最大挖深58m,连续开挖长度2km,边坡级数为12级。路基采用纵向分段开挖,分段长度500m,在每个分段内采用横断面全宽、纵向分层开挖法(图2.3-1)。开挖前先在坡顶施作截水沟,将地表耕植土集中堆放、原生苗木移栽至绿化区域,然后顺着路线纵坡上坡方向自上而下逐级开挖。每级边坡成型后,先做平台排水沟,将水引排至线外,待下一级边坡平台排水沟完成后,再施作上下级边坡间的分流排水急流槽,形成综合排水系统,确保排水畅通,边坡不受冲刷(图2.3-2)。排水沟施工时坡面同步进行打孔,在孔内施底肥进行土壤熟化,然后将植物幼苗连同营养钵一同植入孔内,定时喷水养护确保成活。平台排水沟和坡面防护完成后,选用本地乡土植物对平台进行绿化,尽早形成景观(图2.3-3～图2.3-5)。该段边坡在经历了多个雨季考验后,没有出现边坡冲蚀、垮塌、滑塌等水害,在未通车时公路景观已初步显现(图2.3-6)。

图2.3-1 路基分段分层开挖

图2.3-2 同步施作平台排水沟

图2.3-3 同步边坡打孔绿化

图2.3-4 同步平台植树绿化

图 2.3-5 同步边坡防护

图 2.3-6 "四同步"效果

2.4 石方静态爆破

路线穿越居民区和环境敏感区时,采用普通岩爆炸药进行爆破作业会带来极大的安全隐患,并对环境造成破坏,此时可采用静态爆破法施工。

静态爆破是利用机械劈裂或化学药剂胀裂原理,对岩石进行破碎的一种"零干扰"爆破方法。破碎过程中不产生振动和噪声、没有冲击波和飞石、无有毒气体和粉尘危害,安全性好、环境影响小。某项目路基紧邻居民区,无法采用岩爆炸药进行石质路堑施工,经专家论证后采用膨胀剂静态爆破。静态爆破作业前清除表土和临空面孤石,根据岩石硬度选取钻孔的层距、排距、孔距、孔深进行布孔和钻孔(图 2.4-1)。钻孔全部完成后,给药剂加水拌成流质状,多个装药小组采取"同步操作、少拌勤装"的方式一次性把药装完(图 2.4-2)。药剂与水反应过程中体积会膨胀 3~4 倍,将岩石胀裂(图 2.4-3)。随后安排施工机械进行清渣,清理工作面后开始下一循环施工。

图 2.4-1 静态爆破布孔钻孔

图 2.4-2　静态爆破装填膨胀剂

图 2.4-3　静态爆破效果

2.5　超大粒径石料填筑高填方路基

石方开挖爆破过程中，产生粒径大于 50cm 的石料较为普遍。虽然路基施工规范对填石路基石料最大粒径的规定放宽到 50cm，但对于 50cm 以上粒径的超大块石，逐个破碎利用则不经济，废弃则占用土地和破坏环境。硬质类超大块石具有不吸水、易稳定、强度高、变形小的优点，是填筑高填方路基和处理软土地基的优良材料，填筑形成的地基具有承载力高、透水性好、工后沉降小的工程特性，合理利用既能保证路基填筑质量，又能消化路基弃方（图 2.5-1）。

某项目高填方路基，平均填高 7m，需要借方填筑，而隧道爆破产生大量 50cm 以上粒径的块石不满足路基施工规范要求需要废弃。项目建设单位为有效利用弃方，开展了超大粒径块石填筑路基的可行性研究，对块石的岩性、强度、风化程度和吸水性进行了检测，其工程性能均满足规范要求。铺筑试验段时，剔除软石和不规则形状块石，每层块石粒径大致相同,层厚度控制在 1m 左右。利用挖掘机将块石摆成大面朝下,用装载机撒布细小石块填充块石间的空隙,采用大激振力压路机振碾后,再用强夯法补强压实(图 2.5-2),压实效果通过检测沉降差控制。填筑至距路床顶 3m 高度时,按规范层厚要求填筑,通车多年后未见不均匀沉降。

图 2.5-1　超大粒径填石路基

图 2.5-2　强夯补强压实

2.6　绿色碟形边沟

公路排水边沟或盲沟采用外露在地表上的圬工结构形式,与自然环境和公路景观不协调。一般适宜路段,可将挖方混凝土矩形边沟下移,地表做成可植草绿化的碟形边沟,下面矩形沟为主要的排水通道,避免圬工边沟外露,形成路侧"绿色"边沟,与公路沿线绿化防护共同构成绿色景观,提高行车的舒适性和安全性。某项目的碟形边沟,施工时将矩形边沟整体下移 30cm,在盖板上覆盖不低于 30cm 厚耕植土并整理成浅碟形,铺植草皮或栽种本地生矮株植物(图 2.6-1)。为防止路面散排水冲刷绿化填土堵塞边沟,每隔 25m 空出绿化设一块预留孔盖板,用拦水带将路面排水集中引排至预留盖板处,通过盖板上的预留孔排入矩形边沟,再通过综合排水系统排出路外(图 2.6-2)。经过多年生长,

图 2.6-1　碟形边沟

图 2.6-2　集中排水口

边沟绿化、路侧绿化、边坡绿化和自然植被已完全融合,真正形成了"车在景中走,人在画中游"的自然景观(图2.6-3)。

图2.6-3 碟形边沟效果

2.7 小型构件集中预制装配施工

公路边坡防护、排水沟和路缘石等是路域景观的重要元素,因路线长、构件小,施工中需避免出现"散、乱、污、次"的问题。采用小型构件集中预制装配施工,是将分散的预制场地进行集中,实行工厂化预制、装配化作业,既减少耕地占用和污染排放,又提高了工程质量。

某小型构件预制厂按照标准化要求进行建设(图2.7-1),配备了混凝土强制拌和、称重布料、振动成型、转运养生生产线,采用了自动喷淋节水养生技术,并实现养生水循环利用(图2.7-2)。在小型构件养生过程中,做好安装准备工作(图2.7-3),待构件强度形成后集中打捆包装(图2.7-4),统一调配至安装现场,组织安装(图2.7-5、图2.7-6)。

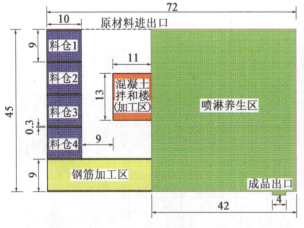

图2.7-1 小型构件预制厂(尺寸单位:m)

图 2.7-2　小型构件统一预制

图 2.7-3　边沟一次性开挖成型

图 2.7-4　机器人打包

图 2.7-5　边沟装配化安装

图 2.7-6　路缘石装配化安装

2.8　建筑垃圾利用

我国建筑垃圾数量目前占到城市垃圾总量的 30%～40%，全国每年产生的建筑垃圾多达 20 亿 t。巨量的建筑垃圾露天堆放不仅占用土地资源、污染环境，而且有损城市形象。建筑垃圾的妥善处理和再生利用，已成为城市发展需要解决的一大难题。近几年来，公路、铁路等基础设施建设对砂石等筑路材料的需求不断增长，而国家对矿山、土地等自然资源的管理日趋严苛,基础设施建设所需要的基本筑路材料获取较为困难,且成本不断上涨。综合利用建筑垃圾再生材料成为很多区域解决公路筑路材料短缺、减少环境污染的一种有效途径。

当前公路筑路材料比较缺乏,而城市建设和旧建筑物拆迁产生的大量建筑垃圾需要消化处理,借用国外经验进行建筑垃圾再生利用成为必然选择。面对国内建筑垃圾再生利用没有规范的现状,某建设单位组织科研人员开展建筑垃圾再生应用课题研究,实行建筑垃圾工厂化再生。再生工厂选址应尽量不占用耕地,场地设计应坚持环境友好原则,避免对周围环境造成空气污染、噪声污染、水源污染等,并按照原材料堆放区、加工区、废料堆放区、成品堆放区、办公生活区五大功能区进行划分(图2.8-1)。建筑垃圾加工生产线一般由振动给料设备、初次破碎设备、人工分拣平台、磁选设备、二次破碎设备、筛分设备、风选设备、砖混凝土分离设备、抑尘设备、钢筋回收设备组成,经过10道工序最终加工出符合路用标准的再生砖混粗集料和混凝土粗集料,攻克了建筑垃圾再生集料技术难题(图2.8-2、图2.8-3)。通过试验段总结出利用建筑垃圾再生集料进行路基填筑、软基处理、铺筑路面底基层、预制低强度等级非承重混凝土构件的技术参数、工序控制方法和质量检测方法,成功在工程中应用建筑垃圾再生集料填筑路基(图2.8-4、图2.8-5)、铺筑路面基层、生产商品混凝土、预拌砂浆(图2.8-6、图2.8-7)和预制低强度等级非承重混凝土构件(图2.8-8~图2.8-10)。

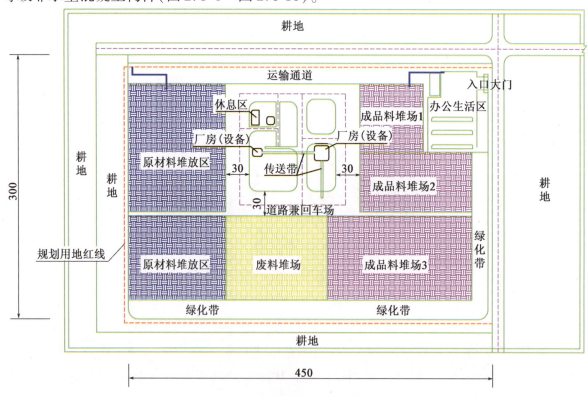

图 2.8-1 建筑垃圾路用加工场地(尺寸单位:m)

图 2.8-2　再生砖混粗集料

图 2.8-3　再生混凝土粗集料

图 2.8-4　建筑垃圾再生填料路基填筑

图 2.8-5　建筑垃圾再生填料处理软地基

图 2.8-6　再生集料水稳层试块

图 2.8-7　再生混凝土浇筑路面

图 2.8-8　建筑垃圾再生集料预制混凝土构件

图 2.8-9　建筑垃圾再生集料预制拱形骨架拼装

图 2.8-10　再生透水砖

下一步,可研制新一代高效分离设备,将废弃混凝土中集料、砂料和胶凝材料进行有效分离,将再生集料、砂料应用于路基材料和标准混凝土构件,胶凝材料送回水泥厂回炉再生,提高利用效率。

此外,在粉煤灰多的地方,可将粉煤灰制成人造砾石和路基集料(图 2.8-11、图 2.8-12),通过工艺高强固化,满足长期使用强度(抗压强度为 60MPa)和耐久性,减少砂石用量,避免直接掺加导致扬尘。

图 2.8-11　粉煤灰人造砾石

图 2.8-12　粉煤灰用作路基材料

第 3 章 路 面 施 工

3.1 总体要求

(1)路面施工方案和生产措施要把保证施工质量、降低资源能源消耗、减少污染作为主要目标控制。

(2)路面施工从原材料加工,混合料拌和、摊铺、碾压和养生全过程注重环境保护、节约资源。

(3)施工过程中产生的废料应集中收集处置或循环利用,力争实现零废弃、零污染。

(4)路面改扩建及大中修施工过程应推广应用路面再生利用技术,节约资源。

3.2 严格控制集料加工与运输方法

集料加工与运输的施工环节,应严格控制粉尘污染,保护环境,提倡集料的工厂化集中加工生产(图3.2-1、图3.2-2)。该技术具有加工效率高、粉尘控制严格、浪费较少等优点。

图 3.2-1　集料工厂化生产　　　　　图 3.2-2　工厂化自动包装生产线

(1)充分利用石质挖方、隧道洞渣生产路面集料,推广建立集中破碎加工中心,减少建设成本、节约弃渣占地。

(2)最大限度地发挥不同类型集料使用能力,在集料储运中,可将集料按类型、规格、产地等分类,集料装运采用大方量装载机和大吨位自卸汽车,车厢采用篷布苫盖,防止运输过程中集料撒落污染环境。

（3）料场的运输距离较远时,有条件时可充分利用水路运输,提高集料运输的能力和效率,减少集料运输过程中能源消耗,降低运输成本。

3.3 重视水泥稳定碎石基层施工节能

传统路面基层施工均匀性是质量控制的薄弱环节,水泥稳定碎石基层易出现表层松散、不规则裂缝等问题,导致路面使用寿命变短。为提高路面品质、延长使用寿命,应采用成熟、可靠的技术提高基层施工均匀耐久性。在基层材料设计、拌和、摊铺、养生等环节积极采用新技术、新工艺、新材料、新设备,降低能耗,节省成本,提高基层质量。

（1）为提高水泥稳定碎石的抗裂性及抗冲刷性能,减少基层水泥用量,采用振动成型法进行水泥稳定基层施工。

（2）采用振动搅拌技术(图3.3-1、图3.3-2)进行水泥稳定碎石混合料的拌和,提高水泥浆与集料拌和的均匀性,节约水泥用量,节约资源,延长基层使用寿命。

图3.3-1　振动水泥稳定碎石拌和站　　　　图3.3-2　振动拌和水稳碎石芯样

（3）基层养生是保证基层承载能力的关键环节,积极推广采用节水保湿养生膜和养生帆布灌砂扎袋(图3.3-3、图3.3-4)。与传统养生技术相比,该措施具有减少洒水车机械台班、灌砂扎袋回收快、重复利用率高、节约水资源等优点。

图3.3-3　基层保湿养生膜覆盖养生　　　　图3.3-4　基层养生帆布灌砂扎袋

3.4 积极推广沥青混合料节能拌和设备

积极使用天然气等清洁能源拌和沥青混合料,并在拌和站增加粉尘处理设备;与传统的拌和站相比,可减少烟尘、SO_2等污染物排放,保护环境,在一些区域还可节约成本。

(1)沥青拌和楼宜采用天然气、煤制气等清洁燃料代替柴油、重油等高污染燃料(图3.4-1、图3.4-2)。

图3.4-1 油改气加热沥青拌和楼

图3.4-2 清洁能源污染排放少

(2)沥青拌和站排放污染主要来源于沥青加热锅炉及集料加热燃烧产生的废气、滚筒排放的粉尘等。优先考虑采用天然气加热锅炉、天然气燃烧器以及滚筒布袋除尘等装置,控制污染,同时根据需要增加尾气处理装置,实现达标排放。

(3)在沥青拌和站设置粉尘处理设备对产生的粉尘收集,可用于路缘石、盖板、小型预制构件等附属设施。

(4)与热拌沥青混合料相比,温拌沥青混合料可降低燃料消耗、减少烟气排放、节约费用、提高压实性能、延长施工季节、提高空气质量和改善工作环境(图3.4-3)。

图3.4-3 温拌沥青混合料摊铺

3.5 优化沥青混合料摊铺、碾压工艺

沥青路面摊铺、碾压工序也是能耗较高的施工环节,通过采用合理的新技术、新工艺提高路面摊铺与碾压的质量,减少能耗、节约资源。

(1)为了保证面层施工质量、减少摊铺产生的纵缝,有条件时可使用大功率单机全断面摊铺技术(图3.5-1、图3.5-2)。该技术可消除双机并机摊铺时产生的纵缝、减少人工修补及增加层间黏结力,并可提高沥青混合料均匀性及耐久性。

图3.5-1 沥青面层全断面摊铺　　　　图3.5-2 全断面摊铺效果

(2)为了保证沥青面层碾压效果、提高沥青面层的碾压质量,可使用智能碾压技术(图3.5-3、图3.5-4)。智能碾压技术可根据实时情况动态控制调整碾压速率、补充压实遍数,对碾压路段标志不同颜色来显示压实遍数,防止欠压或过压,减少返工与重复,降低管理成本,提高碾压均匀性与质量。

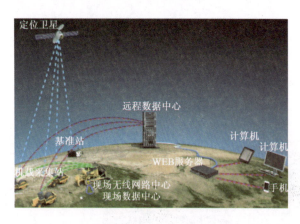 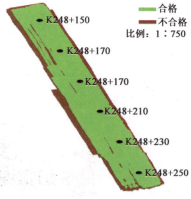

图3.5-3 压实监控系统　　　　图3.5-4 压实质量统计示意图

3.6 沥青路面再生施工技术

沥青路面再生利用技术是采用专业设备将旧沥青路面经过翻挖、回收、破碎、筛分等

处理后,与再生剂、新沥青材料、新集料等按一定比例重新拌和成混合料,并重新铺筑于路面的再生工艺(图3.6-1、图3.6-2)。与传统工艺相比,具有减少新材料用量、降低成本、节约自然资源、实现废料循环利用、保护环境等优势。

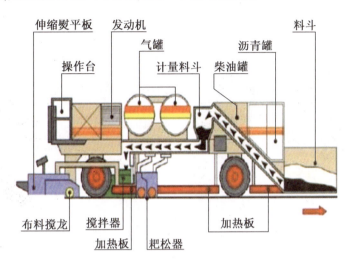

图3.6-1 沥青路面热再生设备示意图

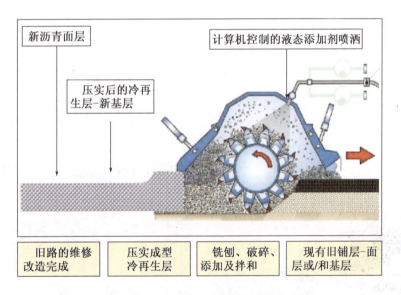

图3.6-2 沥青路面冷再生加工示意图

(1)沥青路面厂拌热再生是指将回收的沥青路面材料(图3.6-3)与新的沥青、集料材料(有时还包括再生剂)混合,在拌和厂集中生产再生热拌沥青混合料铺筑路面的技术。该技术充分利用旧路面沥青材料,可节约自然资源,减少新材料的用量,实现废料循环利用,降低成本,适用于旧沥青路面面层再生利用。

(2)就地热再生是指在原有沥青路面上通过加热软化,以机械方式翻松(刨铣)旧路面,对其进行搅拌(根据需要可添加沥青、再生剂、新混合料或新集料),将所形成的再生混合料就地重铺、压实,以消除路面病害、恢复路面性能的道路维修技术(图3.6-4)。该技术将旧料全部现场利用,可节约新材料用量,减少运输成本,此外还具有开放交通快、节省场地等优点。就地热再生适用于仅存在浅层轻微病害的高速公路及一级、二级公路沥青路面表面层的就地再生利用,再生层可用作上面层或中面层。

图 3.6-3　路面铣刨回收旧沥青路面材料　　　　图 3.6-4　沥青路面就地热再生机组施工

（3）厂拌冷再生是将回收沥青路面材料（RAP）运至拌和厂（场、站），经破碎、筛分,以一定比例与新集料、沥青类再生结合料、活性填料（水泥、石灰等）、水进行常温拌和,常温铺筑形成路面结构层的沥青路面再生技术（图3.6-5、图3.6-6）；可使用乳化沥青或者泡沫沥青作为再生结合料。该技术可节约自然资源,实现废料循环利用。厂拌冷再生适用于高速公路和一级、二级公路沥青路面的下面层及基层、底基层,三级、四级公路沥青路面的面层,当用于三级、四级公路的上面层时,应采用稀浆封层、碎石封层、微表处等做上封层。

图 3.6-5　厂拌冷再生摊铺　　　　　　　　　图 3.6-6　水泥、新集料等的撒布

（4）就地冷再生采用专用的就地冷再生设备,对沥青路面现场冷铣刨,破碎和筛分（必要时）,掺入一定数量的新集料、再生结合料、活性填料（水泥、石灰等）、水,经过常温拌和、撒布、碾压等工序,一次性实现旧沥青路面再生的技术（图3.6-7、图3.6-8）。该技术旧料利用率高,节约运输成本,降低工程造价,节约能源,减少烟尘、废气对环境的污

染。沥青层就地冷再生适用于处治表面层以下的沥青层车辙、荷载引起的块裂、温度开裂以及养护补丁修复,一般用于病害严重的二级、三级公路沥青路面的翻修、升级改建,也可用于沥青路面的基层及轻交通量道路的下面层。

图 3.6-7　就地冷再生拌和　　　　　　　　图 3.6-8　就地冷再生芯样

3.7　水泥混凝土路面再生施工技术

水泥混凝土路面再生利用技术是将水泥混凝土路面就地破碎直接用于生产集料或者直接用于基层的一种技术。与传统工艺相比,具有减少新材料的用量、降低成本、节约自然资源、实现废料循环利用等优点,达到节约资源、保护环境的目的。

(1)微裂式破碎再生旧水泥混凝土路面是将原本完整的水泥混凝土板块破碎成具有一定尺寸的混凝土块,用于加铺沥青路面的基层(图 3.7-1、图 3.7-2)。该技术缩小了板块尺寸,处治后板块之间相互嵌挤,充分利用了旧路的材料及残余强度,减少了新材料的用量、降低成本、节约自然资源、实现废料循环利用。微裂式破碎再生旧水泥混凝土路面技术适用于原水泥混凝土路面病害较多、结构承载力较差的道路,破碎碾压后可作沥青路面的基层使用。

图 3.7-1　水泥路面微裂破碎机破碎施工　　　　图 3.7-2　水泥路面微裂破碎机及破碎效果

（2）再生集料就是指将旧水泥混凝土经过锤头破碎和共振破碎并筛分，生产出符合规范和一定性能指标要求的再生集料，作为水泥混凝土、水泥稳定碎石、二灰土等结构中的集料重新加以利用（图3.7-3～图3.7-5）。该技术解决了废弃水泥路面板的堆放和运输问题，可节约资源、保护环境、降低工程造价，具有明显的经济效益和社会效益。再生集料可以用于水稳层施工。

图3.7-3 风镐凿碎压稳施工

图3.7-4 共振式破碎施工

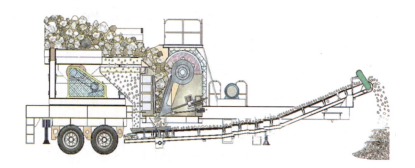

图3.7-5 水泥路面破碎再生集料

第4章 桥梁涵洞施工

4.1 总体要求

(1) 桥涵施工应严格遵循节约和环保的绿色目标。
(2) 强化桥梁基础施工的环境保护意识和工作。
(3) 着力推进工厂化预制、机械化拼装、信息化管理。
(4) 因地制宜做好旧桥回收利用。
(5) 周转材料优先选用环保、可拆卸化、可再生利用材料。
(6) 涵洞应与原有水系自然顺接。

4.2 优化模板与支架选择

传统的桥涵施工模板多为组合钢模或竹胶板方木组合木模等,模板拼装费时费力,且存在拼装完成后存在刚度小、拼缝多、表面平整度差、人工操作效率低、模板浪费大等问题。传统桥涵施工支架多选用碗扣式支架或扣件式支架,支架杆件种类、数量众多,施工时存在杆件易锈蚀、丢失,安装工序复杂等问题。为提高模板的整体性、刚度与平整度,宜采用刚度较大的大面积整体模板,提高周转效率,根据模板实际情况采用液压或机械安拆方式,提高安拆速度,降低工作强度。同时为了加快支架安拆速度,提高支架周转率,宜采用重型(Z)和标准型(B)承插型盘扣式钢管支架,减少材料浪费,提高施工工效。

(1) 高速公路超过40m高墩及桥梁索塔宜选用液压爬模施工。模板面板宜采用高强度复合胶板。模板设计尽可能加大单块面板面积,实现节材目的。模板液压、机械系统尽可能采用模块化标准化设计,提高周转利用率。

如图4.2-1所示,某特大桥薄壁空心墩墩高60m,墩身施工时采用液压爬模模板施工。以具有一定强度的混凝土实体作为承载体,利用液压装置对整个系统以及模板和导轨进行提升,水平移动装置控制模板在水平方向上的位移。施工过程具有操作方便、安全性高、施工精度高、节省工时和材料等优点。

图 4.2-1　液压爬模施工

（2）预制箱梁整体液压内外模板。无横隔板小跨度预制箱梁（20m、30m）尽可能采用整体式液压模板，整体液压模板通过液压系统、平移系统、支撑系统、拆模系统实现模板在台座间的移动以及模板的拆装，最大限度减少起重吊装产生的安全风险。模板为整体式模板，具有拼缝少、变形小、节省人工、提高工效等优点。

（3）预制梁模板宜选用不锈钢复合面板。不锈钢复合面板表面光洁、抗锈蚀，克服传统模板打磨过程中产生的粉尘对大气的污染及对操作人员的伤害，节能环保效果明显，同时预制梁施工外观质量大幅提高。

如图 4.2-2、图 4.2-3 所示，某高速公路预制箱梁数量多，工期紧，质量要求高，预制箱梁采用整体自行式液压外模及液压抽拔内模模板，模板面板采用不锈钢复合面板，实现了预制箱梁内实外美的效果。该模板系统外模依靠行走小车沿轨道纵向移动，实现模板在台座间的移动，每个小车设置水平和垂直两类液压千斤顶，实现模板的开合和上下运动；内模通过液压系统实现模板的开合，机械拔出，通过拆装台车完成模板在各台座间的移动。液压模板系统周转速度快，节省模板配置数量，减少了门式起重机使用次数，安全高效。面板采用不锈钢复合面板，节省了模板打磨工作量及人工劳动强度，减少了模板反复打磨产生的粉尘污染，预制箱梁外观光洁，线形顺直。

图 4.2-2　整体液压行走式外模

图 4.2-3　整体液压抽拔式内模

(4) 承插型盘扣式钢管支架分为脚手架和支撑架,立杆顶部插入可调托撑构件,底部插入可调底座构件,立杆之间采用套管或插管连接,水平杆和斜杆采用杆端扣接头卡入连接盘,用楔形插销连接,形成结构几何不变体系,如图 4.2-4 所示。与其他钢管脚手架相比,其具有承载能力、安全性能好、组装方便、施工快捷、绿色环保等优势,广泛应用于交通、市政、水利等工程中,是目前施工中的主流产品。

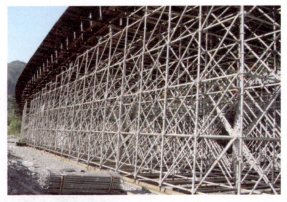

图 4.2-4　盘扣式钢管支架

(5) 现浇梁施工采用模块化梁柱式支架,该工艺基础采用混凝土预制,立柱通过法兰连接组合,立柱间联系采用型钢加工,端部通过螺栓与立柱连接。模块化梁柱式支架可减少对原地形的扰动和破坏、提高工效。

如图 4.2-5 所示,某公路现浇梁跨数较多,支架选用模块化梁柱式支架,支架基础采用 C20 混凝土预制块,基础表面预埋钢板及地脚螺栓便于与钢管立柱连接,立柱选用 ϕ529 螺旋管,立柱两端及侧面焊接法兰盘,立柱间联系采用槽钢制作成标准件,通过法兰与立柱连接形成支架体系。模块化梁柱式支架材料多为标准件,搭、拆速度快,可重复利用,高效环保。

图 4.2-5　模块化梁柱式支架

4.3　加强混凝土环保施工

传统混凝土施工过程中存在混凝土拌和、养生用水量大，且养生用水不能循环使用等问题，因此，推荐采用混凝土拌和智能控制系统和塔柱智能养生系统，达到节约用水目的。

（1）混凝土拌和推荐采用混凝土拌和智能控制系统（图4.3-1），通过该系统严格控制混凝土搅拌用水量，采用智能化控制系统进行计量，保证混凝土拌和质量，节约用水。

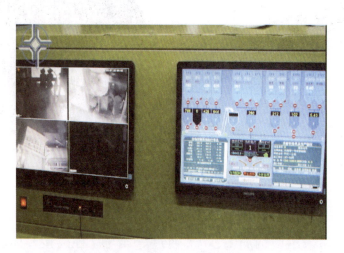

图 4.3-1　混凝土智能化控制系统

（2）如图4.3-2所示，塔柱智能养生系统通过在液压爬模底部沿塔柱四周环向布置开孔的PVC水管，并接入塔下循环水体系，通过智能控制，每隔10min自动开启喷射装置对塔柱持续喷淋5min，塔柱每施工一个节段，喷淋体系随液压爬模同时移动，实现了自动、持续、高效率、全覆盖的养生效果，保证了高塔混凝土养生质量，也实现施工养生用水的循环利用。

图 4.3-2　塔柱环向喷淋养生

4.4　强化桥梁基础施工环保

传统桥涵桩基施工机械化程度不高,功效低,易产生噪声、污染水体等问题,为避免施工时产生的泥浆污染环境,减少过渡超灌混凝土造成的材料浪费,有条件的区域提倡采用全套管跟进无泥浆法施工,同时加大对既有施工设备的微改进、微创新,达到提高功效、保护环境、节约材料的目的。

(1)根据不同地区的地质条件选择合适的桩基施工设备,当桩位处于各类土质地层、砂类土、砾石、卵石、软～中硬基岩时,宜选用施工速度快、泥浆用量小及噪声污染小的旋挖钻机进行施工。

(2)泥浆池推广选用装配式环保泥浆池(图 4.4-1),该设施由钢板套箱组合而成,具体尺寸根据施工现场需要确定。环保泥浆池较常规泥浆循环系统具有避免泥浆污水下渗污染地下水的优点,减少泥浆外溢和下渗污染周围农田和水系,同时环保泥浆池可循环使用,节约资源。当未采用环保泥浆池而采用传统泥浆池时,泥浆池应采取防渗漏措施(如侧壁及底部敷设塑料布等)。

图 4.4-1　装配式环保泥浆设施

(3)如图4.4-2所示,钻孔及灌注过程中产生的废弃泥浆通过高压泵经管道输送至泥浆回收池,经泥砂分离系统(图4.4-3)通过离心、分级去除泥浆中细砂,接污泥浓缩系统使污泥絮凝沉淀并与清水分离,最后进入二次浓密,压滤系统产出"固态泥饼"。泥饼运送至砖厂再利用(图4.4-4),细砂和清水也可实现资源再利用,其中出水水质达到国家二级排放标准。

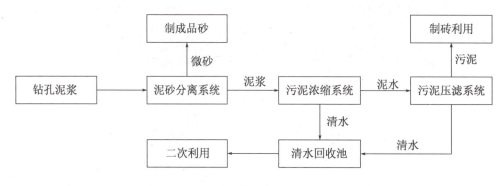

图4.4-2 泥浆分离工艺流程图

图4.4-3 泥砂分离系统

图4.4-4 泥饼运送至砖厂再利用

(4)桩基混凝土灌注时注意控制超灌高度,为避免超灌高度不足影响成桩质量或过度超灌造成材料浪费,通过对常规高程控制手段的总结和改进,推荐采用混凝土超灌提醒仪(图4.4-5)等设备控制桩头高程。

图4.4-5　混凝土超灌提醒仪

(5)如图4.4-6所示,涉水桥墩桩基环保施工尽量采取钢栈桥全平台施工方案,优先选用环保泥浆等施工工艺,设置专门的泥浆池,收集钻孔泥浆,不得将泥浆乱排放至水体,施工泥浆应循环使用,钻渣运至岸上指定地点处置。作业平台周围宜设置围油栏,防止施工机械"跑、冒、滴、漏"所形成的油污染。

图4.4-6　涉水基础环保施工

(6)桥梁承台施工过程中需设置临时阻水结构来创造无水施工环境,临时钢吊箱和钢套箱在我国桥梁承台施工中广泛应用。现在很多大型跨江桥梁承台均设置永久防船舶撞击钢套箱,因此在承台施工时可将永久钢套箱作为临时挡水结构(图4.4-7),可以节省材料、安装费等,达到绿色环保的目的。

图 4.4-7 防撞钢套箱作挡水结构

（7）陡坡桥梁基础的施工应避免大切大挖，充分利用坡面自稳能力，尽可能减小开挖坡率，在保证作业空间和安全的前提下，减少桩位处的施工平台开挖面积，根据既有地形因地制宜修筑施工便道，必要时可采用钢栈桥，减少对坡面植被及原状岩土体的破坏。基础施工完后及时复绿，减少水土流失，保护生态环境。

4.5 推进机械化拼装

以往跨线梁体施工方法主要为支架现浇或悬臂浇筑等方式，占路时间较长，安全隐患较大，结合项目特点合理选用转体法、SPMT（自行式模块运输车）法等机械化程度较高的拼装施工工法，减少被交道路占路时间，安全、快捷、机械化程度高。

（1）当桥梁跨越深谷、水深流急和公铁立交、风景名胜区、自然保护区等施工受限制的区域，推荐使用转体施工（图4.5-1）。该工法将桥梁结构在非设计轴线位置浇筑或拼接成形，在桥墩或桥台上预制转动轴心，转动轴心下部固定，上部施工完成后整体水平旋转到设计桥位，具有交通影响小，施工过程安全、高效的优势。

图 4.5-1 转体施工

（2）如图4.5-2所示，在地势平坦、场地条件许可的情况下，特重梁体安装可应用SPMT法。在桥梁安装时对梁体结构、预应力设置进行分析，合理确定技术措施，根据安装单元划分情况进行支墩搭设及临时预应力加固，采用SPMT模块车将备安装的梁体运至指定位置，实现精确、高效拼装。该设备使用灵活、拆装方便，在多车机械组装或自由组合情况下可灵活确定载重量。

图4.5-2　SPMT自行式模块运输车

4.6　推广信息化管理

为实时了解桥梁施工状态，对突发事件提前预警，推广应用桥梁智能信息化监控系统和BIM（建筑信息模型）系统等信息化管理手段，提高桥梁施工监测和监管力度，确保施工安全、质量及进度。

（1）桥梁智能信息化监控系统是基于GIS（地理信息系统）的管理系统，利用现代电子、信息、通信及计算机技术，实现对桥梁监测指标的实时采集、传输、预警（图4.6-1）。主要监测指标有环境监测、应力应变监测、变形监测等，可实时了解桥梁施工状态，对突发事件提前预警，确保施工安全和质量。

图4.6-1　桥梁智能信息化监控系统

（2）推广应用 BIM 系统对桥涵施工进行预见性管理。该系统是一种应用于工程设计、建造、施工管理等方面的数据化工具，可应用于桥涵工程的全寿命周期中，通过设计复核、工序模拟、进度模拟、可视化交底和成本管理等，为桥涵施工管理的各个环节提供可视化的超前管理手段，预见性地分析各阶段施工存在问题，为高效、精确、安全、环保完成施工任务提供技术支持，提高了施工质量，减少施工过程中错误的发生，降低工程成本，缩短施工工期。

（3）根据高速公路建设管理需求，推广应用无人机等信息化手段对施工现场进行实时数据采集，通过数据处理与应用分析，形成现场施工质量、安全、进度数据，第一时间将现场信息展示于移动终端，指导管理人员做出合理决策，及时对现场发生的问题做出反应，如图4.6-2所示。信息化手段的应用提高了项目管理效率，降低了管理成本，减少了安全风险，保证了工程质量和工程进度，为实现项目的增值提供了可行的方法。

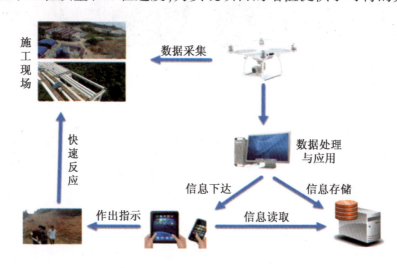

图 4.6-2　无人机总体设计流程图

4.7　做好旧桥回收利用

旧桥拆除通常采用凿除法施工，易产生粉尘、噪声、工人劳动强度大、工效低等问题，同时凿除混凝土易对拟保留部分的混凝土产生结构性损伤，宜采用液压绳锯切割机或高压水射流切割等设备进行旧桥拆除，减少对周边环境的污染，保护拟保留部分的混凝土。拆除后的混凝土经破碎处理后可用作路基或便道填料、非承重混凝土结构等方面，废旧钢筋可回收处理。

（1）拆除梁板、墩柱等不规则的钢筋混凝土可采用液压绳锯切割。该设备采用油压切割设备作为动力站输出高油压动力，组合金钢石切割线、传动装置、导向轮等进行切割（图4.7-1）。液压绳锯切割施工截面整齐，施工工效高，冷却水又能起到减少粉尘作用。

图 4.7-1　绳锯及切割机

（2）拆除旧桥面板、护栏时推荐使用水射流切割，如图 4.7-2 所示。该切割方法是利用冲击射流在滞止点及其附近产生的高压强，当压强超过被切割材料的抗压强度时材料被切割。水射流切割工艺属冷切割，切割过程不产生热变形、热效应，无粉尘污染，对其余结构钢筋无损伤，确保了原有钢筋强度，提高桥梁拼接新旧钢筋搭接质量（图 4.7-3）。

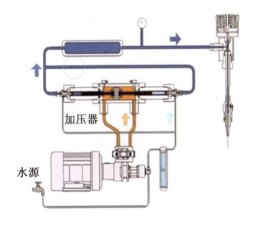

图 4.7-2　高压水射流装备　　　　　　图 4.7-3　混凝土侧面破除施工

第5章 隧道施工

5.1 总体要求

（1）隧道施工应提前做好策划、准备工作，选择合理进洞方案和开挖工艺，贯彻"零开挖"原则，减少对山体和原生植被的破坏。

（2）隧道洞口段采取小切口、机械开挖或弱爆破等开挖形式，做到"逐级开挖、防护紧跟、及时绿化"，保证洞门与自然景观高度融合。

（3）推行工厂化、集约化、标准化施工，提高机械化施工水平。

（4）施工前将环境保护纳入日常的施工组织管理要求中，加强评估、监测工作，做到节能减排、达标排放。

（5）隧道洞渣提前统筹规划，因地制宜，综合利用。

（6）积极应用新技术、新工艺、新材料、新设备，降低人员、材料、机械消耗等，提高施工质量和效率。

（7）隧道洞口的临建、便道、电路、水路等应遵循"永临结合"的原则。

5.2 洞口开挖及生态修复

公路隧道建成后，隧道洞口成为隧道工程主要裸露在自然景观中的人工建筑，如何修复这个"伤疤"，让其与自然景观融为一体，是工程建设者需要思考的问题。按照"早进洞、晚出洞"的原则，遵循"零开挖"和"复旧如初"原则进行生态修复，可以最大限度地减少工程建设对自然的破坏。

如图 5.2-1～图 5.2-3 所示，洞口开挖及生态修复工作主要包括：开挖前对洞口的地形、地貌、植被环境等进行详细调查，留存原始影像资料，根据洞口水文地质情况，提前施工洞顶截（排）水系统和超前预加固措施，缩小洞口开挖界限，然后采用弱爆破、分级开挖的方法减少边坡扰动和植被破坏。圬工工程完成后，应立即开展生态修复工作，修复以植物绿化为主、工程防护为辅，优先选用喷播植草、喷混植生技术，植物应选择当地宜生树种，使洞门绿化与自然环境融为一体。

图 5.2-1　洞口原始地形地貌

图 5.2-2　洞口"零开挖"

图 5.2-3　洞口生态修复

5.3　洞身水压聚能爆破

在公路隧道开挖作业中，传统的人工钻爆方法施工效率低、爆破质量不易控制、洞内粉尘污染严重、作业工人遭受的职业健康危害较大。采用聚能水压爆破工艺可提高爆破质量和效率，并大大改善工人作业环境。聚能水压爆破工艺利用冲击波对水的不可压缩性，及水在爆炸气体膨胀作用下产生的"水楔"效应进行爆破。爆破前应根据地质条件、断面尺寸等参数进行"一炮一设计"（图 5.3-1），有效地控制隧道超欠挖问题和石块粒径大小，节约喷射料用量、降低石料加工能耗（图 5.3-2）。聚能水压爆破与机械钻孔相结合替代传统风枪，可以实现提高作业精度、提升工作效率、降低人力消耗的效果（图 5.3-3）。

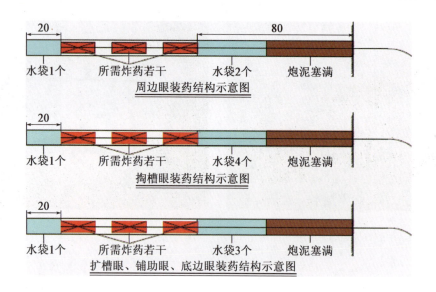

图 5.3-1 聚能水压爆破装药结构图(尺寸单位:cm)

图 5.3-2 聚能水压爆破效果

图 5.3-3 三臂凿岩台车

5.4 湿喷初期支护

公路隧道在初期支护施工中,传统干喷或潮喷工艺的喷浆料回弹量大、作业面粉尘污染严重,使用湿喷机械手可节约喷浆材料、提高工作效率、减少作业工人职业健康危害风险。湿喷作业前,应根据施工安排选择合适功率的湿喷机械手(图 5.4-1),完成喷射混凝土配合比的试配、钢拱架的工厂化加工及现场安装等工作,通过试喷确定合适的喷射速度、风压等参数。湿喷机械手操作简单、灵活,单人即可完成施工,具有喷射效率高、施工质量易控制、湿喷回弹量少的特点,降低了喷浆料的浪费,改善了作业环境(图 5.4-2)。

图 5.4-1　湿喷机械手

图 5.4-2　湿喷作业

5.5　施工机械化作业

以人工为主的公路隧道传统施工方法,存在职业健康危害,工程质量也不易控制,用机械代替或减少隧道人工,已成为公路建设可持续、高质量发展的必然趋势。图 5.5-1、图 5.5-2 展示了仰拱全断面施工采用"液压栈桥 + 弧形模板"的形式,图 5.5-3、图 5.5-4 为二次衬砌浇筑采用自行式液压衬砌台车,以上方法和设备可避免因传统工艺矮边墙与衬砌分步施工形成的施工缝,提高结构物的耐久性和使用寿命。图 5.5-5 为二次衬砌混凝土养生采用雾化养生台车,可自动监测洞内湿度,智能化设定喷雾时间和间隔时间,实现智能化监测、自动启闭。图 5.5-6 为钢筋加工安装采用等强直螺纹机械连接技术,替代传统电焊连接工艺,可减少施工废料,提高工效,减少了电焊产生的烟尘。图 5.5-7 展示了电缆沟槽采用全液压自行式模板台车,具有模板周转快、降低劳动强度等优点。施工机械化、智能化、信息化,可实现作业工效高、作业人员数量少、安全风险低、材料浪费少的效果,同时施工作业环境得到了改善、降低了职业病的风险、提升了工程品质。

图 5.5-1　二次衬砌仰拱液压栈桥

图 5.5-2　二次衬砌仰拱施工弧形模板

图 5.5-3　自行式全液压衬砌台车

图 5.5-4　全断面浇筑二次衬砌

图 5.5-5　雾化养生台车

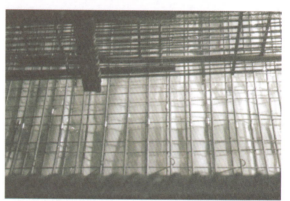

图 5.5-6　钢筋直螺纹套丝连接

图 5.5-7　全液压自行式电缆沟模板台车

5.6　施工智能化、信息化应用

图 5.6-1 为智能数控网片电焊机代替传统人工点焊作业，人力消耗低、质量稳定。图 5.6-2、图 5.6-3 为 BIM 模型图，通过施工图建模与模拟装配，可发现设计碰撞问题，提前预防，实现可视化技术交底、进度计划推演、工法模拟等效果，提高施工效率，通过三维

透视图等方法指导施工。图 5.6-4 为人员定位、考勤信息系统,发生安全事故后,可以快速判断事故人员的具体位置,便于实施抢险救援。图 5.6-5、图 5.6-6 为视频监控、门禁信息化管理系统,可对施工人员的真实身份进行确认,实时了解隧道洞内的作业情况。

图 5.6-1　数控网片电焊机

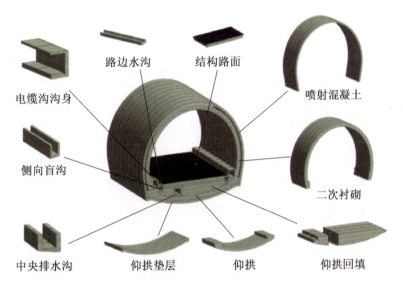

图 5.6-2　BIM 模型图

图 5.6-3　仰拱浇筑模拟图

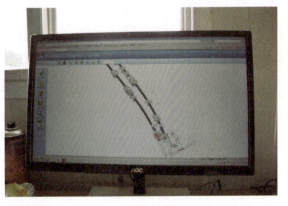

图 5.6-4　洞内人员定位

图 5.6-5 门禁、摄像头布设

图 5.6-6 监控摄像控制室

5.7 隧道涌水综合治理

隧道水治理不好,不但会对施工期间的质量和安全造成重大影响,还会给通车后的运营安全造成不可估量的损失。按照"防、排、截、堵"的原则进行综合治理,可以大大提升治理效果。

【工程案例】 秦巴山区某公路隧道穿越多条断层和褶皱破碎带,断层和褶皱破碎带均为富水溶岩区,地表水和地下水非常丰富。隧道岩质以千枚岩为主,遇水浸泡易崩塌变形,施工安全风险特别高。隧道设计了 3 个斜井作为正洞掘进和出渣的导洞,斜井和正洞掘进采用反坡 2 级排水方案,排水系统主要包括集水井、中转水仓、抽水机、排水管、潜水泵和供配电设施。施工前先根据地下径流模数预测斜井最大涌水量,排水系统按照最大涌水量一次性建设到位,工作水泵按 20h 排出斜井 24h 的正常涌水量配备,备用水泵按不小于工作水泵能力的 70% 配备。管道采用 DN400 钢管,根据经济流速和换算流量计算出所需管道根数并适量备用。设置永久泵站 2 个(斜井中部 1 个,斜井与平导交汇处 1 个),2 级泵站之间每隔 60m 左右在隧道侧壁围岩较好的位置设置一个集水井(图 5.7-1)。斜井排水系统工作流程为:用潜水泵将掌子面的积水抽到集水井,在集水井处用抽水机将水抽到中转水仓,在中转水仓处利用大扬程抽水机将水抽排到洞外,斜井施工前期在集水井抽水机的扬程范围内,可直接从集水井抽排至洞外。隧道洞口设置污水处理池,采用三级沉淀(图 5.7-2)净化后,达标排放或用于高压供水、车辆清洗、道路洒水等。隧道正洞施工中,受连续降雨影响,出现多次突发涌水(图 5.7-3)、涌泥、涌沙等特情,最大涌水量约为 3000m³/h,造成隧道被淹超过 300m,洞内水深 6m,造成二次衬砌开裂、施工暂停,给施工安全和工程质量造成严重威胁。项目管理单位通过技术分析和专家论证,认为导致涌水的原因为隧道主洞位于地下水位线之下,溶腔淤泥积砂在地表水的补给作用下,沿既有孔道排入隧道,因此,提出了"以堵为主、堵排结合、限量排放、综合治理"的治理原则,确定了"地表整治与洞内堵水相结合"的治理方案,先对隧道涌水段地表河道、沟谷渗漏水采取工程措施进行了源头封堵,然后对斜井井身及洞口地表利用帷幕注浆(图5.7-4)等措施进行注浆堵水,在隧道左、右线之间的涌水段设置纵向泄水沉砂池(图5.7-5),按照设计要求施工结构自防水,通过环向排水管(图5.7-6)、纵横向排水管(图5.7-7)、中心沟(图5.7-8)等形成闭环的综合排水系统。采取综合治理措施后,没有出现新的涌水点,之前大的涌水点也基本被阻断,均未再出现大的涌水,较好地解决了河道水渗流到洞内的问题,同时也对当地的水环境起到一定的修复作用。

图 5.7-1　集水井

图 5.7-2　隧道洞口沉淀池

图 5.7-3　隧道涌水

图 5.7-4　帷幕注浆

图 5.7-5　沉砂池

图 5.7-6　隧道环向排水

图5.7-7 纵向排水管

图5.7-8 中心排水沟

5.8 洞渣统一调配,综合利用

建设项目应打破标段界限,在项目立项及招投标阶段确定项目洞渣利用的理念和初步方案,在设计阶段按照填挖平衡的原则进行设计,施工阶段做好施工组织设计,对全线的隧道洞渣、路基弃方进行摸底调查,编制利用和废弃两个方案(图5.8-1),统一进行调配并根据洞渣的利用率对调配方案进行动态调整,组织隧道洞渣进行材料加工(图5.8-2)、路基填筑(图5.8-3),对无法利用的洞渣可按设计进行填沟造地(图5.8-4)。

图5.8-1 填沟造地

图5.8-2 利用石渣加工材料

图5.8-3 隧道弃渣用于防护工程

图5.8-4 利用石渣填筑路基

参 考 文 献

[1] 中华人民共和国行业标准.公路工程技术标准:JTG B01—2014[S].北京:人民交通出版社股份有限公司,2014.

[2] 中华人民共和国行业标准.公路路基设计规范:JTG D30—2015[S].北京:人民交通出版社股份有限公司,2015.

[3] 中华人民共和国行业标准.公路隧道设计规范 第一册 土建工程:JTG 3370.1—2018[S].北京:人民交通出版社股份有限公司,2018.

[4] 中华人民共和国行业标准.公路隧道设计规范 第二册 交通工程与附属设施:JTG D70/2—2014[S].北京:人民交通出版社股份有限公司,2014.

[5] 中华人民共和国行业标准.公路隧道设计细则:JTG/T D70—2010[S].北京:人民交通出版社,2010.

[6] 中华人民共和国行业标准.公路交通安全设施设计规范:JTG D81—2017[S].北京:人民交通出版社股份有限公司,2017.

[7] 中华人民共和国行业标准.公路工程抗震规范:JTG B02—2013[S].北京:人民交通出版社,2013.

[8] 中华人民共和国国家标准.混凝土结构耐久性设计规范:GB/T 50476—2008[S].北京:中国建筑工业出版社,2009.

[9] 中华人民共和国行业标准.公路隧道施工技术规范:JTG F60—2009[S].北京:人民交通出版社,2009.

[10] 中华人民共和国行业标准.公路隧道养护技术规范:JTG H12—2015[S].北京:人民交通出版社股份有限公司,2015.

[11] 交通部公路司.新理念公路设计指南[M].北京:人民交通出版社,2005.

[12] 交通部公路司.降低造价公路设计指南[M].北京:人民交通出版社,2005.

[13] 秦峰,程崇国.公路隧道土建结构养护[M].北京:人民交通出版社股份有限公司,2019.

[14] 蒋树屏.山区公路大跨异型棚洞结构[M].北京:科学出版社,2010.

[15] 蒋忠信.预应力锚索倾角的技术经济分析[J].路基工程,1995(5).

[16] 蒋明杰.锚杆(索)最佳锚固角取值分析[J].勘察科学技术,2013(3).

[17] 刘清泉.山区公路沥青面层排水技术的研究[R].北京:交通部公路科学研究所,2004.

[18] Ministry of transportation and highways of province of British Columbia, Manual of Aesthetic Design Practice[R]. 1991.

[19] AKBAR K F, HALE W H G, HEADLEY A D. Assessment of scenic beauty of the roadside vegetation in northern England[J]. Landscape and Urban Planning, 2003, 63: 139-144.

[20] FORMAN R T T, SPERLING D, BISSONETTE J A, et al. 2003. Road Ecology: Science and Solutions. Washington DC: Island Press.

[21] LIU J G, OUYANG Z Y, PIMM S L, et al. Protecting China's biodiversity. Science, 2003, 300: 1240-1241.

[22] CLEVENGER A P, HUIJSER M P. Wildlife crossing structure handbook-Design and Evaluation in North America. Washington DC: Federal Highway Administration, 2011.

[23] 全国干部培训教材编审指导委员会. 推进生态文明建设美丽中国[M]. 北京: 人民出版社, 党建读物出版社, 2019.

[24] 陈济丁. 绿色公路建设理论与实践[M]. 北京: 人民交通出版社股份有限公司, 2017.

[25] 刘杰. 绿色公路的瓶颈分析与管理体系建设[J]. 中国公路, 2018, 518(10): 26-29.

[26] 黄祥谈. 福建省高速公路新型结构沥青路面的研究[R]. 福州: 福建省高速公路建设总指挥部, 2010.

[27] 徐剑. 废旧沥青路面再生利用技术、装备及示范[R]. 北京: 交通运输部公路科学研究所, 2018.

[28] 黄颂昌. 沥青路面低碳建造技术及工程示范[R]. 北京: 交通运输部公路科学研究所, 2018.

[29] 柳浩. 矿山固体废弃物筑路技术及示范[R]. 北京: 北京市政路桥建材集团有限公司, 2018.

[30] 王旭东. 广西旧水泥路面加铺耐久性沥青面层关键技术研究[R]. 北京: 交通运输部公路科学研究所, 2012.

[31] 王萌萌. 中巴喀喇昆仑公路沿线景观特征与旅游需求初探[J]. 中外公路, 2013, (4): 6-8.

[32] 李齐丽, 吴睿, 等. 基于交通旅游融合的雅康高速公路综合开发规划思路探析[J]. 公路交通科技, 2019, 173(05): 317-319.

[33] 江玉林. 公路路域生态恢复技术研究与实践[M]. 北京: 中国农业出版社, 2004.

[34] 张国辉, 杨汉忠, 宋桂锋, 等. 高速公路边坡植被恢复措施比较[J]. 福建林业科技,

2018,184(03):77-81.

[35] 何杰坤,郜二虎.中国陆生野生动物生态地理区划研究[M].北京:科学出版社,2018.

[36] 王云,关磊,周红萍,等.公路哺乳动物通道设置方法的研究[J].公路,2018(4):253-257.

[37] 王云,简丽,顾晓锋.关于赴日本参加2015年国际野生动物管理学大会的报告[J].交通运输研究,2015,1(5):104-110.

[38] 简丽.我国公路服务区污水处理现状问题及技术对策[J].公路交通科技(应用技术版),2018(8):319-322.

[39] 简丽,姚嘉林,陈学平.高速公路服务区污水处理回用研究[J].公路,2016(5):199-203.

[40] 刘学欣,孙鹏程,王德民,等.季冻区服务区污水处理技术分析研究[J].吉林交通科技,2015(4):43-45.

[41] 衷平,陈济丁,孔亚平,等.人工湿地处理桥面径流的试验研究[J].公路,2007(3):165-170.